文春文庫

私の國語教室

福田恆存

文藝春秋

目次

私の國語教室

序

最初に樂屋話をしますと、私はこれを書きはじめるまで既に百枚近くも無駄にしてをります。二十枚位までがやつとで、それから先を書きつづける氣がなくなり、改めて別の入口から書きはじめる、そんなことばかりやつてゐるのです。十數年の文筆生活において初めての經驗であります。これは一體どういふことなのかと、さすがに考へこんでしまひました。書きたい意欲は充分にある。書きたいことは山ほどある。しかも、その内容自體、決してむつかしいことではない。それが途中で厭《いや》になるといふのは妙な話です。私はやうやく次のことに氣づきました。まづそのことから話を進めませう。さうすれば、案外うまく書きつづけられるかもしれません。

私の筆が進まない理由は、これから書かうとする内容にあるのではなく、また私自身における意欲の不足にあるのでもなく、私が語りかけようとしてゐる人たち、手つとり早くいへば、一般讀者の側にあるのです。言ひがかりのやうですが、率直にいつて、それは本當なのです。一般讀者といつても、これが發表される雜誌の性質と私の職業から考へて、それは文學に關心をもつ讀者といつていいでせう。私はさういふ讀者を頭において書きはじめる。さうすると、決つて二十枚近くまでゆくと、厭になるのです。書く氣力を失ふ。それは一種の劣等感に基づく不安なのであります。すなはち、書きはじめて暫くすると、相手が私の話を聽いてゐないのではないかといふ不安が頭をもたげてきて、それが大抵二十枚目くらゐで最大限度に達し、うんざりして筆を投げるといふわけです。といつて、私は讀者を他に選びたくはない。それどころか、おそらく國語や國字の問題に關心をもたないであらうさういふ讀者にこそ、これを讀んでもらひたいのです。私が書くほかのものを讀まなくてもいいから、これだけは讀んでいただきたい。さういふとはつたりじみて聞えませうが、もちろんそんなつもりはありません。他の私の文學論や創作と違つて、これは誰にも卽座に役だつことだと思ふからです。そこで私は自分の心構へのためにも、「私の國語教室」の讀者を次のやうに規定します。

一　作家・評論家・學者、その他の文筆家。
一　新聞人、雜誌・單行本の編輯者。
一　國語の教師。
一　右三者を志す若い人たち。

ところで、「現代かなづかい」や「当用漢字」を制定した國語改良論者たちは、日頃、文學者を目の敵《かたき》にして、その反對論の基調をなす「文學主義」ないしは「唯美主義」を攻擊し、大衆を身方に「實用主義」の宣傳に努めてをりますが、これは一種の詐術であります。あるいは彼等の保身術に過ぎません。私自身、戰後の國語改革に反對するのは、それが「非文學的」であるからではなく、「非語學的」であるからです。また、次章で明らかなやうに、文學者、文筆家は、かならずしも彼等に反對してをりません。彼等にとつて最强の敵はむしろ國語學者であり、國語學であります。たとへば、時枝誠記博士は「現代かなづかい」「当用漢字」制定の前後、數回にわたつて、それにたいする警告と批判とを書き、當事者の反省を促してをります。「國語問題に對する國語學の立場」「國語問題について」「國語審議會答申の〈現代かなづかい〉について」「國語假名づかひ改訂私案」がそれであり、いづれも單行本『國語問題と國語教育』（中教出版社刊）のうちに收められてをります。

いづれも本質的な否定論で、しかも相當に激しいものです。氏の考へが今日も變らぬことは、その所論から察しても明瞭です。また、氏が依然として歴史的かなづかひを使用してゐること、當時はその一人であつた國語審議會委員を辭したことからも窺《うかが》はれませう。かういふ言ひ方は厭ですが、時枝博士は國語學の専門家として最も信頼すべき人であり、東京大學においてその研究室を預る責任者であります。國語審議會は、いや、もつと廣く國語改良論者は、なぜ博士の所論にたいして答へなかつたのでせうか。理由は簡單です。國語學の専門家の文章は世間の目に觸れにくい、荒だてずに默つて見送ればいいといふこと、もう一つは、攻擊力の强いところ、守備の弱いところでは、なるべく會戰を避けること、この二つであります。世間の目に身方の勝利を見せやすい場所で戰つたはうが得策だといふわけです。彼等が、文學者の反對論を専ら「文學主義」の觀點からおこなはれてゐるもののやうに決めこんでしまふ理由もそこにあります。それが「文學主義」なら、「實用主義」をもつて攻めればよく、そのはうが料理は樂だと心得てゐるのです。

かういふ事情を考へると、國語問題において、何よりも重大な事柄は、といふより、それを論じる場合、まづ第一に除去しなければならぬ障碍《しやうがい》は、一般知識階級のそれにたいする無關心といふことであります。そのために問題がうまく處理されないからではなく、その虚に乘じて、どうにでも勝手に處理されてしまふからです。じじつ、さうされてきたので、時枝博士も次のやうにその實情を非難してをります。

「現代かなづかい案」が閣議の決定を經て一般に公布せられ、國民教育の教科書にまで採用せられるに至つたについては、それは多分に時勢の然らしめたところであつて、國民一般の國語に對する深い理解と、納得とに基づいたものでないと私は判斷してゐる。國民一般の深い理解によると云ふよりも、國民一般の國語に對する無知に乘じた國語行政當局の獨善的態度による强行に基づいたものと云つても過言ではないのである。

(國語假名づかひ改訂私案)

もちろん、この「無知」は「無智」ではありません。文字どほり、知らぬことを意味してをります。そしてその無知であることは無關心であることの結果にほかなりません。私は昭和三十年、三十一年に、金田一京助博士との論爭の形式において、「現代かなづかい」と「当用漢字」の非なることを述べました。そのときに痛感したことですが、その私の所論は當事者、ならびに多くの國語問題研究家をこそ刺戟しましたが、一般はただ喧嘩《けんくわ》好きの私が例によつて例のごとく新しい喧嘩相手を見つけたくらゐにしか思つてくれなかつたことです。大抵の人が喧嘩の事實は知つてゐても、私の文章を讀んでくれてはゐないのです。しかも、論爭は「水掛け論」あるいは「泥仕合」の樣相を呈してきたなどといふものまで出て來る始末でした。讀んでゐないから、さういふのであつて、問題は讀んでくれぬことにあり、讀んでくれないのは、關心が無いからであります。私はかならずしも國語學の知識がないからだとは思ひません。

結局は關心の有無といふことにあります。關心が無いため、あるいは關心があつても、その焦點が異るため、國語についての同じ知識が、國語改良論者に都合のいいやうに動かされるといふ結果になつてゐるのではないでせうか。私は國民一般にとは言はない、右に規定した人々にお願ひします、國語問題に、そして國語に關心をもつていただきたい、あるいは正しく關心をもちなほしていただきたい。もちろん、自分たちの國語に無關心でゐることは、普通には健康であることの證據なのです。文學者の場合ですら、さうであります。何事によらず、自意識過剩は一種の狂氣でありますから。が、他に極端な自意識過剩が、狂氣が存在するとすれば、どうするか。私は國語改良論者は狂信的であるといふ海音寺潮五郎氏の言葉に同感です。たしかに國語國字問題には、いや、一般に言葉といふものには、下手にこれに對すると、人を狂的にする何ものかがある。言葉は誰にとつても身近にあるものです。言葉は自分の外にあつて、しかも自分の内にある。自分の肉體と同樣に、自分の意のままに操れるものであり、しかもどうにもならぬものであります。したがつて、それは人を自意識過剩に導き、自慰に墮せしめる。さういふ誤つた過度の關心が問題を推進し、現實を動かしてゐるのです。それゆゑにこそ、私たちもそれを阻止するために、一度は國語問題に關心をもたねばならぬといふわけです。

本論に入るまへに、この書の組立てを明らかにしておいたはうが、讀みやすいと思ひますので、左にその概略を記しておきます。もちろん全體を目次の順に讀んでいただくのに越したことはありませんが、とりあへず國語國字問題に關する一般的知識を得たいと思ふ讀者は、まづ第一章と第二章とを讀み終へたら、續く第三章以下をとばして、最後の第六章を讀んでください。第一章は、戰後の表記法改革の本命ともいふべき「現代かなづかい」がいかにでたらめなものであるかを、その實際と原理について說いたものであり、第二章は、それにたいして歷史的かなづかひの原理を示し、その正統性と合理性とを明らかにしたものです。なほ、その實際が人〻の考へてゐるほど難しくもなく複雜でもないことを、「現代かなづかい」との對照において說明したのが第三章です。これも續けて讀んでいただきたいのですが、發音と文字とのずれを文字で說明するといふ宿命的な矛盾のため、理解しにくいところがあると思ひますので、後廻しにしてくださつて結構です。それにしても、記述上まぬかれがたい複雜を歷史的かなづかひの習得そのものの複雜と混同しないでいただきたい。第六章は追記と共に必ず讀んでください。

それは、表記法の改惡といふ過ちが、いかに不用意に、しかも誤れる言語觀、教育觀、文化觀に基づいて行はれたかを論じたものです。

以上を讀んで、さらに國語問題に、また國語そのものに興味をもたれた讀者は第三章および第四章、第五章を讀んでいただきたい。第四章は國語音韻の歴史的變遷を國語學の通説に隨つて略述したものです。發音が變化したから表記法も變へるべきだといふのが間違ひであることは、第二章、第六章に述べてありますが、さらに私達の發音が變化したといふのが本當かどうか、本當であるとしても、なほ歴史的かなづかひのはうがその變化を表出しえてゐるではないか、それを論じたのが第五章であります。その一との事實については、時に間違ひや言ひすぎもあるかもしれません。しかし、その解釋の本質と方向とはあくまで正しいと信じてをりますので、今後、その觀點から音韻變化なるものの實體を見なほしてゆく專門家の出現を望みます。

第一章　「現代かなづかい」の不合理

一　「現代かなづかい」の實態

昭和三十一年の春、文藝家協會が「現代かなづかい」と「当用漢字」について、その意見を會員に求めたことがあります。その項目の一つに「現代かなづかいの內容についてどう思ふか」といふのがあり、回答者百五十四名中、「全面的に支持」が二十五人、「全面的に反對」が二十一人、「舊かなづかひ改訂の趣旨には基本的に贊成だが、內容と適用には檢討の餘地がある」といふのが百六人、「その他」が二人となつてゐます。このうち「全面的に支持」といふのは、原則や目的についての支持を積極的に强調しただけのことで、その細部については「內容と適用には檢討の餘地がある」とした百六人とさう違ふはずはありますまい。なぜなら、當事者である國語審議會や文部省にしたところで、現狀をそのまま「全面的に支持」してゐるわけではないからです。すなはち、どんな案を持ちだしたところで、かういふ問題に「全面的に支持」などありえぬ、さういふことを前提とした上で、「全面的に支持」と答へたのに相違ありません。したがつて、百五十四人中百三十一人が「舊かなづかひ改訂の趣旨には基本的に贊成」といふことになります。

　そこで私は一つの疑問をもつ。多くの人々が「基本的には贊成」としてゐる「舊かなづかひ改訂の趣旨」とは何かといふことです。それがどういふものであるか、彼等ははつきり諒解してゐるのでせうか。その「趣旨」ないしはそれを成りたたせるための原則について、彼等と國語改良論者との間に、どこか話の食ひちがひがありはしないか。私はさういふ疑ひをもつのです。さらに、私は疑ふ、もし彼等の側に誤解があるとすれば、國語改良論者はその彼等の誤解をこそ、むしろ徳とすべき事情がありはしないかと。これは單なる私の勘ぐりではありますまい。その誤解は、そもそも協會側が質問箇條として右のやうな一項目を設けたことのうちに示されてゐると言へませう。私に言はせれば、この問ひそのものが矛盾を含んでゐる。「現代かなづかい」について、その内容の具體的な細部に疑問をいだきながら、同時に一方ではその「趣旨」や原則を「基本的に」受け入れるなどといふことは、一見もつともらしい現實論であるかのやうでゐて、じつは全く不可能なことなのです。なぜなら、その内容の細部に現れた肯《うべな》ひがたい矛盾は、いづれもその「趣旨」が無理であることから、またその原則それ自身に内在する矛盾から生じたものにほかならないからであります。

　「現代かなづかい」のいはゆる内容、すなはちその細部を検討するまへに、それがいかなる原則によつてゐるかをあらかじめ知つておかねばなりません。文部省國語課の廣田榮太郎氏は國語審議會の意を受けて、次のやうに書いてをります。

現代かなづかいは、より所を現代の発音に求め、だいたい現代の標準的発音（厳密にいえば音韻）をかなで書き表わす場合の準則である。その根本方針ないし原則は、表音主義である。同じ発音はいつも同じかなで書き表わし、また、一つのかなはいつも同じ読み方をする、ことばをかえていえば、一音一字、一字一音を原則としている。

（かなづかひ原文のまま。以下同様）

この原則については、なほ徹底的な考察を要しますが、それは本章の二に譲ることにして、この一音一字、一字一音の表音主義といふ原則がそのまま適用できぬ例外のあることを、まづ私たちは知らなければならない。それらを一つ一つ克明に検討してゆきませう。

第一の例外は、助詞の「は」「へ」「を」であります。表音主義を原則とするなら、「私は」「東京へ」「水を」と書くのはをかしい。どうしても「私わ」「東京え」「水お」と書かねばならぬはずだ。さもないと、「は」「へ」は文字どほりに「ハ」「ヘ」と發音する場合と、「ワ」「エ」と發音する場合と二通りになつてしまふ。それでは一字一音ではなくて、一字二音です。また、「オ」の音に「を」を用ゐなければならぬとすると、同じ「オ」の音に「お」の字があり、したがつて一音一字ではなくて、一音二字になつてしまひます。もちろんそのほかの場合は、たとへば、舊「にはとり（鷄）」「かはる（代）」も「にわとり」「かわる」と書くことになつてをり、舊「かへる（歸）」「たとへば」も「かえる」「たとえば」となつてゐる。「は」「へ」だけでなく、すべての「は行」音がさうなつてゐて、「こひ（戀）」は「こい」、「あふ（會）」は「あう」、「かほ（顏）」は「かお」と書きます。それが表音主義、すなはち發音どほりといふことでせう。それなのに、「私は」「東京へ」などの場合に限り、發音に隨はぬのは、どういふ理由からか。しかし、文句はあとまはしにしませう。

　さて、この助詞「は」「へ」の項には、次のやうな附則がついてゐます。「は」「へ」は、たださう書くことを「本則」とするといふだけのことで、「わ」「え」と書いても「誤りとはしない」といふのです。「例外」にまた「例外」を認めてくれるとは、まさに寛大なる親心といふべきものでせうが、それで安心してゐるわけにはゆかない。なぜなら、助詞「は」「へ」は「わ」「え」と書いても誤りではないが、助詞「を」だけは「お」と書いては誤りとされてゐるからです。「を」は間違つても「お」と書いてはならず、「を」と書かねばならない。一體、これはどういふわけか。その理由が解りますか。それも、文句はあとまはしにしませう。

　第二の例外は、「お列」長音の書きかたであります。「現代かなづかい」では、この「お列」を除いて、「あ・い・う・え」四列の長音は、それぞれ該當音の下に、それと同音の母音の「あ行」文字、すなはち「あ」「い」「う」「え」を附けて表し、「おかあさん」「しいの木」「つうしん」「ねえさん」と書くことになつてゐます。この筆法でゆけば、「お列」長音は該當音の下に「お」を附けるべきですが、それがさうはゆかない。「お」の場合と「う」の場合と二つあるのです。しかも、その二つのうち「う」を附ける場合を「本則」としてゐるのです。じつは「本則」も何もあつたものではない。「本則」といふなら、むしろ「お」を附ける場合をさう呼ぶべきですが、そのはうが數が少く、「う」を附ける場合のほうが數が多いので、それを「本則」と呼んでゐるだけです。國語改良論の立場からは、質より量を重視すべしと言ふことでもありませう。

ところで、「う」と「お」の差別はどうなつてゐるか。まづ例をあげませう。「う」を附けるのは「扇（おうぎ）」「おとうさん」「行こう」の類で、「お」を附けるのは「氷（こおり）」「狼（おおかみ）」「大きい（おおきい）」「通る（とおる）」の類です。前者が「本則」なら、なぜ後者の「例外」を設けなければならないのか。廣田氏の說明ではかうなつてゐます。後者は歴史的かなづかひではすべて「ほ」であり、「こほり」「おほかみ」「おほきい」「とほる」と書いてきた。その「ほ」が「お」に變つただけで、それを長音とは考へず、母音が二つ重つたものと考へるといふのです。事ごとにいいかげんな理窟づけで、默つて見すごすのは容易なことではありませんが、もう暫く我慢しませう。とにかく右の例は歴史的かなづかひで「ほ」と書かれてゐたものに限るわけですが、かうなると、「現代かなづかい」を正しく書き分けるために歴史的かなづかひの知識を必要とするといふことになります。その弱點は當事者にもさすがにうしろめたいと見えて、廣田氏は「さいわいに実際問題としては、この種のことばは次に掲げるように少ないので、それらを機械的に覚えておけばいい」と辯じてをります。「機械的」におぼえておけとは言ひ得て妙であります。「現代かなづかい」「当用漢字」の制定に現れた國語改良論の精神を一言にして盡してゐるからです。それはさておき、その「機械的」記憶を必要とする「例外」は次の十八語です。

おおやけ（公）　こおり（氷）　ほのお（炎）　おおせ（仰せ）　おおきい（大きい）　とおい（遠い）　おおい（多い）　とおる（通る）　こおる（凍る）　とどこおる（滞る）　もよおす（催す）　いきどおる（憤る）　おおかみ（狼）　ほおずき　おおよそ　おおむね　おおう　しおおす　（以下福田追加、「おおかた」「ほおかぶり」等と）

右以外の「お列」長音はすべて「う」を附けて書くことを本則とすると申します。したがつて「王子」「往時」は「おうじ」で、「都大路」は「都おおじ」、「高利」「行李」は「こうり」で、「氷」は「こおり」となる。さらに「大阪」は舊「おほさか」なるがゆゑに「おおさか」と書き、「逢坂山」は舊「あふさかやま」なるがゆゑに、すなはち「ほ」ではなく「ふ」であり、かつそれに先だつ文字は「あ」でも、音は「お列」の「オ」であるがゆゑに、本則どほりに「おうさかやま」と書かねばなりません。しかし「逢ふ」「會ふ」だけなら、前出「は行」音の項で申しましたとほり、「現代かなづかい」

では「あう」でなければならない。それが發音どほりといふものです。したがつて「逢坂山」は「あうさかやま」でなければならない。さうなると、「逢ふ」を「大」と同じに發音した古人はけしからんといふことになる。なんだか頭が變になつてきました。なんでもいいから「機械的」におぼえておけといふのでせうが、「機械的」記憶もここまで要求されると、もともと「機械的」に出來てゐない頭腦の場合、下手をすると「生理的」變調を來しかねません。

なほ、以上のほかに「お列」長音の「例外」がもう一つあります。これまた全然別種の「例外」で、「ほ」ではなく「を」の場合です。すなはち「十」は舊「とを」であるから、「現代かなづかい」では「とう」ではなく「とお」と書かねばならない。「を」はすべて「お」だといふ原則があるからです。これも歴史的かなづかひを知らないと納得できぬ一例です。

第三の例外は、「じ」と「ぢ」および「ず」と「づ」の使ひ分けです。この場合の本則は、一音一字の原則からいつて、「ぢ」「づ」をやめ、すべて「じ」「ず」にするとなつてをります。問題はその「例外」です。やはり「ぢ」「づ」を用ゐなければならぬ場合があるのです。しかも、かなりたくさんある。原則的に概括すれば、次の二つになります。

一　二語の連合によつて生じた「ぢ」「づ」
二　同音の連呼によつて生じた「ぢ」「づ」

前者に相當するのは、たとへば、「鼻」と「血」、「三日」と「月」、それぞれ二語を連ねて出來てゐる言葉である「鼻血」「三日月」のやうなものです。これらは「はなぢ」「みかづき」と書き、「はなじ」「みかずき」と書いては誤りになります。それに準ずるものとして、國語審議會は次のやうな例を擧げてゐます。（昭和三十一年七月の案）

あいそづかし　かたづく　ことづて　ひとづて　たづな　けづめ　ひづめ　こぢんまり　こづく　こづかい　こづつみ　こづくり　くにづくし　こころづくし　むしづくし

さらに廣田氏は「いれぢえ」「ちやのみぢやわん」「てぢか」「ばかぢから」「ほおづえ」「かいづか」「いきづかい」等と數十語を列擧してゐますが、おそらくその種の例は無數にあり、かつ今後もふえてゆくことでせう。それはいいとして、次のやうな場合には、同じ二語連合でも、「ぢ」「づ」を用ゐず「じ」「ず」と書かねばならぬことになつてをります。

うなずく　ぬかずく　つまずく　ひざまずく　かしずく　かたず　みみずく　いなずま　きずな　さかずき　おとずれ　さしずめ　なかんずく　あせみずく　うでずく　かねずく　ちからずく　きぬずくめ　おのずから　くちずから　しおじ　たびじ　い

えじゆう　いちにちじゆう　せかいじゆう

　では、何を根據にしてその差を識別し書き分けるのか。それはもちろん語源であります。現在一語をなしてゐるそれぞれの語を語源に遡《さかのぼ》つて二語の連合であると分析しうる語意識であります。それだけの語意識が今日もなほ生きてゐると認められる場合は、「じ」「ず」か「ぢ」「づ」かを嚴密に書き分けねばならぬといふのです。「小さなつつみ」だから「こづつみ」、「小さな造り」だから「こづくり」で、さて、「口ずから」は……となると、この「ずから」は一般に語源が解らないから、解らぬ場合は「す」の濁り、すなはち「口ずから」でいい。かういふふうに書き分けるわけです。早い話が問題の「現代かなづかい」は「かな」を「つかう」といふ語意識が生きてゐるから、「づ」でなければならない。もちろん、語意識が生きてゐるのは「ぢ」「づ」の場合だけではなく、「じ」「ず」の場合も生きてゐる。「帳尻」は「帳面の尻」といふ意味だから「ちようじり」でなければならない。「手漉きの紙」は「手ですいた紙」の意味で、「變な手つき」の「手つき」とは無關係だから、「てずきの紙」でなければならない。もつとも「機械的」記憶法からいへば、「じ」「ず」の場合は、たとへ語意識が生きてゐて語源をしかと認めうるときでも、そんなことは無視して、單純に「ぢ」「づ」以外は「じ」「ず」とおぼえておけばいいといふことになりませう。

　それにしても解せないのは、語意識が生きてゐるかゐないかの判定はどこにあるのか、それを誰がくだすのかといふことです。「たづな（手綱）」には「綱」の語意識があり、「きずな（絆・生綱）」にはそれがないといふ。「おおづめ（大詰）」や「すしづめ（すし詰め）」では「詰め」が生きてゐて、「さしずめ（さし詰め）」では死んでいるといふ。「むしづくし（蟲盡し）」では「づ」で、「きぬずくめ」では「ず」になる。しかし「蟲づくし」と同様に「絹づくし」といふ言葉も當然あるわけですが、さうなると「絹づくし」では「づ」で「絹ずくめ」では「ず」になるといふ、まことに奇妙づくめな話になります。

そもそも語意識が生きてゐるかゐないかなどといふことは、誰にも判定できることではない。また判定の目やすなどどこにもない。言葉は生き物です。今日、使はれる言葉はすべて生きてゐるのだし、過去に使はれた言葉もすべて生きてゐるのです。したがつて語意識も生きてゐる。人がみづからそれと氣づかぬ場合にも生きてゐる。さういふことに國語改良論者はもつと謙虚にならなければいけません。第一、他人の、この私の語意識を勝手に判定し、藪醫者《やぶいしや》ではあるまいし、生きてゐるのゐないのと無責任な診斷を下すなど、もつてのほかの僭越《せんゑつ》であります。さうではありませんか、「ひざまづく」は「膝」と「突く」だと意識してゐるものにたいして「ひざまずく」と書けといふのは、その生きてゐる語意識に死を宣告、あるいは暗示、命令するやうなものです。

しかも右の「ぢ」「づ」と「じ」「ず」の二表を較べてみれば、それだけでもなんの根據もないことが明らかですが、さらに「じ」「ず」の表のうち「ぬかずく」「きずな」には星印がついてゐて、「＊印の語については、語構成の分析的意識において個人差があるので、そこに見解の相違もあろうといっている」さうであります。かういふことを言ふやうでは、國語審議會など一日も早く解散してしまふにしくはありません。なぜ「ぬかずく」「きずな」の二語だけに「個人差」があるのですか。どの言葉にも「個人差」はある。問題は程度でせう。が、この場合、右二語と同程度に、あるいはそれ以上に「個人差」のはげしい言葉がたくさんあるではありませんか。のみならず、この國語審議會案の表は昭和三十一年七月のものです。私が金田一博士と論爭したのはその前年です。そして、そのころは「けづめ」「こぢんまり」はいづれも「けずめ」「こじんまり」となつてゐて、その矛盾を私は指摘しておいた。もちろん「ぬかずく」「きずな」も、やはり同表の他の例と一緒に矛盾を指摘しておいたものです。なるほど、たとへ「けづめ」「こぢんまり」の二語だけでもこちらの言ひぶんが通れば、國語審議會にもまだ脈があるといへるかもしれません。が、私はさうは思はない。それは妥協に過ぎず、機構いぢりと同じく整理のための整理でしかありますまい。第一、困るのは、その無定見、無責任です。が、このやうに變ることそのことが、語意識に「個人差」どころか「時期差」があることを、したがつて怱卒に語意識の死など判定できぬことを、審議會みづから證明したものと言へませう。

さらに、それが彼等の妥協にすぎず、したがつてその改正になんの筋も通つてゐないことは、次の事實によつて明らかです。二語連合において生ずる濁音「ぢ」「づ」の扱ひの矛盾として私が指摘した他の例に「心中」「意地」等があります。前者の「中」は「曾根崎心中」では濁つて、「心中を察する」では澄んで發音します。ところが、右の三十一年七月案にも、「世界中」「家中」「一日中」等すべて「――じゆう」と書けと指定し、御丁寧にも「〈ぢゆう〉と書く場合はない」と頑固な註を施してある。しかし、「世界中」「心中」の「――じゆう」が「中心」や「中學校」の「ちゆう」であるといふ程度の語意識は、「個人差」も何もない、どんな子供でももつてゐるでせう。それをしも「――じゆう」とせよとは、全く理解に苦しみます。なほ後者の「意地」ですが、「地」はつねに「じ」と書けといふ。なぜなら「地面」「地震」のごとく、語頭においてもなおかつ濁つて發音する場合があり、「意地」「生地」等の「地」を二語連合のための濁音とは考へないことにしたからだと述べてをります。かうなると、呆《あき》れてものもいへない。それなら「田地」を「デンジ」とも「デンチ」とも兩樣に發音してゐる事實についてはなんと説明するのか。

　次に、同音の連呼によつて生じる「ぢ」「づ」の場合ですが、これは「ちぢむ」「つづく」のやうなもので、さらに「つれづれ」「つくづく」などにも適用され、いづれも「ぢ」「づ」をそのまま生して書きます。ただし「いちじるしい」「いちじく」では元來、「じ」なので「ぢ」とはしない。また「五人づつ」などは歴史的かなづかひでは「づつ」ですが、これは同音の連呼とは言へないといふ理由で「ずつ」と書かなければいけません。「つづ」なら同音連呼で、「づつ」ならさうではないといふ根據がどこにあるのか疑問ですが、それよりも同音連呼とは何か、ほとんど意味をなさぬ言葉だと思ひます。國語の性格上、これは大事な問題ですから、あとでゆつくり考へてみませう。

ところで、連濁について、もう一つ附則があります。「舞鶴」「沼津」のやうな固有名詞の場合です。これらの地名は漢字とどれだけの關係があるか解らないから、「まいずる」「ぬまず」と書いてもいいわけだが、ただ漢字と併記することが多いので、鐵道方面では「ず」とせず「づ」としてをり、それは昭和二十二年に文部省と運輸省・建設省地理調査部との話しあひの結果だといふことです。ここで私たちはもう一度あきれかへらなければならない。「漢字とどれだけの関係があるか解らない」とは何事か。もともと訓よみの漢字はすべて宛字《あてじ》です。ですから、ここは好意的に解釋して「漢字で表示された意味とどれだけの関係があるか解らない」のつもりと見なします。むしろ「意味とどれだけの関係があるか解らない」といへばよろしい。漢字との併記が氣になるといふことなら、「國府津」も「こくふづ」すくなくとも「こふづ」と書かねばならなくなるでせう。後者では、歴史的かなづかひと同じになります。しかも、「國府津」の場合は明らかに「意味」と關係があります。昔、この近くに國府があつて、その門戸としての津(港)といふことから、この名が起つたといふ、その種の起源說は總じてあてにはならぬといふ懷疑主義をとつたにしても、後人がそこに「意味」を假託する氣もちは否定しえません。「沼津」の「津」にはもちろん、「舞鶴」の「鶴」にも、ちやんと「意味」があるのです。それが「解らない」とか「無い」とか言ふのは、「さしづめ」や「きぬづくめ」では「づ」の語意識が死んでゐると診斷したのと同じ僭越であります。

以上で、「現代かなづかい」の內容、卽「例外」づくしは大體あきらかになつたわけですが、さらに二三の附帶事項があります。それについて述べておきませう。「言ふ」は、發音どほりといふことになると、「ゆう」と書くべきかもしれぬが、「いう」と書かねばならぬ。理由は「その語幹が動かないという意識があるとして」ださうであります。すなはち「ゆう」と書くことにすると、否定のときは「いわない」ですから、「ゆ」が「い」に變り、語幹が變化する。變化してしまつたのでは語幹とはいへぬので、これは「當然」の處置といへませう。それなら「おめでとう」「たこうございます」はどう說明するのか。「おめでとう」は歷史的かなづかひでは「おめでたう」であり、接頭語「お」と動詞「めでる」と助動詞「たい」との合成語であります。あるいは「めでたい」といふ形容詞と考へてもいいでせう。「たい」「めでたい」の活用は「〇・(めで)たく・(めで)たい・(めで)たい・(めで)たけれ・〇」となり、「おめでたう」は「おめでたく」の音便形で、語尾の「く」にのみ變化が起つたことを示し、「た」は語幹あるいは語幹の一部として不變です。それが「現代かなづかい」では「めでとう」と書きますから、「たい」を助動詞として分析すれば、語幹が變つたことになり、「めでたい」の一語と考へても語幹の一部が變つたことになります。「たこうございます」でも同樣、語幹の「高」は「たか」「たこ」と變つてしまふ。しかも、この變化を活用語尾のはうへ繰りこんでしまつて、語幹をそれぞれ「めで」「た」だけだとすると、文法上「活用の種類ははなはだ複雑になるので、語幹にも変化を起すものがあるとだけ説いておくべきであろう」と言ふ。「言ふ」は「語幹が動かないという意識」のもとに「いう」と書いて「ゆう」とは書かぬといふ説明と全く正反對ではありませんか。しらふの人間の言葉とは考へられません。

次に「時計」は「とけい」と書いて、「とけえ」と書いては誤りだといふ。さきに私は馬鹿正直に「お列」長音以外は、それぞれ該當音の下に同音の母音「あ行」文字を附けて表すのを「本則」とすると書きました。じじつどこにもさう明記してあります。「現代かなづかい」は昭和二十一年十一月十六日内閣告示第三十三號をもつて告示されたのですが、その細則第十一にも「エ列長音は、エ列のかなに〈え〉をつけて書く」とあり、その例として、先に私が擧げたのと同じく「ねえさん」の一語を示してゐます。金田一博士の「明解国語辞典」（昭和二十七年發行新版）もそれをそのまま採用し、ただ例として、應答のさいの「ええ」を加へてゐる。しかし、驚くべきことに、この原則に當てはまる言葉は精々その程度なのです。その他の「え列」長音は全部が例外で、該當音の下に「え」ではなく「い」を附けて書くことになつてゐる。しかも、その「え列」長音としては、「衞生」「經營」「生命」「丁寧」「平靜」等の漢語が無數にあります。したがつて、「い」を附けるとするのを「本則」とし、「え」を附けるのこそ「例外」とすべきです。ただし「い」を用ゐるのを「本則」とすると、溯つて該當音の下に同音の母音「あ行」文字を附けて表すといふ「本則」に牴觸し、前述の「お列」長音のほかに、もう一つ「例外」が出來てしまひます。しかし、さうしておけば、そのまた「例外」は「ねえさん」「ええ」（ねえ・へえ）くらゐで食ひとめられるものを、その二語の顔をたてたため、他のほとんどすべてを「例外」に追ひこんでしまはなければならなくなつたのです。なぜそんな苦しいことをせねばならぬのか、それもあとで考へることにしませう。

次が「胡瓜」の書きかたです。「胡瓜」は宛字で、語源的には「黄瓜」であり、地方によつては「キ・ウリ」とはつきり二語連合を發音しわけるさうですが、一般には「キユーリ」ですから、この標準的發音に隨ひ「きゆうり」と書かねばならぬといふ。「狩人」も「かりゆうど」であつて、「かりうど」は誤りとなつてをります。ここで注意しなければならないことは、連濁の「けづめ」「こづくり」の場合、二語の連合を分析する語意識を楯《たて》に「つめ」「つくり」を生した原理に隨つて、同樣「胡瓜」においても「うり」を生し、「き・うり」とすべきで「きゆう・り」としてはならぬはずなのに、どういふわけか、ここにふたたび表音主義といふ大原則の登場を見るのであります。

最後に、「學校」「速記」「敵機」などは「がくこう」「そくき」「てきき」では誤りで、「がつこう」「そつき」「てつき」と書けといふ。「無學」のときは「むがく」で「學校」となると「がつこう」と書かねばならず、ここでも二語の連合を分析する語意識は無視、あるいは死を宣告されたわけですが、表音主義の大義のためとあらば、それも仕方ないとしませう。が、一方、「適格」「敵艦」「益軒」などは「てきかく」「てきかん」「えきけん」と書かねばならぬといふのです。つまり「敵機」と「敵艦」とでは違ふのです。前者は「てつき」で後者は「てきかん」です。なぜさうなるのか、神のみぞ知る、などと手を擧げたら最後、その神である國語改良論者の手により、あなたがたは標準的現代人としての資格を剝奪《はくだつ》されてしまひませう。さうされぬため、めいめいに正しい解答を考へていただくことにして、しばらく「宿題」といふことにしておきませう。

ここに讀者は、ことに「現代かなづかい」に贊成の立場にある人たちは、次のことを反省してみる必要があります。かつて金田一博士と論争したときのことですが、私が「歴史的かなづかひ」は一向むつかしくないと言つたのにたいして、博士はその表音的でない多くの例をあげて、これをお前は正しく使ひわけることが出來るか、出來ると思つてゐるのは漢字を代用してゐるからではないか、つまり漢字のかげに隠れて、「免れて恥じなきを得ている」のではないかと反問したことがあります。たとへば「あふる」「あは」「あわ」など、そのかなづかひを知らなくても、「煽る」「粟」「泡」の漢字を用ゐてゐるので、過ちをせずにすませられるのだらうといふ意味です。それなら、同様にこちらも反問いたしませう。「扇」「奥義」「大きい」が前二者が「おうぎ」最後が「おおきい」と書き分ける「現代かなづかい」においても、やはり漢字のかげに隠れて免れて恥ぢなきを得てゐるのではないでせうか。したがつて「現代かなづかい」を支持し、それなら書ける、あるいはそれでなければ書けぬと言ふ人たちに、改めて本章に述べたその内容を熟讀していただいて、これなら書けるかどうか再省してもらひたいと思ひます。

さらに、その矛盾はよく承知してゐる、ローマは一日にしてなるものではない、まづ第一歩を踏みだして、あとは徐ゝに本來の「趣旨」ないしは原則への一致を目ざしたらいいのだと考へる人ゝ、すなはち例の百五十四人中の百三十一人に入る人ゝにたいしては、私は次のやうな反問を呈します。廣田氏のいふ表音主義といふ原則の實踐は、なにもローマ建設ほどの難事ではなく、今まで見てきた現行の「現代かなづかい」に較べれば、遙かに容易ではないか。普通、一擧に理想實現を計ることの不可が强調されるのは、元來、理想といふものが守るのに困難なものだからでせう。ところが、「現代かなづかい」は歴史的かなづかひのさういふ困難な理想性を否定するために考へられたものであり、したがつてその理想すなはち「趣旨」は容易といふことにあるはずです。このローマは一日にして成ることを目やすとしてゐる。それをなぜ成らせないのか。理想をわざわざ容易にしておきながら、それにお預けをくはせておいて、現實に困難を課するといふ罪な眞似をなぜするのか。まさか、「ローマは一日にして成らず」といふ古めかしい格言に忠實であらうといふ苦行主義のためではありますまい。

そこから必然的に出てくる疑ひは、なるほどその理想は容易といふことにあるのだが、やはりそれが容易に達成されてしまつたのでは困るのではないかといふことです。「現代かなづかい」には多くの矛盾がありますが、そして多くの人はいづれその矛盾を解消しようと考へてをりますが、しかし、それを解消して、原則どほりにするといふことになると、なにか困ることが生じるのではないか。おそらくその點で誰よりも困るのは、當の「現代かなづかい」を主張實施した國語改良論者なのであります。その間の事情を知るために、次に「現代かなづかい」の原則について綿密に検討してみませう。

二　表音主義と音韻

本章一の冒頭に廣田氏の言葉を引用して、「現代かなづかい」の原則が表音主義にあることを明らかにしました。表音主義とは一音一字にして一字一音といふことであります。それが可能ならば、これほど簡便容易なことはない。しかし、一の細則で見たとほり、「現代かなづかい」は決してこの原則をそのまま適用したものではありません。そこで廣田氏は次のやうに但書をほどこしてをります。

　このように、現代かなづかいは、一音一字、一字一音の表音主義を原則とはするが、かなを発音符号として物理的な音声をそのまま写すものではなく、どこまでも正書法として、ことばをかなで書き表わすためのきまりである。したがって、表音主義の立場から見て、そこにはいくつかの例外を認めざるを得ない。それは、これまでの書記習慣と妥協して、旧かなづかいの一部が残存している点である。

が、これほどあいまいで、意味をなさぬ文句も珍しい。なぜなら、そこには明らかなごまかしがあるからです。そのごまかしは議會における政治家の答辯のそれに似てをります。つまり、人は何かをごまかさうとして語る言葉において、そのごまかしの存在をもつともよく裏切り示すといふことになりませう。右の一段は、「現代かなづかい」や「当用漢字」の制定に、それよりもなほ國語國字改良論の根本精神に、最初から無批判的に惚《ほ》れこんでゐる人ならいさ知らず、少しでも頭を働かせる習慣をもつてゐるものには、到底すなほに讀みくだせる文章ではありません。

一體、表音主義とは何か。いや、その前に表音文字とは何か。解りきつたことのやうですが、その意味があいまいであるために、「現代かなづかい」にたいする誤解が生じてゐるので、いちわうだめを押しておく必要がありませう。いふまでもなく、表音文字は表意文字の對でありませう。日本のかなやヨーロッパ語のローマ字は前者であり、漢字は後者であります。もちろん、文字である以上、音だけしか表さぬ文字はあつても、音聲を伴はずに意味だけしか表さぬ文字といふものはまづない。なるほど太古の象形文字は鳥や人型の組合せによつて書き手の意思を表現してはゐますが、それぞれに音聲があつたとは言へません。しかしその段階の象形文字は、文字とはいふものの、嚴密には文字ではないのです。一方、漢字は象形文字から出發したのですが、それはすでに文字として喋《しやべ》る言葉をそのまま表現しえます。すなはち、一字一字、音を伴つてゐます。ただ、その文字から音だけを抽象して意味と無關係に用ゐることは出來ません。その文字を用ゐれば、かならずその意味が生じる。音が同じだからといつて、「物」を「佛」とは書けない。表意文字においては、意味が主であつて、音は從であります。これに反して、ローマ字は一字一字に意味がなく、その意味のない音だけを表示する文字が二つ以上つづりあはされて、初めて語をなし、意味を生じる。それが表音文字であります。

表音文字と表意文字との差については、右の定義で充分とは言へませんが、ここではその程度にして先に進みませう。さて、表音主義といふことですが、これは表音文字の使用によつてのみ可能であるといへませう。同じ「後」といふ文字を「ゴ」と發音したり「コウ」と發音したり、また同じ「コウ」の音に「後」「光」その他たくさんの文字がある漢字の場合、それは不可能です。表音主義といふのは「音を表す」といふことではなく、同一音はつねに同一文字によつて表され、同一文字はつねに同一音を表すといふこと、すなはち一音一字にして一字一音であることを意味します。それは表音文字の場合にのみ可能であります。が、現實では表音文字かならずしも表音主義を守つてはをりません。たとへば、ローマ字を用ゐる英語でも、smart・cousin・shallの三語において、sは三樣に發音しわけられる。音聲記號で示せば、それぞれ〔s〕・〔z〕・〔ʃ〕となります。のみならず、smartのaとshallのaとは同一文字でありながら、音は前者の場合、次のrと一緒になつて二重母音を形成し、〔ɑə〕となり、後者では〔æ〕となるといふ違ひがあります。したがつて、smartのrも本來のr音ではない。cousinのiは無いにひとしく發音されません。shall

のｌは二つですが、一つの場合と同じ發音です。

この三語はでたらめに選んだのに過ぎず、その種の例は英語の場合ほとんど無限にあると言へませう。表音文字の使用、かならずしも表音主義にならず、またさうなしうるものでもありません。かな文字の場合も同樣であります。のみならず、かな文字は音節文字であつて、「あ行」のほかは、大體において一子音と一母音との組合せによる兩者未分の音を表してゐるため、單音文字であるローマ字に較べて嚴密な表音主義に徹することが出來ません。いちわう、さう言へませう。もつとも既に述べた「現代かなづかい」の矛盾なるものは、なにも音節文字としての限界によつて生じたものではなく、表音主義を原則とする氣さへあれば、まだいくらでも原則どほりに表音化しうる程度のものなのであります。そこに問題があるわけです。そのやうに、表音化しうるものを表音化してゐないといふことについて、既に見たごとく「現代かなづかい」に、少くともその「趣旨」ないし原則には贊成すると稱する人たちから、文句が出るのは當然でありますが、この身方の激勵こそ、實は當事者にとつてまさにひいきの引きたふしとも言ふべきものなのです。

なぜなら、表音主義といふものは、いはば革命のためのスローガンのやうなもので、舊政權たる歴史的かなづかひを打倒する前にこそ便利必要であれ、革命成就ののちもなほ新政權「現代かなづかい」を正當化するには、いや、いかなる表記法にもせよ、それが表記法であるかぎり、それを保證するには、權威ある不動の原理とはなりかねるものなのです。それは亂にあつて攻撃を事とする狙撃兵《そげきへい》であつて、治において秩序を守る任には堪へられない。戰後の國語國字改良論者は既にそのことを見とほしてをりました。したがつて、彼等は表音主義反對者こそ、かへつて好都合な存在であつて、彼等を困らせるものは、むしろ表音主義贊成者なのであります。たとへば金田一博士の『国語の変遷』(創元社刊)に出てゐる「新かなづかい法の学的根拠」の冒頭を讀むと、その感じがよく出てをります。少し長いが、それを引用しておきませう。

今回の新かなづかい反対の声を聞いてみると、まず第一に新かなづかいの明らかな誤解から来るものがある。曰わく、新かなづかいは、表音式にすると言って、その実、表音式になっていないではないか。孝行は、コオコオと発音するのに、こうこうと書く、「私は」「私を」「私へ」なども、表音式なら、「私わ」「私お」「私え」であるべきである。少しも表音式ではないじゃないか。こう言って、反対される人々のあることである。

これは、反対論の一番単純な声である。それぐらいのことを、新かなづかいの発案者たちが気がつかないとでも思うものらしい。しかし、これほどの大事を思い立つ当局の人でそんなことぐらいわからないはずが無いではないか。

では、わかっていて、そういうことをするのはなぜか。ほかではない。「新かなづかい」は、決して「表音式かなづかい」ではないからである。

その証拠に、今度の新かなづかいの趣意書のどこにも、「表音式にするのだ」とは一言もうたっていない。

「歴史的かなづかいを廃して、表音式かなづかいにするのだ」とは、以前によく言われたことである。明治三十三年度以来、久しくなった声ではある。「音声」と「音韻」との区別のまだはっきりしなかった時代の言い分である。その時代からみると、考え方も言い方も遥かに進んで来て、今は「仮名づかい」と「発音表記」とをはっきり区別するのである。「仮名づかい」は正字法《オーソグラフィ》であり、仮名は音標文字だが、どこの国だって、正字法はあるが、音韻符号をつらねて正字法にしている国はない。故橋本進吉博士が「表音式かなづかいは、かなづかいにあらず」と言い切ったのは、著名なことばである。その言葉の当否はとにかくとして、だから、今回どこにも、表音式かなづかいにするのだと言ってはいない。言っているのは「現代かなづかいは、現代語音に基づく」と、あたり前のことを言っているだけである。その意味は、いわゆる歴史的かなづかいは、古代語の語音に基づいている。すなわち、旧かなづかいは、古代語を書いていたものであるが、現代かなづかいは、現代語を書くことにするということである。

あえて「現代の音声」と言わずに「現代語音（にもとづく）」と言ってるのは、「かなづかい」は発音記号ではなくして正字法だからである。仮名は音韻文字だから一々の仮名は、音韻を代表させるが、一から十まで、決して発音どおりにしようとしてはいない。それは、すべての改革は、急激であってはいけないから。殊に、言語に関したことでは。なぜなら、言語は、国民全体が毎日関係することであって、決して役所の人たち少数者だけのたまに用いるものではないから。国民の大勢が、すぐついて来れるような改革でなければ、改革が企図に終って、実現はされない。実現されるような改革は、無理のない程度に落ち合わなければいけない。いくらよい理想的な案でも、皆がついて来なかったら、その案は机上の空論でしかない。

ここに私たちは「現代かなづかい」の原則も論據も決して表音主義にはないことを知らされる。このどんでん返しに讀者はさぞかし面くらふでありませう。それなら、戰後の國語改良論者があたかも救ひの神のやうに縋《すが》りつく音韻とは、一體なにを意味するのか。門外漢には解りにくい言葉でありますが、それはまた専門家の間でもはつきりせず、二樣三樣の意味で用ゐられてゐるやうです。しかし、ここではその一つの意味をとつて、次のやうに理解しておけばいいと思ひます。すなはち、音韻とは、私たちが實際に發音してゐる、あるいは發音しうる生理的・物理的な音聲ではなく、ただ、さう發音してゐるのだと思ひこんでゐる、もしくはさう發音しようと思ってゐる、いはば言語主體の心理のうちにある音の單位を意味する。

たとへば、「行きます。」「本です。」の「す」は「いす。（椅子）」の「す」とは違ふ。後者は問題なく普通の〔su〕ですが、前者ではその母音の〔u〕が無聲化してしまひ、ただ息だけの音になつてをります。しかし、それは私たちが實際に發音してゐる生理的・物理的音聲についての話に過ぎません。それを發音する言語主體である私たち日本人は、喋る場合にも聽く場合にも、その差を意識せず、同じ「す」だと思つてゐる。既に述べたやうに、私たち日本人には一般に母音とか子音とかいふ單音の意識がなく、すべての音をその兩者の結合による音節の意識でとらへてゐるからです。また、「本が」「本も」「本の」における〔n〕が、音聲としてはそれぞれ〔ŋ〕〔m〕〔n〕と發音してゐても、私たちの意識においては、いづれも同じく〔n〕であります。その主觀的意識を、客觀的實在である音聲にたいして、音韻、あるいは音韻觀念といふのです。

以上で、金田一博士の言ひたいことは大體わかつたことと思ひます。つまり、「現代かなづかい」の原則は、同一音聲を同一文字で表記することにはなく、同一音韻を同一文字で表記することにある、言ひかへれば、表音主義ではなくて、音韻準據だといふことです。これは「表音主義を原則とする」といふ廣田氏の言葉と明らかに矛盾します。どちらかが間違つてゐるか、ごまかしてゐるかといふことになりませう。ところが、さうではない。兩方ともごまかしてゐるのです。ただ廣田氏のいかにも官僚らしい用心ぶかさにくらべて、金田一博士は學士院會員、言語學の權威といふ世間的評價によりかかつてゐるためでせうか、自信滿々の高壓的な調子がうかがへますが、それはいはば防禦的攻擊にすぎず、そのための隙《すき》が隨所にあらはれてをります。

そこに引かれてゐる橋本博士の「表音的假名遣は假名遣にあらず」といふ有名な警告

は、同博士著作集（岩波書店刊）第三冊『文字及び假名遣の研究』に収められてゐる論文の標題でもあり、またその内容をそのままに示してゐるものですが、その引用につづく金田一博士の言ひぶんがふざけてゐる。「当否はとにかくとして」なら、「だから」と言ふことはありますまい。さういふ不承不承の微妙なる「だから」であればこそ、あとに「今回」「言ってはいない」などといふごまかしが出てくるのです。この「今回」には「今回は」「いまのところ」の意があり、「將來はいさ知らず」の含み充分といふべく、日本語の助詞「は」の陰翳《いんえい》が巧みに利用されてをります。その氣もちが「言ってはいない」でいよいよ露骨になります。要するに、はつきり口にだして「言ってはいない」といふ、ただそれだけのことで、腹は別だといふことです。將來、實は表音主義だと言ひなほす餘地を殘してあるわけです。同樣、前のはうに「一言もうたっていない」とあります。しかも呆れたことに、「新かなづかい」が「表音式かなづかい」でないことの證據は、みづからさうだと「うたっていない」ことにあるといふ。開いた口がふさがらぬとはこのことです。常識では、事實を「證據」として、あることを言つたり言はなかつたりするものです。が、金田一博士はその反對に、聲明を「證據」として、ある事實が存在したり存在しなかつたりするといふ「觀念論」の信奉者らしい。少くとも文部省にだけはさういふ考へかたを許すつもりなのでせうか。すべてが法廷辯論的であり、政治的であります。事實はどうあらうと、法廷や議會のやうな公の場所で、それを認めさへしなければいいといふわけです。

廣田氏の説明にも同様のごまかしがありますが、いちわうそこには表音主義を原則とすると大膽に言つてのけてありますので、それを検討するまへに、もう一つ、金田一博士と同じく表音主義といふ言葉をいたづらに恐れるはうの例について報告しておきませう。昭和三十三年に「言語政策を話し合う会」といふのが誕生しました。それは現代中國が漢字の讀みの難關を克服するために、ルビとしてのローマ字の併用を實施したのを、あわててローマ字化と早合點して、さうなると漢字の使用は日本だけになるといふ不安に襲はれた人たちがこしらへた寄りあひです。目的はかな文字かローマ字か、いづれかの採用を目ざしての漢字廢止であります。私はその不可なることを「讀賣新聞」に書き、「現代かなづかい」の問題にも觸れて、現状のそれは「より極端な表音化を目ざす」傾向に抗しえぬことを指摘し、その代表者の一人としてかな文字論者の松坂忠則氏の名を擧げました。同氏が國語審議會の委員であり、また「言語政策を話し合う会」の委員でもあつたからです。それにたいして、氏は同じ「讀賣新聞」紙上で、自分の考へが決して私の非難するやうな「より極端な表音化を目ざす」ものではないことを强調し、次のやうに答へてをります。

わたしのカナヅカイ論は、表音化論ではない。音声そのものを写すべきだなどと言っているのではない。現代のコトバの単位として認識されている「現代語音」(音韻ともいう。心理的なエレメント)を書くべきだとの点において、わたしの主張は、金田一博士の主張と一致している。

なほ、松坂氏に言はせれば、私は「表音文字を用いる」といふことと、「表音化を目ざす」といふこととを混同してゐるのであつて、氏はただ前者について考へてゐるだけなのださうであります。「表音文字を用いる」といふ點では、歴史的かなづかひも同じである、なぜなら、かな文字は表音文字であるから、と松坂氏はいふ。したがつて、「表音文字を用いる」と言つたからといつて、それはなにも「音声そのものを写すという意味にはならない」といふのです。この妙な理窟のあとに右の引用文が來て、そのあとに、「現代かなづかい」にたいする氏の不滿は、助詞の「は」「へ」その他、「現代語音と違う部分がある」ことだと述べてをります。全く支離滅裂です。歴史的かなづかひも「表音文字を用いる」ものであることは、たしかにそのとほりですが、それなら、「表音文字を用いる」といふことだけからは、「現代かなづかい」の原則も内容も出て來ませんし、さらにその助詞「は」「へ」その他の處理にたいする不滿に至つては、どうにも生じようはずがない。歴史的かなづかひが「表音文字を用いる」ものであるにもかかはらず、なほ氏にとつておもしろくない理由は、氏が「表音文字を用いる」だけでは氣がすまぬ何かがあるからでせう。その何かは、今かりに表音文字といふ言葉を生して言へば、それが表音文字を用ゐながら、表音文字としての機能を充分に發揮してゐないといふことではありますまいか。そのこと、すなはち、表音文字としての機能を充分に發揮せしめようといふ考へかたが、とりもなほさず表音主義であり、その方向への試みを表音化といひ、その體系を表音式といふ、私はさう心得てをります。

ところで、さらに呆れたことに、その後「言語政策を話し合う会」から私のところへも宣傳文書が送られて來たのですが、その挨拶《あいさつ》状を讀んでみましたら、そこには麗としくかう書いてあるではありませんか。

げんざいのこの混乱している日本語を、やさしく美しいものにしようというのでありまして、一足飛びにカナモジあるいはローマ字にしてしまおうというのではありません。もちろん文字の表音化が究極の目的ではありますけれども……。

全く人をなめてをります。はつきり「文字の表音化」とあるではありませんか。世間向けの挨拶状には「無知」な人たちを誘ひこむのに都合のいい表音主義を旗印にし、少しこみいつた理窟づけの場では顧みて他を言ふ。かうして彼等の態度はつねに政治的であります。それとも「文字の表音化」は「かなづかいの表音化」とは異るといふのでせうか。前者は後者を導き出さぬとでもいふのでせうか。もしそれほどに無智なら、國語國字問題の指導に手を出す資格はないはずです。それでは國民一般が迷惑する。

表音文字に表音文字たる機能を充分に發揮せしめようといふ考へは、必然的に「表音的かなづかい」を導き出します。それが普通の解釋です。現在の國語改良論者が「現代

かなづかい」の原則は戰前の「表音的かなづかい」と異るといふ、その戰前の「表音的

かなづかい」の「表音的」もやはりその意味に、あるいはその程度に用ゐられてゐたの

に過ぎず、そのことは橋本博士の「表音的假名遣は假名遣にあらず」を見ても明らかで

あります。次の一節を讀んでいただきたい。

表音的假名遣は、音を基準とし、音を寫すを原則とするものであるとすれば、一種の表音記號と見てよいものである。(中略)さうして、表音記號を制定するについては、實際耳に聞える現實の音(音聲)を忠實に寫すものや、正しい音の觀念(音韻)を代表するものなど、種々の主義があり、又、ローマ字假名など既成の文字を基礎とするものや、全然新しい符號を工夫するものなど種々の方法があるが、その中、假名に基いて國語の音韻を寫す表音記號は、その主義に於ても方法に於ても、表音的假名遣と全然合致するものである。それ故表音的假名遣はその實質に於ては一種の表音記號による國語の寫し方と見得るものであり、又それ以外にその特質は無いものである。

松坂氏は「音声そのものを写すべきだ」といふかなづかひ論だけを表音主義としてゐるやうですが、橋本博士の言ふやうに、それは「實際耳に聞える現實の音(音聲)を忠實に寫すもの」に限らず、「正しい音の觀念(音韻)を代表するもの」をも含みます。

しかも橋本博士は表音記號について述べてゐるので、正書法としてのかなづかひについてはなほさらのことであります。ここに讀者の注意を喚起しておきますが、博士は「正しい音の觀念（音韻）を代表するもの」をも表音符號の一つと考へてをります。すなはち、金田一、松坂、兩氏が音韻に據ると規定した「現代かなづかい」も、その原則論に關する限り、博士の眼には表音符號と映じてゐたので、表音的どころの話ではなく、そもそも「假名遣」とは認められなかつたものなのです。私が「より極端な表音化を目ざす」ものと言つたのはまだ手ぬるいはうでせう。

しかし、私が今とくに强調したいのは、表音主義、表音的といふことについての橋本博士や私の考へが正しいといふことそのことよりも、戰前においてもそれはつねにさういふふうに解釋されてきたといふ事實であります。そして原則はもちろん內容まで現行の「現代かなづかい」とさうは違はぬものを、戰前は「表音的かなづかい」と臆せずに呼んでゐたのです。決して音韻などを持ちだしはしませんでした。たとへば、今の國語審議會の前身である臨時國語調査會が大正十三年に提出した假名遣改定案においても、音韻主義者の松坂氏が不滿とする助詞「は」「へ」は現行の「現代かなづかい」そのままに過去の習慣が溫存されてをります。くどいやうですが、當時はそれを「表音的かなづかい」と呼んでゐたのです。ところで「現代かなづかい」では、戰前のそれとの細部の異同を楯に、なぜ表音的といふ言葉を使はないのか。表音主義といふ言葉が國語改良論者の間でタブーのごとくに恐れられてゐるのはなぜか。そこに彼等の二重三重のごまかしがあるのです。おそらく彼等はかならずしもそれをごまかしとは意識してゐないのでせう。私がかうして詰将棋のやうな手續でその嘘《うそ》を狩りださうとしてゐるのも、その彼等が意識してゐないらしいといふことのためにほかなりません。

彼等は表音主義といふ言葉をタブーのやうに恐れる。それは橋本博士の警告に追ひたてられたためといふこともありませうが、同時に、彼等自身、それをさういふものに仕立てあげてしまつたといふこと、しかもそのはうが好都合だといふ事實も看過できますまい。彼等みづから表音主義を敵役、憎まれ役に仕立てあげてしまつたのです。どういふふうにさうしたか。それは松坂氏の「音声そのものを写すべき」といふ言葉でも解ります。もつとあらはには廣田氏の説明に現れてをります。それには「かなを発音符号として、物理的な音声そのままを写すものではなく」とあります。ここでは松坂氏の「音声そのもの」が一層嚴密に「物理的な音声そのまま」と規定されてゐる。しかし、誰が「物理的な音声そのまま」の表記を期待しませうか。どんな文字がそんなことを可能としませうか。かな文字の代りにローマ字を使つたにしても、文字はおろか記號をもつてしても、いかに嚴密な發音符號をもつてしても、それは不可能です。百パーセントの表音文字も表音記號もこの世には存在しえない。なぜ存在しえないかは、第四章、第五章でおのづと納得していただけませうが、戰後の國語改良論者は申合せて、その存在しえないものに表音主義といふ名を與へたのです。いはば、表音主義を二階へ追ひあげて梯《はし》子《ご》をはづしてしまつたのだ。

では、どうしてそんなことをしたのか。少くとも、さうすることにより、結果として、どんな利益が生じたか。それは「現代かなづかい」の內容をして矛盾に滿ちた中途半端なものにとどまらせておくことが出來るといふ利益、また今の程度の矛盾にふみとどまつてゐるかぎり、その中途半端なままでどうやら原則らしいものが造れるといふ利益であります。具體的にいふと、かうなります。現行の「現代かなづかい」にたいして、一方にはそれが充分に表音的でないと非難する急進派があり、他方、それが既に表音的でありすぎると非難する保守派がある。この兩面からの攻擊を避けるのに、當時者たちはあらかじめ極度に頭を痛めたのに相違ありません。先に引用した金田一博士の說明の初めに、「これほどの大事を思い立つ当局の人でそんなことぐらいわからないはずが無いではないか」とある、「待つてゐました」と言はんばかりの、その得々とした調子にも、そのことがありありと透けて見えます。かうして、急進派にたいしては、きみたちは表音主義の恐しさを知らないのだ、きみたちの考へてゐるのは表音主義なんてものではない、本當の表音主義といふのは、それ、見ろ、とここで二階を指さし、あそこへ上つたら、二度と降りては來られぬぞ、いや、梯子が無いから昇ることも出來ないものなのだとおどかす。つまり、現狀のままでいいといふことになります。また、保守派にたいしても、二階を指さし、憎むべき表音主義はあそこにゐる、われわれのは表音主義なんてものではなく、ただ音韻準據に過ぎぬとうそぶけるのです。

うまいことを考へたものだ。もちろん油斷はできません。憎まれ役といつても、それはみづからさう仕立てあげただけのことですから、裏で話はついてゐるのです。賴んでなつてもらつた憎まれ役となれば、すなはち身代り役です。古式兵法の藁人形《わらにんぎやう》です。いくら矢を射こまれても一向痛痒《つうやう》を感じない。いや、もともとそこへ矢を射こませるための藁人形であり身代り役であります。戰ひが終つたら、手を握るつもりでゐる。そのときが來たら、はづした梯子を持つて來て、表音主義に二階から降りてもらひ、床の間の前の正座に坐つてもらふ。氣がついてみると、それまで奮戰してゐた音韻なるものの姿はいつの間にやら消えてなくなつてゐるといふ仕掛けです。それでは、音韻こそ身代り役だつたのか。さうなのです。音韻もまた同樣に身代り役だつたのです。すなはち、百パーセントの表音主義に惡玉を、音韻に善玉を演じさせて、時機の到來を待つものが、この二役の背後に控へてゐるのです。それは戰前からの、いや、明治以來の「表音的かなづかい」そのものにほかなりません。

　しかし、音韻なるものにそれだけの大役を演じおほせる力があるかどうか。本尊の「表音的かなづかい」を首尾よく迎へいれられるほど、靈驗あらたかなものかどうか。私には疑問に思はれます。まづ解せないのは、金田一博士自身、普通は「表音文字」「表音符號」と言ふべきところを、「音韻文字」「音韻符号」と書いてゐることです。これでは音韻などと耳なれぬ學術用語を用ゐても、結局は音韻＝表音ではないかと合點せざるをえません。しかし、それよりも大きな問題は、「現代かなづかい」の原則として表音主義を卻《しりぞ》け、音韻を持ちだしておきながら、實際にはそれを少しも活用してゐないといふことです。早い話が、助詞の「は」「へ」「を」を「わ」「え」「お」としないのは、決して音韻の法則によるものではなく、文法の法則によるものです。「ぢ」「づ」の溫存を二語連合によつて肯定するのは語の法則によるからです。その表音的不合理を音韻論によつて說明するのは、あたかも大阪から東京まで汽車で來ておいて、現在、羽田空港に立つてゐるから飛行機で來たと言ひくるめるやうなものです。「現代かなづかい」における音韻論はその使はなかつた飛行機に過ぎず、單なるこけおどしの役しか果してゐません。それでも、當事者が音韻準據だと言つてゐるのだから、その言葉こそ音韻準據である何よりの證據と心得ねばならぬのでせうか。國語改良論者は私の「現代かなづかい」攻擊を「レトリック」だとレッテルを貼《は》つて、それによつて受けた自分の傷を自分にも人にも見せたがらない。しかし、以上のことすべてがそれこそ巧妙な「レトリック」ではないでせうか。

はつきり申しませう。今までに擧げてきた「現代かなづかい」の矛盾は、ほとんどすべて「表記法は音にではなく、語に隨ふべし」といふ全く異種の原則を導入したために起つたことで、その實情を實際の音聲にあらざる音韻などといふものによつて說明しようとするのはごまかしに過ぎません。例の百五十四人中の百三十一人を代表者とする國民の大多數が考へてゐるやうに、內容の細部には「檢討の餘地」があつても「趣旨」には贊成するなどといふことは言へないのです。それは原則と內容との矛盾ではなく、原則に內在する矛盾で、それは一つの原則が他のもう一つの原則と同居させられたために起つたことなのです。それを、あくまで原則は首尾一貫してゐて、現實への適用においてのみ、種ゝの例外が起るかのやうに見せかけてゐることが問題ではないでせうか。

廣田氏はさすがに音韻といふ言葉は用ゐず、表音主義を表立ててはゐるものの、それでも同じごまかしを試みてをります。そこにはかうあります。「現代かなづかい」は表音主義を原則とするが、それはあくまで正書法であるから表音主義と相容れぬ例外が出てくる、と。これは奇妙です。そんなことでは表音主義は正書法の原則には出來ぬといふことになるではありませんか。さらに、さうして例外が出てくるとしても、それがどうして「これまでの書記習慣と妥協して、旧かなづかいの一部が残存している」やうなものとなるのか、その點がごまかしになつてゐるのです。「これまでの書記習慣と妥協して」とは言ひも言つたりです。「習慣と妥協して」と言へば、受けとる側はなんとなく「習慣だから妥協して」と讀んでしまふ。非は習慣にあり、もしその非なる習慣さへなければ、思ひ切つて傳家の寶刀たる表音主義の原則をもつて暴れられるのだがといふ感じです。だが、實情はさうではない。それは「これまでの書記習慣と妥協して」ではなく、歴史的かなづかひの原則に抗しえず、その一部を残存せしめたのに過ぎません。

中身は竹光《たけみつ》なのに、抜けば抜けるのを抜かずにゐるのは、世間の「習慣」を尊重するから、あるいはそれとの要らざる摩擦を避けたいからと、その理由は専ら世間の「無知」にかづけるのは、まことに男らしくない卑劣な態度といふほかはありますまい。金田一博士の說明にも、終りのはうにその種のお爲ごかしが出てきます。それはどんな立派な理想案も性急に施したのでは、かへつて實現しにくいのが常で、理想は現實をあやしなだめながら徐々に自己實現を計らねばならぬといふ、親心、大御心そのままの甚だ大人らしい情理かねそなへた考へ方です。しかし、理想は現實をではなく、自己をあやしなだめ、ごまかさねばならないのではないか。ただきういふ己れの姿を知りたくないために、理想どほりにいかぬのは現實が惡いため、世間が「無知」であるためと思ひなしたいのではないか。意地わるく勘ぐれば、非は表音主義といふ原則の側にあり、それを明るみに出さぬために必要な「妥協」であつて、そこを見破られずにすんでゐるのは世間の「無知」といふ恩惠あればこその話、さらにそれを利用して、その「無知」と「妥協」してゐるかのごとく見せかける忘恩行爲といふことになります。が、私はさうまで惡質だとは考へない。やはり現在の「妥協」は表音主義といふ理想に到達するまでの暫定的處置と、當事者みづから思ひこんでゐるのでせう。ただ結果としては、時枝博士の指摘のやうに、國民の「無知」で大助りしてゐるといへます。

同時に、「現代かなづかい」の「趣旨」に贊意を表し、一日も早くその「趣旨」に沿つて、細部の矛盾を解決するやうに迫る同調者は、「親の心、子知らず」といふのに似たものがあります。それら幾多の矛盾は暫定的・過渡的なものではありません。歴史的かなづかひにおける單なる「書記習慣」が殘存してゐるのではなく、その原則が殘存してゐるところから生じるものであつて、それは言ひかへれば、國民の心理がではなく、國語の生理が表音主義に謀叛《むほん》してゐるからであります。表音主義であらうと、ローマ字であらうと、この國語の生理といふことには勝てません。それを出來うるかぎり生すやうに努めること、それが歴史的かなづかひの原則にほかなりません。

第二章　歴史的かなづかひの原理

一　「語に隨ふ」といふこと

前章の末尾に私は次のやうな結論を出しておきました。すなはち、「現代かなづかい」の實際に見られる幾多の矛盾は、一般國民の保守的な習慣を刺戟しまいといふ當事者の親心から起つた暫定的・過渡的なものではなく、「表記法は音にではなく、語に隨ふべし」といふ全く異種の原則を導入したことから起つたものなのだといふことであります。その異種の原則とは言ふまでもなく歴史的かなづかひの原則です。「現代かなづかい」のなかには、當事者の辯解するやうに、過去の「書記習慣」との妥協から歴史的かなづかひの一部が殘存してゐるのではない。まさにその原則そのものが殘存してゐるのです。その原則とは「表記法は音にではなく、語に隨ふべし」といふことなのであります。そのことを橋本博士は『文字及び假名遣の研究』のなかで繰返し力說してをります。次にその重要な箇所を拔書きしてみませう。

假名遣は假名で國語を書く時の正しい書き方としての社會的のきまりである。即

ち、それは、文字言語に於ける文字の上のきまりであつて、文字と關係の無い音聲言語とは無關係のものである。(中略)

全體、言語は意志を交換し思想を傳達する爲のものであるから、その目的とする所は意味に在つて、音聲や文字に無い。勿論音聲や文字は大切ではあるが、それは意味を示す爲の手段として大切なのであるから、文字言語としては、その文字の形によつて意味が明瞭に了解せられればよいのである。その爲には、同じ語は何時も同じ文字であらはれるのが理想的である。假名遣は、かやうな理念の下に起つた、文字言語に於ける假名の用法上のきまりであつて、同じ語は誰が書いても同じ字で書くやうにさせる事を目標としたものである。(中略)

なるほど我々が全く知らない語にはじめて出會つた場合にその發音(卽ち讀み方)がわからないで當惑するのは事實である。しかしながら、元來文字は、知らない言語を教へる爲のものではなく、知つてゐる言語を想ひ出させる爲のものである。さうして言語の音の形は、我々の腦中に、或意味を示し或意味に伴ふ一つづきの音として記憶せられてゐるのが常であるから、文字言語に於ける文字の形が、何等かの手懸で、その意味に伴ふ音の形を想ひ起させる事が出來れば、我々は之をたよりとしてその意味を理解し得るのであつて、必ずしも一々の文字が正確にその一つづきの音の一つ一つの部分を示さなくともよいのである。

(「國語の表音符號と假名遣」)

單なる音は意味をもたず、語を構成してはじめて意味があるのであるから、假名遣は、單なる音を假名で書く場合のきまりでなく、語を假名で書く場合のきまりである。（中略）

假名遣に於ては、その發生の當初から、假名を單に音を寫すものとせずして、語を寫すものとして取扱つてゐるのである。さうして假名遣のかやうな性質は現今に至るまでかはらない事は最初に述べた所によつて明かである。然るに今の表音的假名遣は、專ら國語の音を寫すのを原則とするもので、假名を出來るだけ發音に一致させ、同じ音はいつでも同じ假名で表はし、異る音は異る假名で表はすのを根本方針とする。卽ち假名を定めるものは語ではなく音にあるのである。これは、假名の見方取扱方に於て假名遣とは根本的に違つたものである。かやうに全く性質の異るものを、同じ假名遣の名を以て呼ぶのは誠に不當であるといはなければならない。これは發生の當初から現今に至るまで一貫して變ずる事なき假名遣の本質に對する正當な認識を缺く所から起つたものと斷ぜざるを得ない。

（「表音的假名遣は假名遣にあらず」）

すでに述べたやうに、橋本博士の非難する當時の「表音的假名遣」は、すなはち今日の「現代かなづかい」であります。博士によれば、それはもはや「假名遣」とは稱しがたいものであり、それによつて「假名遣はその存立の基礎を失ひ雲散霧消する外ない」ものなのです。そこで「表音的假名遣は假名遣にあらず」といふ結論が出てくるわけです。ここに明らかなことは、博士においては、單なる「假名書き」と本來の「假名遣」とが嚴密に區別されてゐるといふことであります。音を表記法の基準としたのでは單なる「假名書き」論しか出てこず、「假名遣」の問題は語を基準とすることによつて初めて生ずると考へられてをります。問題「發生の當初から」さういふものであつたことを博士は强調してゐるのですが、では、かなづかひ問題はいつから、どういうふうにして發生したか、その經緯をごく簡單にふりかへつてみませう。

言ふまでもありますまいが、元來、かな文字は一音ごとに正直に發音を表示しようとして發明されたものです。その國產のかな文字が發明される以前、もつぱら漢字によつて國語を表記してゐた時代があり、さういふ用法のもとに使はれた漢字を今日では萬葉假名と呼んでをります。漢字を「假名」と稱する理由は、表意文字である漢字の表意性を消去して、それをかな的に用ゐてゐるからです。その萬葉假名專用時代は、たとへば「いし（石）」と書きたいとき、「伊之」「以嗣」「異志」……等、どのやうに書いてもよかつた。それぞれ漢字の音を利用して、それら同音の文字なら、どれを用ゐようと好みのままだつたのです。文字は意味なしに單に音を表すといふ原理は、國產の片かな、平がなが發明されたのちにも、そのまま引きつづき踏襲されたばかりでなく、さらに强化されるに至つたと言へませう。なぜなら、それらは萬葉假名と異つて、同一音〔i〕に

「伊」「以」「異」等の數多の文字を用ゐることなく、それぞれ「イ」「い」の一文字だけになつたのです。しかし、表記法としての原則が音を寫すにあるといふ點では、すなはち今樣にいへば、表音主義といふ點では、萬葉假名もかな文字も同一趣旨のものであります。

なるほど發生當時のかな文字は一音一字であるのに反して、萬葉假名は一音數字ではありますが、それもどの文字を用ゐてもいいのですから、私たちの歴史的かなづかひにおける一音數字とは意味が違ひます。歴史的かなづかひでは、たとへば〔·i〕の音が「い」と「ゐ」と「ひ」との三字によつて表されますが、それらはどの文字を用ゐてもいいのではなく、「いし（石）」「ゐど（井戸）」「こひ（戀）」のやうに語によつて、それぞれ明確に書き分けられねばなりません。したがつて、萬葉假名は漢字ではありますが、發生當時のかな文字と性格を同じくするものであり、歴史的かなづかひのはうは形は同じかな文字でありながら、發生當時のそれとは異つた性格のものと言へませう。橋本博士はその點を强調して、次のやうに述べてをります。

かやうにして、萬葉假名の時代から平假名片假名發生後に至るまで、純粹に音をあらはす文字としてのみ用ゐられて來た假名は、少くとも假名遣といふ事が起つてからは、單なる音を表はす文字としてでなく、語を表はす文字として用ゐられ、明かにその性格を變じたのである。

その「性格を變じた」時代は大體平安後期からのことで、その原因は、かつては一致してゐた文字と發音との間に多少のずれが生じてきたからにほかなりません。もちろん、文字の知つたことではなく、人との發音が變化したためです。すなはち、平安期を通じて、過去には無かつた音が發音されるやうになつたり、過去には發音し分けてゐた類似音が消滅したりしてをります。前者の例としては、漢語の移入にともなつて起つたと考へられてゐる長音(ひく音)、拗音(くねる音)、撥音(はねる音)、促音(つまる音)などです。すなはち、それらは漢語音から、それも日本流の漢語音から、たとへば「到底」トーテー、「客車」キャクシャ、「簡單」カンタン、「敵機」テッキのごとき音が生じたのですが、さらにそれが漢語にあらざる本來の和語にも影響して、「通る」トホルがトールに、「黃瓜」キウリがキューリに、「死にて」シニテがシンデに、「勝ちて」カチテがカッテになるやうな變化が起つたのです。また、後者の例、すなはち昔は發音し分けてゐた類似音の消滅としては、「い」と「ゐ」、「え」と「ゑ」、「お」と「を」などのごとき、かつては異つた音であつたものがほとんど同一の音になつたこと、さらに語中語尾の「は・ひ・ふ・へ・ほ」が大體「わ・い・う・え・お」と同音になつたことなどであります。「いし」「ゐど」「こひ」における「い」「ゐ」「ひ」は、奈良時代には明瞭に〔i〕と〔wi〕と〔fi〕(「は行」の頭音は當時hではなくf)に發音し分けられてをり、それゆゑにこそ、それぞれ異つた文字をもつて書き分けられてゐたのですが、平安時代の中頃から、段ゝその發音差が失はれて行き、やがてはいづれも同一音〔i〕になつてしまつたのです。

それは要するに、同一音を示す文字が二つ以上になり、同一文字が二つ以上の音を示すやうになつたことを意味します。そこで「戀」をかなで書くとき、「こひ」「こい」「こゐ」のどれを正しいとするか、「通る」は「とほる」「とおる」「とをる」「とうる」のどれを正しいとするか、あるいはまたどれでもいいとするか、當然さういふ問題が起つてまゐります。もちろん、讀めさへすれば、どれでもいいのなら、橋本博士の述べてゐるやうに「假名遣はその存立の基礎を失ひ雲散霧消する外ない」でせう。しかし、かなづかひを問題にした史上最初の主張者である藤原定家は、どう書かうと讀めさへすればいいとは決して言はなかつた。平安末期に生れ鎌倉初期に死んだ彼は、當時のかなづかひ混亂を甚だ好ましからざることに思ひ、どれが正しく、どれが誤りかを明らかにして、みづからそれを實践したのです。その正誤の基準は古典であります。したがつて發音とは無關係に、一つ一つの語の形を問題にしてをります。ただ「お」「を」の別だけは發音を、といつても四聲によるアクセントを考慮してゐるらしいのですが、そのことは今は問はぬことにして、彼の著と言はれる歌論『下官集』の「嫌文字事」の項には、當時〔o〕〔e〕〔i〕の三音を表した八文字「を・お」「え・へ・ゑ」「ひ・ゐ・い」が順に竝び、それぞれの項目の下にその文字を用ゐる語が掲げられてゐるのです。もちろん完璧なものではありません。たとへば語中語尾の「ふ」「ほ」は當時すでに「う」「お」と同一音化してゐましたが、それについての書き分けが無く、語數も全部で六十餘に過ぎません。しかし、注目すべきことは、かなづかひ問題の端は初めてこれによつて發したといふこと、そしてその時以來、明治に表音的かなづかひ論が起るまで、かなづかひはつねに語によつて定ると考へられてきたこと、この二つであります。橋本博士の言葉を用ゐれば、かな文字はこの鎌倉初期において、從來の「音を表はす文字」から「語を表はす文字」へと、「その性格を變じた」と言へませう。

ところで、さういふ考へ方にたいしては、當然、一方に反對の主張が出てまゐります。私がその反對にたいして、さらに反對の立場に立つことは言ふまでもありませんが、その論證のためには、表音主義者たちが橋本說のどこに攻擊の矢を放つか、いちわう彼等の言ひ分にも耳を傾けねばなりますまい。その點で最も筋の通つた考へ方を示してゐるのは、私の讀んだかぎりでは、江湖山恒明氏の『仮名づかい論』(牧書店刊)であります。江湖山氏は橋本說を次のやうに批判してをります。江湖山氏によれば、定家以下橋本博士に至るまで、すべての「歷史主義者」は大きな過ちを犯してゐる。なるほど、かなづかひ論發生と同時に、かつては純粹に音を表すことによつて表音文字としての性格に忠實だつたかな文字は、その忠誠を捨てて、音の代りに登場した語といふ第二の主君に仕へるやうに命じられはした。すなはち、かなは表音文字なのに、表意性、表語性がかなづかひ問題の中心題目になつてしまつた。それは橋本博士の言ふごとく明瞭なる歷史的事實なのだが、困るのは博士がその事實の當否を究明せずに、單に「假名がその性格を變へた」としてそれを無批判的に肯定してしまつたことだ。江湖山氏は大體以上のやうに考へ、次いでかう述べてをります。

> 「仮名づかい」論の発生と共に、「仮名がその性格を変えた」のではなく、「歴史的かなづかい」論を主張する人たちが、表音文字である仮名の中の特定のものに、表意性が添加されるようになったものもあるという事実、しかも、そういう仮名でもそれらのあらゆる場合がそうだというのではなく、ある特定の用法の時に見られる事実を、仮名の一般的性格であるかのように主張し、その主張に基づき、その主張に応じた「仮名づかい」論を展開するに至ったのだと考えるべきであろう。

もしそのとほりなら、「歴史主義者」のやつたことは、世にいふ「でつちあげ」にひとしきものになります。たしかに江湖山氏の言ふとほり、歴史的かなづかひにおいて、音と文字とにずれがあるのは「ある特定の用法の時」にすぎず、むしろ大部分は發生當時と同じに表音文字としての性格を變へずにゐるとみられませう。試みにこの私の文章のこの部分、すなはち「もしそのとほりなら」以下「見られませう」までのうち、かな文字で書かれてゐる部分について言ふなら、全體九十五文字中、三角印で表示した十四文字だけが、かな文字發生當時の純粹な表音性を失つてゐるに過ぎません。それはわづか全體の一割五分です。しかも、二度くりかへされてゐる「とほり」「は」「言ふ」の三語は同一語であり、「やつた」「でつちあげ」の「つ」は同一用法で、それぞれ一つと數へれば、十文字だけ、すなはち全體の一割だけが本來の表音的性格にそむいてゐるに過ぎず、さらに「現代かなづかい」と較べれば、わづかに終りのはうの「ゐ」と「せ」と、あとはすべて語中語尾の「は行」文字だけであります。このことは歴史的かなづかひが宣傳ほど難しいものでもなく、收拾しがたい混亂を惹起《じやくき》するものでもないといふことの傍證になりませうが、その問題は次章に讓ります。

とにかく江湖山氏は、歴史的かなづかひ論者が少數の語をもとにして、かな文字の性格變化を斷定したことを非難し、續けて次のやうに述べてをります。

> したがって、「仮名づかい」論の発生をめぐる歴史的事実については、「仮名の性格に変化が生じた」という「歴史的仮名づかい」論者の主張が、「仮名づかい」論の展開を導いたと言える。すなわち、事実としては仮名一般の性格に変化を「生じた」のではなく、仮名一般の性格に変化を「生じた」と判断したところに、言い変えれば「歴史的仮名づかい」論者の主観が仮名の性格に変化を「生じさせた」ところに、「仮名づかい」論発生の根底があると理解すべきであろう。

これが歴史的かなづかひ論にたいする江湖山氏の批判のしめくくりであります。ここには他の表音主義者には見られない論理的明晳《めいせき》さがあり、それが私の興味をひくのですが、にもかかはらず、氏は表音主義者の、あるいは一般に國語改良論者の陥りがちな過ちを犯してをり、論理的に煮つめられてあればこそ、かへつてその過ちが指摘しやすいものになつてゐるやうです。それは本質と現象との混同であります。目的と手段との混同であり、價値論と發生論との混同であります。そして、それは辯證法以前の、いや、辯證法以後においてさへ必ずしも目ざめたとは言ひかねる單純な唯物論者すべてに共通する迷妄と申せませう。

江湖山氏の表音主義護持は詮じつめたところ、かな文字はもともと一音一字にして一字一音の純粹な表音文字として登場したといふこと、のみならず歴史過程においても、その姿勢は崩れず、「特定の用法の時」以外は大部分がもとの性格にとどまりつづけたといふこと、さらに時には歴史的かなづかひの壓力をはねのけてまで、發生當時の性格を維持しようとして、音便などの變化に即應したといふこと、この三點に盡きるやうです。そのうち後二者については、やや開きなほつた形で、歴史的かなづかひ論者の辯明を求めてをります。氏によれば、さういふ辯明はいまだなされてゐないといふことですが、もしそれが本當なら、以下、私の主張は世界史上最初の試みといふ名譽をになふわけです。もつとも、その種の試みが大抵さうであるやうに、私の論理もやはり「コロンブスの卵」の類と言へませう。しかし、それは私の歴史的かなづかひ論の根幹をなすものですから、江湖山氏の要求が無くとも、ぜひ述べておかねばならぬものなのです。

二　音便表記の理由

江湖山氏は歴史的かなづかひ論者にたいして、次の二點に關する現象論的な説明を求めてをります。それは第一に、歴史的かなづかひが表記の基準をもし語に求めるものであるならば、たとえば「柿」「垣」「牡蠣」の意味を異にする三つの異つた語を同一文字「かき」をもつて表してきた現象は、どう解釋したらいいのかといふことです。「いる」（入）と「ゐる」（居）、「おもい」（重）と「おもひ」（思）などの場合は、なるほどかなづかひは語に隨つて書きわけられもしようが、「かき」の場合は音に隨ふ以外になく、事實さうしてゐるではないかと言ふのです。第二が、表記は語に隨ふべしとする歴史的かなづかひにおいて、なぜその語形をくづしてまで、發音どほりに音便を表記するに至つたかといふことです。たとへば、「川ぞひ」の「ひ」は既に〔fi〕ではなく〔i〕であるのに、古典に隨つて「ひ」と書くべしとし、かつさう表記してゐるのが歴史的かなづかひといふものなら、その「ひ」がつまつて促音に發音されるやうになつても「そひて」と書くべきなのに、それをなぜ「そつて」と表記するやうになつたのか、その點を釋明せよと言ふのです。

この反問はいかにも論理的でもつともらしいやうに聞えます。が、じつは言ひがかりに過ぎない。もちろん、江湖山氏自身にそのつもりはなく、氏はそれを本氣で歴史的かなづかひの矛盾と思ひこんでゐるのに相違ありません。この氏の過ちは、歴史的かなづかひの原則である表意性といふものの誤解から生じたものですが、さらにその誤解は氏のみならず表音主義者一般が表音文字といふものにたいして、ほとんど病的ともいふべき誤れる固定観念に捉はれてゐることに端を發してゐるのです。それどころか、彼等は文字といふものの本質を理解してゐないらしい。いや、言葉の本質について考へてみたことすら無ささうです。

そもそも私たちの言葉はすべて音聲と意味との結合したものであつて、どちらか一つで成立する言葉といふものはありえません。したがつて、その言葉を記述する文字も同様、音聲だけを、あるいは意味だけを表しはしない。さう言ひたいのですが、さう言へばきつと反問されるでせう、ローマ字のアルファベットは音聲だけしか示さず、その一つ一つには意味はないではないかと。たしかに英語の不定冠詞aや一人稱代名詞のIのやうな特殊の場合を除いて、まづそれらには意味がないと言ひ切つてさしつかへないでせう。だが、その意味のない音聲だけの文字を、なぜ人は造つたのか。言ふまでもなく、それらを幾つか組合せて、意味を有する語を書き表し、かつ書き分けようとしたからです。最初からそのつもりだつた。といふより、最初にその目的があつて、文字はあとからその目的のための手段として造られたものです。その點では表音文字と表意文字との別はありません。ローマ字のやうなかなり純粋な表音文字の場合でも、それは最初から意味ある語の表記を目的としてゐたのです。すなはち人語のために造られたのであつて、みみずのたはごとや衣ずれの音のために造られたのではない。私たちの鼓膜を震はせる自然現象としての音一般を分析し、それからa・b・c……x・y・zを抽出して、言ひかへれば、最初に一つ一つの音とそれに相當する一つ一つの文字とがあつて、それらを組合せて語や意味を、またその表記法を考へたのではない。

この當りまへのことを、表音主義者は見のがしてをります。さう言はれれば、そんなことは言はれるまでもないと言ふでせうが、實際にはその事實を忘れてゐる。少くとも輕視してゐる。今日、彼等の文字にたいする態度から、當然さうなるのです。なぜなら、彼等の前には既に文字がある。彼等が語や意味を表記しようとするよりも前に、そしてその目的意圖とは別個に、文字のはうが既に存在してをります。なるほど、日本人にとつて漢字やかな文字は、語や意味と離れて存在しませんが、たとへばローマ字などは、自然現象としての音一般とまでは行かなくとも、それに近いものとして、一つ一つの音聲とそれに相當する一つ一つの文字といふ資格をもつて彼等の前に存在してゐるのです。そのため、それらを組合せて語や意味を、少くとも既成の日本語についてその表記法を考へるといふ、逆の手續に陷りやすいのです。かな文字の場合も、結局はその手續で扱はれがちです。音韻の研究に淫しすぎると、とかくさういふ倒錯に陷りやすい。その點、橋本博士は偉かつたと思ひます。國語の音韻研究におけるその劃期的な業績にもかかはらず、博士は決して表音主義の陷穽《かんせい》に落ちなかつた。音韻といふものは既成の語の分析の結果に見出されるものであつて、語以前に音韻の存在と、その自律性を考へるべきものではなく、まして語にたいする音韻の絶對支配を目標とする表音主義の不可なることを見ぬいてゐたからです。

しかし、おそらく博士はそんなことは當然のこととしてゐたのでせう。單純に表記法は語に隨ふべしとしか言はなかつた。時枝博士においても同樣、かなづかひ問題では、その表語性を重んじる橋本博士の論點を支持してゐるだけです。それをいいことにして、表音主義者は表音文字による表語性の「矛盾」を突かうとするわけです。もともと表音文字とか表意文字とかいふのは、文字の現象的な働きや性格から名づけられた相對的な呼稱で、嚴密には表音的文字、表意的文字と呼ぶべき程度の違ひしかない。文字の本質としては全く同一で、その同一性を捨象して相違せる働きに名づけられた呼稱、いはば便宜上の假說を絶對的なものとして、それぞれをそれぞれの名稱のうちに閉ぢこめてしまはうとするのは危險ではないでせうか。音を伴はない表意文字といふものはない。だから、比較的に表意的なる文字といふに過ぎません。一方、意味を伴はない表音文字といふものはなく、したがつて、それは比較的に表音的なる文字といふだけの話です。

文字は現象論的に考へるときにのみ、それがなければ表語も表音も出來ないものですが、本質論的に考へるならば、語があり、その語を構成する音聲がなければ存在の理由も必要もなかつたものであります。ですから、表意文字は音を伴ふと言ふのと同じに、表音文字は意味を伴ふとは言へないのです。表音文字は、意味、あるいは語に仕ふと言ふべきです。もちろん、私は文字として、表意文字のほうが優秀だなどといふつもりはない。私がここで比較してゐるのは、表意文字と表音文字とではなく、意味と音聲と、或いは表意といふことと表音といふこととであります。その場合にも、言葉の構成要素としてどちらが主かを論じようといふのではなく、少くとも文字としてどちらが主かを考へるならば誰しも表意が主であり目的だと答へるでありませう。

文章において、表意よりも表音に力點が置かれるのは、單に「さらさら」とか「ボチャン」とかの擬聲語のときのみです。が、それも少し熟してくれば、語としての表意性が重くなり、表音性としてはマナリズムと化して新鮮味を失ふでせう。私たちが文章を書くとき「ぞろぞろ」「さらさら」などは熟してゐるので、多く平がなを用ゐますが、機關銃の音、水のはねる音、タイヤのパンクの音など、「カタ、カタ、カタ」「ボチャーン」「パーン」といふふうに片かなをもつて表示する。その差別待遇の理由は、前者が語として認められてゐるのに、後者は語として認められてゐないといふことにあるのです。また後者のやうな音はいかに書きなれて熟してゐても、あまり現實の音に密著してゐるので、なかなか語として認められないのでせう。前者の場合でも、少し前までは格調の正しい文語の觀念が人〻にあつて、擬聲語はなるべく避けられたので、それをあへて文中に插入しようとすれば、「ゾロゾロ」「サラサラ」と片かな表記にしたものです。

それどころか、明治の小說、江戸の戲作文獻においてさへ、それは本妻である語の仲間入りをするのをみづから憚《はばか》る日蔭者のやうに、「チョット」「ソット」「ハッキリ」「グズグズ」「ガッカリ」「アタフタ」などと、やはり片かな表記をされてをりました。しかし、一方、明らかに擬聲語出身としか思はれないにもかかはらず、今は落籍《ひか》されて本妻に直つた言葉があります。「すする」「とどろく」「たたく」「さやぐ」「ふく」「すずめ」「からす」「きりぎりす」などがそれですが、かうなると、誰も片かな表記など思ひもよらず、それが日蔭者だつた過去に氣づかぬ人のはうが多いくらゐで、平がな表記どころか、かつてはそれ以上の格式を意味した漢字表記を許してをります。すなはち「啜る」「轟く」「叩く」「喧ぐ」「吹く」「雀」「烏」「蟋蟀」（「あるいは螽斯」）となり、そのやうに、表意文字の漢字によつて書かれたおかげで、ますます、擬聲語的表音性を脱することにもなつたのでせう。

以上のことから、私たちはどういふ結論を得るかといふと、それは、たとへ表音文字を用ゐても、私たちの内部には、語としての表意性への志向ともいふべきものが、ほとんど本能的に働いてゐるといふことです。單なる聲音では同じ表記法を許されず、表音性を脱したとき初めて語としての自律性を認められ、正規の表記法を與へられるといふわけです。この表音性からの脱却と語としての自律性といふこと、それこそ私たちの語意識の中核をなすものでありますが、それがすなはち歴史的かなづかひの大原則たる「語に隨ふ」といふことにほかなりません。

表音主義者の攻撃目標になつてゐる定家と契沖の二つのかなづかひ觀、すなはち古典のかなづかひを遵守するといふ前者の態度と、語の識別のための標識といふ後者の考へ方と、その二つの原則は、歴史的かなづかひにとつて第二義的なものであり、「語に隨ふ」といふ大原則を主とすれば、それはその從に過ぎない。もちろん、定家も契沖も間違つてをります。もつとも定家の場合、およびそれを受けついだ行阿《ぎやうあ》の場合、いづれもただ古典にさう書かれてゐるからといふだけで、別にかなづかひ觀といふほど明確な理論を抽象してゐるわけではなく、單に辭書的に語の表記を列擧してゐるので、これを間違ひときめつける必要はありますまい。表音主義者の癇《かん》にさはるのは、おそらくその古典尊重、規範要請の氣分であり、それ以上にそれが後世のかなづかひ觀を支配した影響力といふことでありませう。一方、契沖は『和字正濫鈔《わじしやうらんせう》』において、かなづかひの根據を傳統や習慣よりももつと規範的なものに求めました。すなはち、古典にさうなつてゐるからといふだけでは足りず、古典にさうなつてゐるのは、さうなつて然るべき理由があるからとなし、それは語義の差であると斷じたのです。定家を受けて、しかも定家以上に復古の規範を求めた國學者契沖は、結果において確かに間違つたのであります。

その間違ひをただしたのは本居宣長の弟子石塚龍麿です。彼は『假名遣奧山路』において、當時同音になつてゐるかな文字の上代における書き分けは、語義の差によるものではなく、既に消滅してしまつた音韻の差であることを明らかにしました。この埋れてゐた龍麿の業績を顯し、さらにそれを繼いで、ほとんど全貌を明らかにしたのが橋本博士の研究であります。したがつて橋本博士がかなづかひは語に隨ふべきだと言つたからとて、それはなにも「語義の標識としての假名遣觀」（時枝博士の契沖評）を主張してゐるのではないこと、申すまでもありません。ところが、江湖山氏は橋本、時枝、兩博士による歴史的かなづかひ主張を、定家の、ことに契沖の延長線上に無理やり位置づけようとするのです。それこそ「でつちあげ」といふほかはない。江湖山氏はかう書いてゐます。

契沖とそれ以後の人たちとの間には、書き分けられた仮名の時代的な差異と、書き分けている事実に対する説明のしかたの違いと、書き分けるための理由（基準）の違いというようなものはあるけれども、どちらも語義の標識のための書き分けという点で、結果的には一致するので、……（中略）……結果的には契沖自身の持った、誤りだとされている仮名づかい観のうえに、「仮名づかい」論を展開したのと同じ態度を取ったということになる。

かういふ曲解は、江湖山氏の言ひ廻しをもぢつて言へば、〈事實としては歴史的かなづかひがさういふ態度を取つたのではなく、その同じ態度を取つたと判斷したところに、言ひかへれば、「現代かなづかい」論者の主觀が歴史的かなづかひにさういふ態度を取らせたところに、表音主義發生の根柢があると理解すべきであらう〉といふことになりませう。

しかし、歴史的かなづかひの原則はそんな單純なものではありません。そこにおいて最も大事なものは、既に言つたやうに、語の自律性といふことであります。それを確立するために、私たちは時代を通じての歴史的一貫性や直ちに識別しうる明確性を求めるのです。定家の傳統主義はその前者に通じるものであり、契沖の規範主義は後者に通じるものでありませう。が、二人とも、抽象的な、あるいは本質的な思考に不慣れな過去の日本人として、本質と現象との次元の差を考へ分けることが出來なかつたのは當然と言へます。そのため、無意識のうちに語の自律性といふ本質を求めながら、その本質を志向する一現象に過ぎぬものを、すなはち一貫性や明確性を、それぞれに本質そのものと混同してしまつたのであります。文字は、あるいは表記といふ行爲は、表意、表語を目的とします。語の自律性を志向し、語に仕へようとします。歴史的かなづかひは、そのための手段として一貫性や明確性を欲するのです。が、逆に、一貫性や明確性の樹立を目的とし、言葉や文字をそのための手段と考へてはをりません。一貫性、明確性に都合のいい言葉や文字を探したり造つたりしようといふのではなく、既に與へられてある國語國字がなるべく一貫性、明確性をもちうるやうにと考へてゐるだけのことです。それればかりではない。語に仕へる手段の一つとして、一貫性、明確性のほかに表音性といふことさへ認めてをります。歴史的かなづかひの態度はあくまで現實主義的です。頭の中には本質、すなはち表意觀念があつても、手の中にあるものは表音文字だといふことを忘れてはゐませんし、それを卻けようともしてはをりません。また、頭と手の機能を混同する愚を犯しもしません。

これで江湖山氏の提出した二問に答へたことにならないでせうか。第一問は、「いる」

（入）と「ゐる」（居）、「おもい」（重）と「おもひ」（思）これらの語にある同音〔i〕を三様に書きわけるのに、「柿」「垣」「牡蠣」の三語を一様に「かき」と書いてすませるのは矛盾ではないかといふことでした。どうして矛盾でせうか。それらはさういふ語だから、さう書いてゐるのです。前者を書き分ける態度と後者を書き分けぬ態度とは一つものです。それが矛盾だといふのは、表音文字は専ら音に隨ふべしといふ考へ方か、あるいは異る語は音も異るべしといふ考へ方か、いづれかにかたよつたものでせう。しかし、歴史的かなづかひは同音意義語を認めます。それが既に存在し、私たちに與へられてゐる以上、仕方のないことです。もちろん、それをなるべく避けることは望ましい。が、それはかなづかひの問題ではなく、語の選擇の問題です。一方、「いる」「ゐる」「おもい」「おもひ」の場合も、語義の差を識別しようとして書き分けたのではなく、既に存在し、私たちに與へられてゐるものを踏襲したら、その結果として一貫性と明確性とが得られることを知つたので、それを、いはば徳としてゐるだけのことです。語義の識別は結果であつて目的ではありません。

　まづい點は、發音と違ふといふことですが、音は文字にとつて第二義的なものです。發音と違ふといふことも、この程度のずれなら、それを犧牲にしても、一貫性、明確性に賭《か》けたはうがいいでせう。常識的にも、さう考へるのが自然でせう。しかし、江湖山氏の第二問、「川ぞひ」の「ひ」を「い」にすることを嫌ふほど語の一貫性、明確性を重んじるなら、「川にそつて」も「川にそひて」と書けと言はれると、同じ常識が首をかしげる。〔fi〕あるいは〔hi〕が、子音の〔f〕〔h〕を失つて〔i〕となるのと、さらにその〔i〕があとの子音〔t〕に牽制されて無發音の〔t〕になるのと、どちらが自然か。音聲學的にはどちらも自然でせう。自然だから起つた變化でせう。しかし、母音と子音とを書き分けられぬ音節文字において、「ひ」を〔i〕と讀ませるのに較べて、「ひ」を〔t〕と讀ませるはうが無理であることは明らかではないか。ここまで變化した以上、一貫性、明確性の利用だけですませてはゐられない。第二義的とはいへ、表音文字の厄介になつてゐるからには、その表音性も利用せねばならぬ。さう考へるのが常識といふものでせう。

　あらゆる音便表記はさうして起つたものであります。が、ここにおいても、歴史的かなづかひは決して語に隨ふといふ原則を捨ててはをりません。「つ」で表す「促音便」の場合には分明ではありませんが、たとへば「う音便」の場合にはそれがはつきり現れてをります。「机にむかひて」は口語では「机にむかうて（むかつて）」となりますが、この場合、歴史的かなづかひは、あくまで「むかうて」であつて「むこうて」とはしない。そこまでは音に義理だてせず、「う」だけを妥協しておいて、その代り「か」を維持し、ふたたび歴史的一貫性と同時に、「むかふ」といふ語の明確性を呼び寄せようとするのです。「ありがたくぞんじます」が「ありがたう」となつても「ありがとう」とはしないのです。しかも、それを音便と稱し、あくまで便法として位置づけてをります。つまり文字が固定的な語に仕へるといふ原則を忘れず、音の變化に隨ふのは方便だといふわけです。

もちろん、嚴密に言へば、「川ぞひ」の「ひ」を「い」と同音に發音するのもひとしく音便現象であり、かつてはそれも音便と呼ばれたことがありますが、今では表記に變更をきたす場合のみをさう呼んでをります。「は行」語中語尾音の轉化といふ現象は全く法則的であつて例外がなく、あへて表記を變へてまで際だてる必要がありませんし、またもし表記を變へてしまつたなら、元の形を知る手がかりを失つてしまひませう。それに反して「そつて」「むかつて」などの音便現象は流動的、非法則的であつて、本來の「そひて」「むかひて」の表記にその轉化音を含めるのはいちわう無理と考へられるのみならず、たとへ「ひ」を「つ」と變へて表記しても、助詞の「て」なしの「そひ」「むかひ」といふ語法も併存してをりますから、それがあくまで臨機の處置にすぎぬことが明らかに認められます。音便はさういふ場合にのみ許される表記の變更と考へるべきです。

三　文字と音韻

私は歴史的かなづかひを、その原則を、さういふ融通無礙《ゆうづうむげ》のものと解釋してをります。なるほどその規範性はきびしい。が、その現實適應性は甚だ豐かであります。なにも定家や契沖を持ちだすことはない。金田一博士のやうに一千年前のかなづかひだなどと事實を誣《し》ひ、うそをつく必要はない。私たちの用ゐてゐる歴史的かなづかひは、ただ一千年前に基を置いてゐるだけのことで、音韻變化の史的現實に即應して變つてきたものですし、また今後も變りうるものなのです。ですから、私は金田一博士との論爭のときにも、それが既に一種の現代かなづかひであることを強調し、「徐ゝに部分的に改めてゆくのがいい」と書いておいたはずです。ところが、國立國語研究所の永野賢氏は、私がさう言ひながら、一方で「表音式に徹するか、歴史的かなづかひか、そのどちらかにしか道はありません。(即ち、現行の「現代かなづかい」の否定)」と書いてゐるのは矛盾であつて、かなづかひ論として一貫しない、要するに、福田にとつては、どつちでも構はないので、ただ「レトリック」を樂しんでゐるだけなのだと言つてをります。

かういふ人を納得させるのは實に骨が折れる。徐ゝに改めてゆくのがいいといふのは、歴史的かなづかひが一千年間さうしてきたからです。ですから、それはいくら改めても、原則さへ失はなければ、依然として歴史的かなづかひなのであります。この方法でゆくか、それとも原則を變へるとなれば、表音式に徹するか、その二つに一つしかなく、現行の「現代かなづかい」のごとく、かなづかひの原則を變へながら、あるいは變へたと稱しながら、苦しくなると歴史的かなづかひの原則を盗用して辯明するといふのは筋が通らぬと言ふのです。それは親に向つて、結婚したから家を出て行く、ただし家賃と食費は拂へといふやうなものです。かういふことを言ふと「レトリック」だと言はれさうですから、なるべくまじめに「つまらなく」書き進めませう。

永野氏もやはり本質と現象、目的と手段、價値論と發生論、その他の二元論が理解できぬ素朴な唯物論者です。その弱點が歴史的かなづかひ觀によく現れてをります。江湖山氏、永野氏に限らず、少し理論的な表音主義者は、必ずと言つていいくらゐ偏狹な歴史的かなづかひ觀をもつてゐる。すなはち、歴史的かなづかひが、語、あるいは文字の本質、目的、價値として目ざしてゐるもの、しかも現實に用ゐてゐるかな文字が表音文字であるために決して到達しえぬもの、それを、彼等は專ら現象、手段、發生の次元に引きずり降し、それがかな文字といふ表音文字の現實に適合しないと言つて非難するのです。といふことは、その非難の前提に、觀念と現實とは一致せねばならぬといふ現實密著の觀念があるからですが、さういふ自分の尺度で歴史的かなづかひを規定してはなりません。

しかし、それが表音主義者の通弊です。彼等が好んで歴史的かなづかひを契沖に結びつけたがる理由はそこにあります。契沖の規範的絶對主義から出た「語義の標識として の假名遣觀」は、一見歴史的かなづかひ論の典型、ないしは據りどころと見えませうが、實はその反對で、契沖もまた表音主義者と同樣に、觀念と現實とは一致せねばならぬといふ現實密著の觀念に捉はれてゐたのであり、それゆゑにこそ、彼等にとつて契沖が最も理解しやすく、論じやすく、かつ處理しやすかつたのであります。いはば兩者は一つ穴の貉《むじな》といふべく、いづれも、文字は語に仕ふといふ本質論的、價値論的な觀念を、現象論、發生論と混同し、それが「語義の標識」としてかなづかひの現實のうちに見出されねばならぬはずだと考へてをります。ただ違ふところは、契沖はそれが見出されると獨斷し、「いる」と「ゐる」との書き分けは意味の相違を傳へるためと解釋したのにたいして、表音主義者はそれを否定して、當時すでに消滅してしまつた古代音韻の差によるものと解釋しただけのことに過ぎません。念のために附け加へておきますが、契沖の仕事の意義はそれだけで計りえぬ大きなものがあります。また彼は後世歴史的かなづかひ論者が考へ、期待するほどには、「語義の標識」といふ側面を强調してゐるわけでもありません。

とにかく、歴史的かなづかひの原則も内容も、決して契沖につながるものではなく、やはり橋本博士が指摘したやうに、定家において初めて豫感されたものであり、そこにおいては決して絶對主義的な規範の强制が無かつたことに注目せねばなりません。定家はただ發音と文字との差といふ事實を初めて意識的に取上げたといふだけのことです。いや、意識的のみならず肯定的に取上げたといふこと、それが大事なことであります。この積極的な肯定によつて「假名の性格に變化が生じた」といふ橋本博士の觀察は正しい。しかし、くどいやうですが、發音と文字との間にずれを認めるといふことは、つねにその兩者間にずれがなければならぬといふことにはなりません。現象面から見れば、ある場合には、それはあり、ある場合にはそれはない。それだけのことです。しかも、それは本質的には決定的な「變化」であります。たとへかな文字は依然として表音文字であつても、またその大部分の用法が舊のままであつても、やはりそれは「變化」なのであります。

同じ物、同じ人間が、置かれた場によつて、その働きや意義を變じるといふ「場の理論」を今更もちださねばならぬのでせうか。たとへば、子供の成長にともなひ、あるいは逆にその死にあつて、一つ家の同じ部屋の利用法が變つてくるのは當然でせう。同じ部屋を幾樣にも利用しなければならなくなつたり、逆に夏冬によつて客間を變へる餘裕、あるいは無駄が生じるでせう。しかも、玄關や臺所は相變らず舊のまま用ゐられてゐることもありませう。が、部屋と部屋との關係、部屋と利用者との關係は、明らかに變化したのです。この利用者を定家に置き換へてみればいい。部屋はかな文字であり、子供は音韻であり、その成長は音韻增加、その死は音韻消滅であります。

橋本博士は、定家によつて初めてかなづかひ問題が發生したときに、「假名の性格に變化が生じた」と申しましたが、嚴密にいへば、既に私が指摘したやうに、この變化は文字が初めて使用された瞬間に起つたものなのです。「月」と書かうが、「つき」と書かうがｔｓｕｋｉと書かうが、さう書かれた以上、それは語の表現に仕へてゐるのであつて、音を表現しようとしてゐるのではない。そのことは、私たちが既に「つき」といふ語を知つてゐることを前提とします。さういふ事前諒解がないときにのみ、たとへば擬聲語はそれに近い狀態ですが、その文字は初めて音を表現する。しかも、私たちは、その文字による音を決して耳で聽きとらうとはせず、專ら既知の語によつて、すなはち一つ一つの音韻を單位としてではなく、その結合關係を單位として讀みとらうとするのです。

それは文字を通じて聴くときばかりではなく、實際に人が喋《しやべ》るのを鼓膜を通じて聴きとるときでさへ、私たちはつねにさうしてゐるのです。かつて私は民間放送の教育番組コンクールの審査に當つたことがあり、その候補作の一つとして野鳥の聲の錄音を聴いたことがあります。ところが、備へつけの機械は随分優秀なのにもかかはらず、解説者の話の中の鳥名のところだけ、時ゝ聴きとれなくなるのです。「うぐひす」「ほととぎす」「かけす」までは、ごく自然に耳に入るのですが、「こるり」「あをげら」「あかげら」「めぼそ」「きびたき」などが、どうしても解らない。「きびたき」は「シビタキ」に、「こるり」は「コルイ」「コロイ」「コウリ」に聞える。いづれも日本語だかラテン語だか英語だか、それさへ解らぬ始末です。何度いはれても解りません。あとで文字を見せてもらつたところ、完全に知らなかつたのは「めぼそ」と「きびたき」だけでした。「こるり」といふのは初めてですが「るり」は聞き知つてゐたし、「あをげら」「あかげら」は知らなくとも、「けら」といふ鳥のあることは知つてをりました。だが、いづれも私の生活のうちで、それらの鳥の占める領分はほとんど零《ゼロ》に近い。名を知識として知つてゐるだけで、もちろん見たことはないのです。もし、せめて「けら」「るり」といふ語だけでも、もつと身近なものになつてゐたら、私は「こるり」が小「るり」であることを知りえたでせうし、聴きとりえたでせう。また、「青けら」「赤けら」の合成語を分解して聴きとれたでせうし、「げら」を「けら」に還元して、そこに語の一貫性を認めえたでせう。私がもつと鳥ずきだつたら、「目白」から、またもつと俚諺《りげん》に親しんでゐたら、美人の「目細、鼻高、櫻色」から、鳥の「目細」を類推しえたでせう。が、かうして一度それを知つてしまへば、そしてそれに慣れてしまへば、たとへ相手の發音が曖昧《あいまい》でも、はつきりそれを聽きとることが出來る。私たちが方言の訛《なま》りをかなり間違ひなく理解しうるのも、語を頼りに話を聽いてゐるからです。また一度それを知つてしまつたあとでは、その音の組合せは、初めてそれを耳にしたときとは全く違つて別のもののやうに感じられるし、聞きちがひやうのないほどの明晳さをもつて響いてくるでせう。「きびたき」は「シビタキ」と聞かうとしても、もう決してさうは聞えないのです。私たちは音の單位を一つ一つ聞いてゐるのではなく、語を探してゐるからです。したがつて、文字はその語が探しやすいといふことを目標にしなければならぬわけです。

　大野晋氏は『日本書紀』における清音濁音の表記が混亂してゐる事實から、當時の人〻には果して音韻としての清濁の差の意識がなかつたのか、それとも兩者を言ひ分け聽き分けながら、ただ時によつて書き分けたり書き分けなかつたりしただけのことなのかを研究し、その成果を『上代假名遣の研究』(岩波書店)として上梓してをります。その前篇では、ただに『日本書紀』のみならず、古代から中世にかけての文獻に論及して、氏は音韻と表記とがかならずしも一致しないことを繰返し述べてをります。

　表音的文字に於ける書き分けの數を以て、そのまゝ直ちに、現實に言ひ分けられ、聞き分けられてゐた音韻の數と斷じ去ることは、早計と言はなければならない。音聲表現は、耳と口とによる言語行爲であるが、文字表現は、たとひそれが表音的であれ、目と手とによる言語行爲であつて、「耳と口」「目と手」といふ相違によつて、音韻と文字との間には必ずしも簡單な對應關係のみが存在するものではないからである。（略）

　これらを通じて次のことが分る。卽ち、平安時代以來日本語に於ては所謂清濁は、音韻としては明らかに對立する別箇のものであつた。然し日本語の表音的文字である假名は必ずしもそれを明確に表記し分けないのが一般であつた、と。

　これによつて次のことが言ひ得る。卽ち、假名は表音的文字ではあるが、それは嚴密に音韻そのものの數を書き分けるものではなく、一つの假名が二つの音韻を表現する場合があり、假名一つによつて表現されてゐるといふことは、直ちに音韻に於ても一つであるといふことを意味しない、と。（略）

　表音的文字を用ゐる以上、一つ一つの音韻に對應するそれぞれ別の表音文字を用ゐるべきであらうとは一般に考へられるところである。然し、書くといふ言語行爲を制約する意識の中には、そのやうに嚴密さを求める意識のみがあるのではなく、簡便さを求める意識もまた極めて根強いのであつて、萬葉假名から略體假名・片假名が發達して來る一段階に、清濁の書き分けの簡易化の時期があつたと思ふ。書くといふ言語行爲は、話し、聞く言語行爲の反映のみでは決してなく、書くと話すとは異る機構を有し、異る表現技術による行爲であるから、音韻と表音的文字とが必ずしも一對一として對應しないといふことは理解されることと思ふ。

もちろん私は語といふ枠をもつて文字を造り、文字を探すといふ、無意識に近い行爲から文字と音韻との不一致を言つたのですが、大野氏は文字使用のさらに意識的面から同じことを指摘してをります。すなはち、私たちは文字を用ゐる場合、現實の音聲や音韻との一致を考へるリアリズムのほかに、もつとも觀念的な「價値意識」を働かせることを強調し、それには「社會的に正しいとせられる規範に從はうとする意識、見た形の美しい字形を用ゐようとする意識、新しい響きや形を作り出さうとする意識、簡易なものにつかうとする意識、或いは古いものを守らうとする意識など」があることを述べてをります。そのうちのあるものは、單に文字使用のときばかりでなく、文字を造るときにも同樣に働くでありませう。ことにその場合には、あくまで語のための文字であり、そのための音韻であるといふ價値意識が强かつたのに相違なく、さうだとすれば、當時の表音文字だからといつて、そこからただちに當時の音韻を割出すことは考へものであります。從來のさういふ考へ方は、大野氏の指摘のとほり、やはり「《音韻》と《表記》との關係についての考察が一般に缺けてゐた」ためではありますまいか。別に專門家の保證を得て、いい氣になつて言ふわけではありませんが、私は日頃からすべてを音韻變化で說明する最近の國語學の流行に少〻疑問を懷いてをります。表記から音韻、音價を、したがつて音韻變化を逆算推定するのは、やはり危險といふべきでせう。表記から推定しうる最も確かなものは、語あるのみではないでせうか。

　文字が音にではなく語に仕へるといふ事實は、もちろん表記といふ行爲がおこなはれはじめたときからのことで、ただ定家はその觀念を最初に意識した人といふに過ぎません。が、意識させられて、あるいは意識させられるやうな事態が起つて、初めてかな文字は新しい目でみられ使はれだしたのであります。嚴密に言へば、新しい目にも何も、人の意識に照されて「見られた」といふのが、おそらくこの時をもつて初めとするやうであります。では、なぜそれまでは「見られなかつた」のか。かな文字が表音文字であるからです。それがなまなか表音文字であるために、音を寫すといふ文字の卽物的能力にのみ、人の意識が向けられてゐて、語を志向するといふ觀念的可能性が見えなかつたのであります。が、それはあくまで見えなかつたといふだけのことで、無かつたのではない、最初からあつたものです。たとへ表音文字であるかな文字といへども、文字である以上、それはあつたのです。

　ところが、表音主義者はふたたびそれに目を向けまいとしてをります。せつかく見えだしたものを、そして爾來《じらい》、歴史的かなづかひがそれを目ざして動いてきたのに、發生論を楯にして、しかも誤れる發生論を楯にして、表音文字は表音を旨とすべしと言ひだした。言ひだしたばかりでなく、その趣旨に隨つて「現代かなづかい」といふ怪しげなものを造りだしてしまつたのです。名目は《Ｂａｃｋ　ｔｏ　Ｎａｔｕｒｅ！》の發生論です。が、人が「自然に還れ！」と言ふとき、その人の頭に本當の「自然」があつた例がない。また、「自然」に還れた例がない。なぜなら、その「自然」もまた觀念でしかないからです。それは表音文字は表音性に徹すればよく、表意性に仕へてはならぬといふ表音主義者の觀念であります。それにしても、彼等が唯一の據り所とする音韻變化が事實そのとほりであるなら、一千年以上も昔の音韻體系に適合せる表音文字をもつて、今日の音韻が表記できると、彼等は考へてゐるのでせうか。これはかなづかひの原則の有史以來の大轉換であります。ふたたび嚴密にいへば、彼等は初めてかなの性格に大變化を生じさせたのです。

四「現代かなづかい」の弱點

以上で、歴史的かなづかひの語に隨ふといふ原則の正當性については、充分理解していただけたと思ひますが、なほそのことを具體的に解つていただくために、第一章で宿題に殘した「現代かなづかい」の矛盾をここで簡單に解剖してみようと思ひます。

まづ第一に助詞の「は」「へ」「を」でありますが、これらを「わ」「え」「お」としない理由は音韻論の立場からは全く説明できません。これらの格助詞はその前にある言葉の文法的な役割を粒だてるもので、國語においては用ゐられる頻度が最大であり、機能的にも甚だ重大な語であります。したがつて單に過去の書記習慣を重んじたためだけではなく、それこそ表音主義者の嫌ふ「語義の標識」といふ觀點からこれを殘したのでありませう。じじつ、他のすべての語中語尾の「は」「へ」を「わ」「え」に、「を」を「お」にしてしまつたあとで、格助詞の「は」「へ」「を」をこのままにしておけば、それは今まで以上に「語義の標識」として際だちます。また「じ」「ぢ」「ず」「づ」の區別が、まことに氣まぐれに時には語に隨ひ、時には音に隨つてゐることも指摘しましたが、その他すべての「現代かなづかい」の矛盾は語意識に牽制されたことから起つてをります。

しかし、そのうちでも最大の難關は「お列」長音であります。「氷」は「こおり」で「行李」は「こうり」といふ矛盾をなぜ犯さなければならないか。說明によると、「行李」「勞働」「こうして」「そうして」の場合は、それぞれ前の音「こ」「ろ」「ど」「こ」「そ」の長音だが、「氷」「大きい」「遠い」「通る」の場合は、それぞれ前の「こ」「お」「と」「と」の長音とは見ず、〔ko・o・ri〕〔o・o・ki・i〕のやうに前の音節の母音が二つ重つたものと考へるといふのです。それなら、なぜ「行李」や「そうして」の場合、さう考へられないのか。同じことではありませんか。いま例にあげた「大きい」ですが、その「きい」でも、これを母音が二つ重つたものとも、長音とも考へられますが、それを「現代かなづかい」では兩者ともに「い」一つで兼用してをります。「お列」長音だけは「お」でも「う」でも表示できるから、二樣に書き分けたといふのでは、同一音韻を同一文字で記すといふ表音主義の名にそむくでせう。それが確かに同一音韻であつて、兩者になんの差異もないことは、音韻の大家金田一博士の辭書を見ればすぐ解ることで、見出し語は兩者とも「お」で示してあります。博士はさすがにうしろめたいと見えて、見出し語は徹底的な表音主義に據つたと斷つてありますが、見出し語といふものは、音聲學の知識のない素人の便に供するものでせう。「行李」でも「氷」でもそれが誰にも「お」と聞えるからこそ「お」としてゐるので、それほど平均的な音なら、決して徹底的な表音主義に據つたものとは言へず、博士の愛用語「現代語音」即ち音韻として認めるべきではないか。それなら音韻準據を表明する正書法としての「現代かなづかい」も、それらすべてを「お」として採用すべきではないか。

ところで、さうなると、どういふ困つたことが起るのでせうか。よほどの大事が起るに相違ない。私は「お」と書くのは歴史的かなづかひで「ほ」の場合だけといふ説明を聞いて、歴史的かなづかひを知らなければ成立せぬ「現代かなづかい」とは隨分むづかしいものだと思ひ、またふざけてゐると思つたものです。が、當事者たちはさうして私たちに腹をたてさせることで、その實は眼つぶしをくれて自分の弱點を隱してゐたのです。そのことを私は時枝博士の著書で教へられました。要するに、それは次の理由によるものなのです。

もし「行李」も「氷」も同じく「こおり」と書けば、同音異義語が増えるでせう。おそらくはそれだけの理由でも、彼等は躊躇《ちうちよ》したかもしれない。もちろん、表音主義は「語義の標識」を重んじないのですから、それはいいとして、一番困るのは、語の識別不能どころか、語の破壞が行はれるといふことであります。「お列」長音をすべて「お」にしてしまふと、未來あるいは意思を示す助動詞「う」が消滅してしまふのです。なぜなら「行こう」「書こう」等すべて「行こお」「書こお」になる。しかし、言葉は文法のためにあるのではないと放言する表音主義者の立場からすれば、未來・意思の助動詞は、今日では「う」ではなく「お」に變つたと言へばすみさうなものです。が、それでも問題は解決しない。この「お」は前の語「行く」「書く」といふ動詞の未然形に接續したものではありません。接續したものなら、元は獨立した語であります。助動詞「う」の場合はさう言へませうが、「お」はそれぞれ前の語「行く」「書く」に接續する語ではなく、單に「行こ」「書こ」の「こ」といふ音の長音を示す文字、といふよりは記號に過ぎないものなのです。すなはち、擬聲語の構成分子と同じく、音のみを示すものです。

それでは困ると當事者たちは考へた。やはり「う」は生さねばならない。が、それを語として生したのでは、表音主義の名にそむく。やはり表向きは長音を示す文字としての「う」でなければならぬ。が、「う」一本にして「お」を廢してしまつたのでは、いや、さうなるとまた大事になります。それはまた後に廻しませう。それより、當面の問題として、とにかくかういふわけで「う」が殘つたわけですが、その結果、それは「意志を表はす助動詞の表記として意識されてゐるものであるにもかかはらず、今の場合、これを一方では長音記號として借用しながら、なほかつそれが同時に助動詞の表記ででもあるかのやうに誤信し、又それを一般に強ひるやうな態度が認められるのである」と時枝博士は指摘してをります。さらに、博士は、この分でゆくと、「書こう」は「かこ」といふ活用形に助動詞「う」が接續したものといふ文法的説明も、生じかねない有様だと揶揄《やゆ》してをりますが、廣田氏などはその說で、どうやら、現實は博士の皮肉どほりになつてしまつたやうであります。國語の先生たちは、これでよく平氣でをられるものです。長音記號に、語としての文法説明など出來るはずがない。

これが歴史的かなづかひでしたら、「書かう」ですから、「書か」は「書く」の活用形、「う」は助動詞、兩者を結合して「書かう」となり、どこにも長音表示は出てをりません。すなはち、文字は音を表してはをりません。ただ語のみを表してゐるのです。「高う」「ありがたう」でも同樣です。その「う」は「く」の音便で、それぞれ「高く」「ありがたく」の語を暗示し、それへの奉仕を忘れてをりません。それを「たこう」「ありがとう」とすれば、完全に長音となります。しかも、文法でどう説明してゐるかといふと、これも廣田氏によれば、「たこ」は「たか」の語幹が變つたもので、「語幹にも変化を起すものがあるとだけ説いておくべきであろう」と言ふ。變っても語幹とは驚いた話で、私などは活用語で變化を起さぬ部分を語幹と習ひおぼえたものです。私の知つてゐるかぎり、今まで例外は「來る」「する」くらゐだつたのですが、これではやたらに語幹に變化が起ることになります。それはいいとしても、それでは「う」はどう説明するのでせうか。歴史的かなづかひでは「う」は「く」の音便とは言ふものの、それはあくまで「たか」の「か」との結合關係で起るものですから、表記としては「たかう」と

「か」を生してをりました。ここでも長音は表記されず、「か」と「う」との結合が結果として長音になるといふだけだつたのです。が、「たこ」を語幹としてしまへば、「たこ」でなければならず、それでは音便の生じやうがありません。それをなほ「たこう」とするなら、形容詞の活用形に「う」を入れねばならず、さうなると、この「う」は「たこ」の「こ」の長音記號ではなくなります。同様に、「う列」長音の場合、歴史的かなづかひの「美しう」が今では「美しゆう」と書かれますが、この場合も廣田氏は「美し」の語幹に變化を起して「美しゆ」になつたと說けといふ。が、拗音は明らかに「し」と「う」の結合から生じた、前者から後者への、いはば渡り、つなぎに生じる音で、決して「しゆ」と「う」ではなく、したがつて、「しゆ」を「う」から離して語幹に組入れてしまふことは出來ぬものなのです。「たこう」でも同様ですが、「美しゆう」の場合のはうが、その不可なることがなほはつきりするでせう。歴史的かなづかひのやうに「美しう」と書いて音を示さぬはうが、ずつと合理的です。

「お列」長音に限りません。國語において、長音といふのは難題であります。音韻のうへで長音だからといつて、うつかりそれを長音として、卽ち單なる音としてかたづけようものなら、ただちに語が謀叛を起します。促音、撥音、拗音、拗長音、二重母音、すべてさういふ難しい問題を含んでをります。それが何を意味するかは第三章以下、ことに第五章に述べるつもりです。ただ一つだけ、右の長音記號に關聯して、問題を提示しておきます。表音主義に徹しようといふ淺はかな夢からでせうが、拗音と促音を示す

「や」「ゆ」「よ」および「つ」を小さく書く人がをり、また活字でもさうする場合が多くなりました。が、これはなんの根據もないことです。そのつもりは、おそらくそれが本來示してゐる音韻どほりに用ゐられず、單に拗音、促音の記號を示すものだからといふことでせう。しかし、それなら、長音の「う」も「お」も「え」も「い」も、みな同樣です。本來、それが示してゐる音韻とは別のもので、ただ前にくる音を長音に發音することを示す記號に用ゐられてゐるだけです。「う」について言へば、「しろうさぎ（白兎）」と「しろうと（素人）」あるいは「こうり（小賣）」と「こうり（行李）」では、「う」の音價が違つてをります。「や」「ゆ」「よ」「つ」を小さく横に書くなら、「しろうと（素人）」「こうり（行李）」の「う」もさうせねばならず、それをしない理由は表音主義からは絶對に出て來ぬはずです。

さて、「現代かなづかい」の表音主義不徹底は、すべて語を志向する文字の本性の然らしめるところで、人民大衆の消化能力を慮る親心から出たものでないことも、やがては完全に表音化しうるやうなものではないことも、もはや疑ふ餘地のないところです。しかし、最後に、「現代かなづかい」論者から次のやうな反問が出ることと思ひます。すなはち、時に語を破壞しまいとして、表音主義、音韻準據の精神に徹底を缺く恨みがあるとしても、どうしてそれがいけないのかといふことです。歷史的かなづかひにおいても、それは同樣ではないか。文字は語に隨ふべしと稱しながら、臨機應變に音の表記も心がける、それが融通無礙と言ひうるものなら、反對に文字は音を表すべしとしながら、臨機應變に語にも隨はうと努めるのも、また同じく融通無礙と言へるではないか。が、それは言ひのがれといふものです。

それだけのことなら、原則を右から左へ變へて、いたづらに混亂を惹《ひ》き起す必要がどこにありませうか。原則はもとのままで、徐々に改革してゆけばよかつたはずです。だが、「現代かなづかい」の精神には、それが出來ぬ何かがあるのです。よく考へてみてください。歴史的かなづかひが、時には音に隨ひ、時には音に背くといふのと、「現代かなづかい」が、時には語に隨ひ、時には語に背くといふのと、それぞれの原則との關係において、兩者の間には根本的な相違があるのです。文字がそもそも語に仕へるものだからといふ本質論は、このさい控へることにしませう。それぞれの原則を公平に認めることにして考へてみなければなりません。

まづ第一に、かな文字は表音文字であります。それは歴史的かなづかひにおけると、「現代かなづかい」におけると、なんの違ひもありません。第二に、歴史的かなづかひはこの表音文字といふ現實をそのまま受入れて、その現實とは別次元に表意といふ觀念をたて、それをめざしてゐるものであります。つまり、最初から現實と觀念の二元論の上に立つてゐるのです。一方、「現代かなづかい」は表音文字であることを理由に表意性を認めない。すなはち、表音性といふ現實以外に別の原理を求めず、現實から歸納しえた原則をもつて現實を處理しようとしてゐる、いはば一元論に立つものなのであります。二元論が二元に相渉《あひわた》るのは妥協ではなく、それが初めからの約束ですが、一元論が二元に相渉るのは妥協であり、矛盾であります。のみならず、このディレムマの致命傷は一元論そのものの崩壊になり、その原則自身の無力を裏切り示すことになるのです。

そもそも言葉は表記法のためにあるのではない。言ふまでもなく、表記法の問題は國語問題の一部門を占めるものでしかありません。かつて金田一博士との論争のとき、私が「國語改良論」といふ言葉を用ゐたのにたいして、實藤恵秀氏や永野賢氏はその誤りなることを指摘し、「現代かなづかい」の主張は「國字改良論」であつて、福田はそれを「國語改良論」と混同してゐると言ひ、いかにも私の無智をたしなめるやうな口吻《こうふん》をもらしてゐました。

だが、私は無智で誤つたのではありません。萬事を心得てゐて「國字改良論」を「國語改良論」と呼んだのです。確かに、表記法の問題は國語問題の一部門をなすものに過ぎない。元來は、さうですし、さうあるべきものなのです。が、「現代かなづかい」の原則と内容によつて示された表記法の改革は、明らかに表記法の埒《らち》を越えたものなのです。それは國字改革ではなく、國語改革を目的とし、それに結果するものなのです。しかし、「現代かなづかい」による國字改革が國語改革にはならないと考へる人が國語學や國語問題に口だしするとは、全く考へられないことです。それなら、おそらく表向きはあくまで表記法だけの問題として賣りこむことによつて世人の目をくらましながら、じつはそれをもつて全國語問題を一擧に「解決」しようといふ魂膽としか思はれません。

その證據に、表記法は國語問題の一部門に過ぎぬと承知しながら、國語審議會も文部省も、また在野の國語問題研究家も、その表記法の改革といふこと以外に何を研究し實踐してきたか。ほとんど何もしてゐないと言つてもいい狀態です。表記法の研究や改革が元來さうあるべき限界のうちにとどまつてゐるなら、それは確かに國語問題の一部門をなすに過ぎず、したがつてその他にそれと同程度に、いや、おそらくはそれ以上に注意と關心を要求する問題がたくさんあるはずです。たとへば標準語や方言の問題、現代語と傳統・古典の問題、敬語の問題、語彙《ごゐ》や語法の誤用の問題、それらと關聯して國語教育の問題、等とがあります。が、表記法の問題をその限界から解き放つて、どこまでも押し進めてゆく氣になれば、言ひかへると、表記法を私たちの國語生活の一部ないしは一手段と見なさず、それ自身を目的とする表記法のための表記法の純粹化を目ざせば、他の國語問題に觸れてゐる暇はないでせうし、それよりもその必要がなくなる。そんなことをなまなかいぢくつてみたところで、表記法が變れば、一切、出なほしせねばならず、その變りやうによつては、國語問題として永遠に消滅してしまふかもしれないからです。現在、いや、明治以來今日まで、國語問題のうちで表記法の占める位置はそれほどに絕對的なものだつたといへませう。また、「現代かなづかい」と「当用漢字」による表記法の改革は、それほどに革命的なものであり、國語問題の全領域を支配するものであるといへませう。が、事實は、時枝博士の指摘のとほり、重要な難しい問題にぶつかり、それを解決してゆく勞を避けるために、もつぱら易しい表記法問題をいぢくりまはしたといふところでせう。

表記法の問題は、それ自體として考へ、それだけを獨立したものとして扱ふとなれば、他の國語問題に比して、最も外面的で單純であります。「倒れる」タオレルをなぜ「たふれる」と書かねばならぬのか、なぜ「ふじの花」ではなく「ふぢの花」なのか、かういつた「矛盾」は、なにも國語學や國語問題の專門家でなくとも、どんな素人にも氣がつく。むしろ素人のほうが單純に疑問がもてるといへませう。

明治以來の國語問題の歴史はほとんど門外漢の手によつて押し進められてきたのです。少くとも、これほど門外漢が專門の領域に口だししてきた例は珍しいと言へませう。それは今日も同じことで、たとへば國字ローマ字化の含みをもつた「言語政策を話し合う会」にも、國語學の專門家らしい專門家は見あたらぬばかりか、何も解らぬ自由黨や社會黨の代議士がその音頭をとつてゐる實情であります。あるいは、この場合は逆で、代議士連が國語問題研究家に利用されてゐるのかもしれません。おそらくそれが眞相でありませう。そこでまたかういふことが言へます。表記法の問題は、外面的で單純であるがゆゑに、自分がそれを當事者として扱ふのに容易であるばかりでなく、外部の一般社會人に訴へて、その共感と協力を得ることにおいても、また容易なのであります。

座興までに、その種の俗論の一例として、最近、ある綜合雜誌に掲載された「漢字全廢論」の一節を紹介しておきませう。

カナづかいについては、こんな思い出がある。大正末、私が出席した、何かの会議で急進的な、カナづかいの改革案として、テニヲハのヲを全部母音のオで書くことを審議しつつあったとき、「顔を覆って泣く」の場合は「カホヲオホッテ」、であるべきなのに、「カオオオオッテナク」になる、とても読めるものではない、と叱られた。「君らの主張はどうか」といわれて、しぶしぶ私が立った。

私は立ったものの反対する論拠が乏しい。そのとき、フト啓示がひらめいた。

「われわれの主張では、母は歯医者に行く、または母は八幡へ帰るときに、ハハワハイシャ、ハハワハチマンとなるが、あなたがたの主張だとハハハハイシャかハハハハチマンということになる」といった。すると同じ委員の一人であり、朝日新聞の編集長であった高原操さんからの「勝負あった、カナモジ屋さんの勝ち」との御たく宣でケリがついた。

馬鹿につける藥はないと言ひますが、この三人、揃ひも揃つて藥の效かない手合です。「ケリがついた」もないものです。歴史的かなづかひは漢字の混用を建前としてゐるのに反して、表音的かなづかひは漢字廢止の表音文字を目ざしてゐるのですから、結果は慘澹《さんたん》たるものとなり、「スモモモモモモモモウケタ」だの「ウメワカワカオオオオカニムケタ」だのといつたたぐひの文章が續出してくるでせう。前者は「李も桃も儲けた」であり、後者は「梅若は顏を大岡に向けた」であります。語義の識別といふことでは、表音主義のはうが劣つてゐること、申すまでもありますまい。しかし、かうなると隱居の道樂としか思へないが、こんな論文が堂々と綜合雜誌にのり、天下に通用するのです。それが國語問題、表記法問題の現状であります。しかも、この表記法のための表記法いぢり、國語ぬきの國語問題の筆者は、餘生を「カナモジ運動」に捧げて悔いぬと悲壯な決意を固めてゐる老實業家であり、「カナモジ會」の會長でありますが、それなら、なぜ右の文章を「カナモジ」だけで書かぬのか、全く不思議な話です。それはいいとしても、恐るべきことに彼はまた國語審議會の委員なのであります。審議會がこの程度の門外漢を集めて、國語の下足を預つたやうにふるまはれてはかなひません。時枝博士のやうな國語學の專門家がやめてしまつたあとで、ただ一部の國語問題研究家が自分の思ひのままに國語をいぢりまはすために、素人のみを選んで外見は各界代表に聽從するがごとく樣子づくつてゐると見られても仕方はありますまい。私は卽刻、國語審議會の解散を求めます。そして眞の專門家だけの組織に改組していただきたい。それに聽從したり、說得したりする各界代表がほしければ、議會があるではありませんか。それこそ「言語政策を話し合う会」があるではありませんか。

第三章　歴史的かなづかひ習得法

分類の方法

かつて私は金田一博士と論爭したとき、「現代かなづかい」が正しく書きこなせる人になら、一二週間の短時日をもつて歴史的かなづかひの實際に通ぜしめることが出來ると書いたことがあります。口から出まかせを言つたのではありません。その責任をとるといふほどのことでもありませんが、「現代かなづかい」の細部についてつぶさに檢討した第一章に照應せしめる意味で、ここに歴史的かなづかひの實際を明示しておきたいと思ひます。第一章の「現代かなづかい」の場合と同樣に、一々本則とその例外規定とを列記して、「現代かなづかい」しか讀み書き出來ぬ若い人たちが、歴史的かなづかひの讀み書きを試みようとする場合、どういふ箇處に注意したらいいか、もつぱらその觀點から歴史的かなづかひの實際を明らかにしてみようといふわけです。

ただ、その前に念を押しておきたいことがあります。いま私は歴史的かなづかひの讀み書きと申しましたが、現實には讀みのはうは問題になりますまい。いかに現在の中學校・高等學校の古典教育や國語教育がいいかげんなものであつても、現在の青年でかりにも本を讀まうといふ人たちなら、歴史的かなづかひで書かれたものになんの抵抗も感じてはゐないはずです。といふより、大方の人は讀み終つて本を閉ぢて、今のは歴史的かなづかひで書かれてゐたか、「現代かなづかい」で書かれてゐたかと問はれれば、おそらく答へに窮するくらゐ、歴史的かなづかひの讀みには慣れてゐるのです。それも當然でせう。數年前、「文藝春秋」の隨筆欄に書いたことがありますが、當時小學校四年生の私の次男は、私の著書の校正刷をのぞきこんでゐて、自分たちのかなづかひと異ることを發見し、「をかしいな、〈いう〉が〈いふ〉と書いてあるよ」とか「〈そうして〉が〈さうして〉になつてゐるよ」とか言つたものです。それだけでも、「さう」が「そう」と同じに讀まれるべきものであると承知してゐることは明らかでありますが、さらにそのあとを一頁ばかり讀ませ、つかへたところは類推させるやうにして、その後も數回實驗してみますと、その度に際だつてなめらかになるのです。もつとも、小學生のうちから兩様のかなづかひを讀みなれたのでは、いたづらに混亂するばかりと思ひ、その實驗はやめにしましたが、とにかく讀みのはうはわけもないことだといふ確證だけは得ました。

　しかし、そんなことは實驗するまでもなく、ある程度まで解つてゐたことです。雑誌や單行本の編輯者のなかには、たくさん賣るためにはどうしても「現代かなづかい」にしなければだめだと思ひこんでゐる人がをりますが、言ふまでもなく、これは單なる先入觀に過ぎません。試みに吉川英治氏の小說を歴史的かなづかひで出してみるといい。

賣行きは少しも變らないでせう。いや、現に谷崎潤一郎氏の『鍵』は歴史的かなづかひですが、それはこの作品がベスト・セラーになるのを少しも妨げはしなかつた。もし『鍵』は主として歴史的かなづかひで育つた中年層に受入れられたからだと言ふなら、三島由紀夫氏の小説を例にとつてもよろしい。彼も歴史的かなづかひで書いてをりますが、やはり大抵ベスト・セラーになります。同様に、私が「現代かなづかい」に改宗したところで、それだけ印税收入が殖えるといふこともありますまい。たびたび私事を言ふやうですが、いま中學一年の私の長男は學校で漱石の話を聞いてきたのでせう、夏休に『坊つちやん』と「吾輩は猫である」をたてつづけに讀み、大層おもしろがつてをりました。それらがいづれも歴史的かなづかひで書かれてゐることは申すまでもありません。それにもかかはらず、文中理解できぬ箇處の質問は耳なれぬ言葉や漢語の意味に限られ、かなづかひの讀みについて不審をただしたことは一度もありませんでした。そのことと併せて、漱石が今日でも壓倒的に青少年の讀者を集めてゐること、際物のベスト・セラーなど遠く及ばぬことに注意していただきたい。かなづかひの舊新は決して本の賣行きを左右いたしません。ある本を買ふか買はぬかを決めるのに、店頭でいちわうかなづかひを調べてからにするといふ人はまづ無いと思はれます。といふことは、どんな若い人でも歴史的かなづかひを「現代かなづかい」同様、容易に讀みこなしてゐるといふことです。

それにもかかはらず、歴史的かなづかひでは賣りにくいといふ先入觀が一部の編輯者のうちにあることは事實です。編輯者だけではない。一般の文筆家も同樣の先入觀に囚《とらは》れ、心ならずも自分の著書を「現代かなづかい」になほして出すことを認める人もゐるやうです。しかし歴史的かなづかひが讀みにくいといふのは全く根も葉もない迷信であります。今まで一度もそれに接したことのないものでも、彼が日本人である以上、その文字と音とのずれをことごとく讀みあて、しかも十頁も行かぬうちにそのずれの法則のすべてを類推で歸納しうるはずです。事實、戰前にはどんな無教育なものでも、歴史的かなづかひを皆そのやうにして讀み習つてきたのであり、今日の國語改革論者が大仰に宣傳するやうな意思傳達の混亂など露ほども生じなかつたのであります。そこに大變な混亂があつたやうに事實を歪《ゆが》め、當時の靑少年が大きな負擔にあへいでゐたやうに誣ひたのは、明治以來の表音主義者の、よく言つて思ひ過し、わるく言へば何か下心あつてのことでせう。それはいはば捏造《ねつぞう》に過ぎず、なんら現實の根據なきものであります。

以上は讀む場合のことでありますが、書く場合にしても大した違ひはありません。當時は小學校六年までが義務教育でありましたが、その課程を終了したものなら、こまかいことはとにかく、大體は歴史的かなづかひが使ひこなせたと言つてよい。ただ當時は漢語の字音にまで奈良平安時代の表音的表記を强ひたため、かなづかひ全體がひどく難しいもののやうに思はれたといふ事情がありましたが、もしそれがなかつたら、義務教育の課程內で充分に效果を擧げえたはずです。

しかし、たとへば「習ふ」「數へる」などの「は行」に活用する動詞の語尾は「わ・

い・う・う・え・え」「え・え・える・える・えれ・えろ」ではなく、「は・ひ・ふ・ふ・へ・へ」「へ・へ・へる・へる・へれ・へろ」と書くなどといふことは大抵の小學生がごく自然におぼえてゐたことなのです。表音主義者の魔術が支配してゐる今日からは、おそらく想像も出來ぬことでせう。一口に歴史的かなづかひが一字數音、一音數字であつて表音的ではないなどと言つても、そんなことは全く問題とするに足らない輕微なものだからです。そのやうな文字と音とのずれはごく一部の文字に起ることであるばかりでなく、しかもその場合すら、すこぶる合法則的であり、國語音韻に生得的な必然性に貫かれてゐて、表音的でないとは言ひきれぬほどのものなのです。

さて、それがいかに合法則的であつて國語の生理そのものに合致してゐるかは第五章で述べることにして、とりあへず歴史的かなづかひの表記の要領を示すことにしませう。もつとも私は國語學の專門家ではないので、當然不備の點が多々あることでせう。それは、今後國語學者の協力を得て補つて行きたいと思ひます。しかし、以下の各項で大本は盡せるでせうから、それに隨つて書けば、まづ間違ひはないと安心していただきたい。

順序として各論に入るまへに、まづ概論を述べませう。いや、概論といふよりは、各論を讀むための約束、あるいは凡例とでもいふべきものを提示しておきませう。當面の目的は文字と音聲とのずれの實情を知ることにあります。しかし、ただ兩者の合致しない語を手あたりしだい竝べてみたところで仕方がない。それだけでは、實際にある語を表現しようとするとき、それがどこにあるかを見出すのに手間がかかつて仕方がないし、それに一語一語を機械的におぼえるのは頭腦の衞生によろしくない。したがつて文字と音聲とのずれかたを幾つかの項に分け、各語をそれぞれの項に配分して行くといふ方法をとりたいと思ひます。

　が、それにもまた難しい問題が待ちかまへてをります。なぜ難しいかと申しますと、その理由の第一は、國語にはいまだに方言の差がありすぎるといふことです。たとへば、語中において〔o〕音に發音する場合は大部分「ほ」を用ゐよといふ本則をかかげ、ついで次の數語に限り「を」を、また次の數語に限り「ふ」を用ゐるべしといふ例外を列記するとします。ところが、その「ふ」の部にあげる「あふる（煽）」は關東でこそ「アオル」ですが、關西では文字どほり「アフル」と言つてをり、しかもそのはうが古格正統を守つてゐるわけです。全人口のおそらく半ばを占めるであらう關西方言系の人とを無視するわけにはいかない。もちろん「現代かなづかい」は平氣でそれを無視してをります。その被害の一例をあげませう。あるとき雜誌「あまカラ」の編輯長水野女史は電話で私の友人に「現代かなづかい」では「煽る」は「あおる」と書かねばならぬことを注意されて、「アフル」ユウテテモ、「アオル」トカカントアカンノカイナと泣きべそをかいてゐたさうであります。

　また語中語尾の〔i〕音は「ひ」を、〔e〕音は「へ」を用ゐればよく、その例外は次のごとしなどと說いてみても、標準語を話す人のなかにさへ、「かへる（蛙）」「かへる（歸）」を「かいる」のごとく發音し、「まへ（前）」「はへ（蠅）」を「まい」「はい」

のごとく發音してゐる人が多く、さういふ人たちが、右の本則を讀んで、歴史的かなづかひでは「かひる」「まひ」「はひ」と書くなどとおぼえこまれたら困ります。ことに東北人は〔i〕音と〔e〕音とを反對に發音したりして、兩者が混亂してをります。さきほど子供が漱石を讀んでゐる話をしましたが、その學校の教科書に「吾輩は猫である」の一節が出てゐて、そのなかに「狂瀾を既倒にめぐらす」といふ成句の「めぐらす」を省いて「〈狂瀾を既倒に〉なんとかする」と出てをります。ところが、編者の金田一博士はそれに註して《正しくは「狂瀾を既倒に返す」という句によったもの》と述べてゐる。「めぐらす」は、漢語「廻」の訓ですが、漢文調の簡潔と强勢を好み、時には音のまま「廻《クワイ》す」と讀んできたものです。察するに、編者が東北人であるため、實際の仕事を委される數人の助手にも東北人が選ばれたのではないでせうか。それなら〔i〕音と〔e〕音とを混同して〔kwɑ・i・su〕を〔kɑ・e・su〕と聞きおぼえ、それを「返す」と思ひ誤つてしまつたのも、なるほどとうなづけます。さうとでも考へなければ、この間違ひは理解できません。

かういふ方言の差を數へたてて行つたら切りがありませんが、文字と音聲とのずれかたを法則的に幾つかの類に分つことが難しい第二の理由があるのです。それは一つ一つの語について、その構成分子たる一つ一つの音にたいする意識に大きな個人差があるといふことです。しかも、この第二の理由のはうが第一の理由である方言差より、遙かに重大であります。たとへ方言差を無視し、架空の標準語なるものを假定したにしても、たとへば「現代かなづかい」の「書こう」「行こう」の「う」を人々はどういふ音として意識してゐるか、これはにはかに判定しがたいことです。ある人は〔u〕音と思つてゐるかもしれないし、ある人は〔ô〕音、もしくは〔o〕音と思つてゐるかもしれない。ですから、これらの語を語中語尾の〔u〕音をまれに「う」と書く語の表に入れておくと、〔ô〕音、〔o〕音と思つてゐる人は當然混亂を惹き起すことになります。「現代かなづかい」は單純に「お列」長音の例としてかたづけてをりますが、それでは〔u〕音とばかり思ひこんでゐた人は困惑するでせう。

この「書こう」の例は前章でも問題にし、「現代かなづかい」の致命的な矛盾として指摘しておきましたが、その際にも、長音をはじめとし、拗長音、拗音、促音、撥音、二重母音の扱ひには國語の生理に根ざす本質的な難しさがあることを言ひ、それについては本章以下で述べると約束しておいたはずです。ここでは項目分類の難しさに關聯して、もう一度讀者の注意を喚起しておきたいと思ひます。「現代かなづかい」でも「書こう」の「う」そのものは、〔u〕音でないことはもちろん、嚴密に言へば、〔o〕音でも〔ô〕音でもありません。「美しゆう」の「う」も、〔u〕音、〔û〕音いづれでもありません。

しかし、あるいは、それだからこそ、いつそ私はそれらすべてを〔u〕音の表記法のなかに含めて說明する方法を採らうと思ひます。つまり、分類の基準としてではなく、單にその手がかりとして音を利用するわけであります。したがつて、以下、分類表の作製において〔u〕音の表記、〔o〕音の表記などと記しても、それは〔u〕音のごとく考へられるものの表記、〔o〕音のごとく考へられるものの表記の意味であつて、ただ一々さう書くのは煩はしいので、〔u〕音の表記、〔o〕音の表記などと記すにとどめます。

さて、歴史的かなづかひにおける文字と音聲とのずれは、甚だ複雑さうに見えながら、結局はただ二つの原因から起つてゐるものに過ぎないのです。その一つは、元來、語頭と語中語尾とを問はずつねに文字どほりに發音されてゐた「は行」文字が、現在では語中語尾においてのみ〔wa・i・u・e・o〕と發音されてゐるといふこと、すなはち「は行」文字のみが一字二音であるといふことです。もう一つは、元來、異つた二つの音であつた「い」と「ゐ」、「え」と「ゑ」、「お」と「を」、および「じ」と「ぢ」、「ず」と「づ」が、現在ではそれぞれ同一音〔i〕〔e〕〔o〕および〔ʒi〕〔zu〕と發音されてゐること、すなはちこれら五音にかぎり二字一音であるといふことです。言ふまでもなく、方言においては、この二つの音韻變化が起らず、昔のままに發音してゐる地方がありますが、そこまでを整理して示すことは、私の手に負へません。右の一字二音、二字一音とを掛け合せ、音を手がかりに整理してみると、左表のごとく一音二字の場合と一音三字の場合とになります。

一　〔wa〕音　わ・は

二　〔u〕音　う・ふ○
三　〔o〕音　お・ほ○・を
四　〔e〕音　え・へ・ゑ○
五　〔i〕音　い・ひ○・ゐ○
六　〔ʒi〕音　じ・ぢ
七　〔zu〕音　ず・づ

これらのうちで「現代かなづかい」にない用法はわづかに○印を附した五文字に過ぎません。

要するに書き手としては、自分が書かうとする語に右の七音が出てきたときだけ、それに注意すればいいといふことです。そのときにのみ、それぞれ二字あるいは三字のうちからどれを選ぶか、それだけの問題に歸します。それともう一つ文字と音聲との間にずれを生じる大事な點は、さきに言つた長音と拗長音の場合であります。もつともそのすべての場合に氣を配る必要はありません。やはり「現代かなづかい」と同じ用法のものが多いからです。それと異るのは、「かうがうしい（神）」「たうげ（峠）」などにおけるごとく「お列」長音に發音してゐながら、「か」「た」等の「あ列」文字を用ゐる場合、および「……でせう」「……ませう」などにおけるごとく「お列」拗長音に發音してゐながら「え列」文字の「せ」などを用ゐる場合です。もつとも後者は、きはめて少いのですから、あとは前者の「あ列」文字が「お列」文字のごとく發音される語をおぼえておけばよろしい。

次に右七音について各論の進めかたですが、まづ第一に本則を述べます。「じ・ぢ」「ず・づ」の項を除いて、（一）から（五）までは「は行」文字が中心になるので、本則もその觀點から述べることにし、たとへば（一）では、〔wa〕音が語頭にあるときは「わ」、語中語尾にあるときは「は」と書くといふぐあひに本則を述べ、その本則に合ふ語は擧げません。

第二に、その例外がどういふふうに起るかを、たとへば（一）では、〔wa〕音が語中語尾にあるにもかかはらず、「わ」と書く場合があることを述べ、それに該當する語を列擧します。それらの語の選擇は『大言海』と『大日本國語辭典』とに據りましたが、範圍を和語出身の現代語に限りました。どこまでを現代語と見るかは自分の判斷で決めました。なほ右の二書のほかに大阪毎日新聞社校正部編『文字と闘ふ』（昭和十五年同社刊）と服部嘉香氏著『假名遣と送假名』（昭和十六年早大出版部刊第十八版）とを參照しました。いづれもまじめな良書であり、教へられるところが多いのですが、殘念ながら今日では入手困難でせう。

第三に、列擧した語について、その語源を尋ねてみました。といつたところで、私は全く素人なので、ただ『大言海』や『大日本國語辭典』をのぞいてみただけに過ぎず、その當否に關しては甚だ自信がありません。また『大言海』の語源考には牽強附會の多いことも知らぬではありません。しかし、日本の語源學は西洋の場合と違つて、當然の事情があるとはいへ、とにかく停滯狀態にあり、この分野に關心をもつ國語學者はまことに寥寥《れうれう》たるもので、素人の私としてはほとんど手の盡しやうがないのです。ただ數箇處、大野氏の示教を得ましたが、それも私のはうから一方的に質問しただけで、全體の責任はあくまで私にあります。しかし、當面の目的としては、文字と音聲との間のずれが、なぜそのままに守られなければならないかといふことを、すなはち語義と語法からくる必然性と合理性とを明らかにし、同時に、一見複雜と思はれる書き分けを單純に法則化して記憶の便に供することなのですから、素人のにはか勉强で大體の用は足りるでせう。それだけお斷りしておいて各論にはひることにします。

一　〔wa〕音の表記

本則――〔wa〕音が語頭にあるときはつねに「わ」と書き、語中語尾にあるときは「は」と書く。

例外――特定の語に限り、語中語尾の〔wa〕音に「わ」を用ゐることがある。

あわ（泡）　いわし（鰯）　くわゐ（慈姑）　こわいろ（聲色）　しわ（皺）

ゆわう（硫黃）　ひわ（鶸）

あわてる（慌）　うわる（植）　かわく（乾）　ことわる（斷）　さわぐ（騒）　すわる（坐）　たわむ（撓）　しわい（吝）　よわい（弱）　たわいない

「あわ」の「わ」は「輪」「丸」だといひますが、當てになりません。この「あわ」と關聯して「あわてる」をおぼえておくといい。それは「泡立つ」から來たものと言はれます。あるいはこじつけかもしれません。たとへ發生はさうでなくても、今日の私たちの語感では、「あわてる」から自然に「あわ」が聯想されてゐるのですから、他に正しい語源が見出されてゐないかぎり、それを認めていいし、いちわう知つておいたはうがいいでせう。なほ「ゆわう」は宛字「黄」の字音表記「わう」にまどはされがちだが、これも「湯泡」の訛りだといひます。あるいはすべて字音から來たものかもしれません。

「かわく」は「氣湧く」ださうです。

「いわし」は「よわい」の文語「よわし」の「よ」が訛つて「い」になつたものと言はれますが、それは日本で造つた漢字「鰯」から逆に聯想した捏造か、それとも本當に「よわし」から出たので、そこから「鰯」といふ新造漢字が出來たのか、その點は私には解りません。「しわい」は古くから「しはい」の例もあり、定說がないさうですが、「しわ」と關聯ありとすれば「しわい」でせう。その邊は今後の研究にまたねばならず、あるいは研究しても解らぬかもしれません。

「こわいろ」の「わ」は「こゑ」の「ゑ」の轉じたもので、「ゑ」は「わ行」ですから當然「わ」であつて、「は」ではありえません。「うわる」「すわる」は共に「うゑる」「すゑる」の自動詞形ですから、その他動詞形と一緒に「わ行」とおぼえておいてください。「わ行」の動詞はこの「植ゑる」と全く同じ形の「うゑる（餓）」をいれて三つの下一段活用動詞と「ゐる（居）」「ひきゐる（率）」「もちゐる（用）」の三つの上一段活用動詞と全部で六つですからおぼえやすいでせう。それに「すゑる（据）」と「すわる（坐）」とが同一語だと知れば語感も深まるでせう。「たわむ」は「ま行」に活用して「わ行」には活用しませんが、古くは「とをむ」とも言つたくらゐで、第二音節は「わ行」の「わ」です。言ふまでもなく「たわわに」はこれから出たものであります。「さわぐ」は枝葉などの風に動く擬音「さわさわ」の動詞化です。「さやさや」「さやぐ」と同源かもしれません。

「ことわる」は「言割る」で、理非を識別し言ひたてるといふ意味で、さらにそのことをあらかじめ言つておく、告げておくの意味になり、もつと積極的に謝絶する意味を生じたのですが、いづれにせよ、「こと」と「わる」の二語連合であつて、嚴密にはこの「わ」は語中の「わ」ではなく語頭の「わ」であります。似たやうな語に「ことわけ（理由）」があり、この「わけ」は「譯」ですが、さらに溯れば、その「譯」は「分（割）く」の連用形ですから、「ことわる」「ことわけ」は本は同じ語であります。この種の二語連合をあげていつたのでは切りがありませんが、少し例をあげておきませう。

うちわ（内輪）　うらわ（浦和）　くつわ（轡）　くるわ（郭）
いひわけ（言譯）　しわけ（仕分）　のわき（野分）
ことわざ（諺）　しわざ（仕業）
このわた（海鼠腸）　はらわた（腸）

これらはとにかく、さらに「ものわかり」「おきわすれ」「うらわかい」等とに至つては、多少とも意味が解つて言葉を喋つたり書いたりしてゐる者には、わざわざ列擧するまでもない自明のことでありませう。

備考——食用の粟は「あは」、淡白の意には「あはい」です。雪の場合は「あわゆき」「あはゆき」兩者ともに用ゐられてをり、前者は「泡雪」「沫雪」、後者は「淡雪」といふのは、少〻こじつけのやうですが、いづれにせよ「消えやすい雪」の意でせう。また「不具」は「かたは（片端）」であつて「かたわ（片輪）」ではありません。なほこの項の本則の〔wa〕音が語中語尾にあるときは「は」と書くといふことですが、これは逆もまた眞で、語中語尾の「は」文字はかならず〔wa〕と讀むと言つていいのです。もちろん「しはらひ（支拂）」「おほはし（大橋）」のごとき二語連合の場合は、〔ha〕音に讀むことが多い。しかし、「けはひ（氣色・化粧）」は、たとへ「け（氣）」と「はひ（延）」が合はさつたものであつても、古くから一語のやうに熟しきつてゐるので「さいはひ

（幸）」「なりはひ（業）」「よはひ（齡）」「わざはひ（禍）」と同様〔ke・wa・i〕と發音するのが自然ですし、事實さう發音してゐたのですが、最近は大抵の人がこれを〔ke・ha・i〕と發音してゐるやうです。「はは（母）」と一緒に、ほとんど他には見當らぬ例外として讀者の注意を促しておきます。

　原因は、いづれも一時日常會話であまり用ゐられなくなつたため、文字のはうから發音を教へられるやうになつたからで、おそらく一種の綴字《てつじ》發音と見なされませう。「はは」のはうは「ちち」との對でそれが起つたのでせうが、「けはひ」は「氣配」といふ漢字の宛字から起つたものらしく、出來ればこれは舊に復したいものの一つです。私が住んでゐる大磯にも「けはひ坂」といふ所がありますが、この場合は〔ke・wa・i〕と發音されてをります。〔ke・ha・i〕などと言つてゐると、しまひには「毛生え坂」にもなりかねません。

　もう一つ「ゆわう（硫黄）」について申しそへておきます。氣づかなかつた人も多いと思ひますが、この「わ」はさきに凡例で斷つておいたことの一例で、嚴密には〔wa〕音ではなく、〔wa〕音のごとく考へられる、あるいは〔wa〕音のつもりでゐるものに屬します。大抵の人は〔ju・ô〕もしくは〔i・ô〕と發音してゐるでせう。

二 「u」音の表記

本則――〔u〕音が語頭にあるときはつねに「う」と書き、語中語尾にあるときは「ふ」と書く。

例外――特定の語に限り、語中語尾の〔u〕音に「う」を用ゐることがある。

○かうし（格子） かうして かうばしい（香） とうに ようこそ

○いもうと（妹） おとうと（弟） かうぢ（麹） かりうど くろうと（玄人） しうと（舅） しろうと（素） なかうど（仲） のうのう

○かうがい（笄） かうべ（首） かうべ（神戸） かうがうしい（神） かうぞ（楮） こうぢ（小路） ……さう たうげ（峠） てうづ（手水） まうす

○かうもり（蝙蝠） さうざうしい てうな（手斧） はうき（箒） まう（申） まうでる（詣） もう

○かうむる（蒙） さうして とうさん（父） とうとう どうぞ はうむる（葬） まうける（設） まうける（儲） めうが（茗荷） やうか（八日） やうやう（漸） ゆうべ（昨夜） ゆわう（硫黄）

以上のとほりですが、これらの「う」は廣義の「う」音便に屬する用法で、昔は他の音であつたものが、前後の音との結合において發音しやすい形をとるために「う」と代つたものであります。

右に擧げた語は、「かう（く）して」「とう（く）に」「よう（く）こそ」などの極く少數を除いて、その本の形がすぐに見わけられないものばかりでありますが、それに反して活用語のやうにそれがはつきりしてゐる「う」音便があります。それはすべて「美しう」「向うて」で代表しうるもので、一口に言へば、形容詞では「く」活用「しく」活用ともに語尾の「（し）く」に當るもの、および動詞では「は行」四段活用の連用形語尾「ひ」に當るもの、この二種類です。ですから、わざわざ擧げるまでもなく、すぐ見當がつくことと思ひますが、念のために少し例を擧げますと、「赤う」「高う」「めでたう」（以上「く」活用形容詞）「悲しう」「苦しう」「やさしう」（以上「しく」活用形容詞）「乞うて」「問うて」「習うて」「漂うて」「狂うて」（以上「は行」四段活用動詞）となり、それぞれ「く」「ひ」の代用である點まことに整然たるものがあります。

問題は表に擧げた語ですが、これとても機械的におぼえるのは愚で、第一項の場合と違ひ、語源が大體はつきりしてをりますから、語意識さへ働かせれば、簡單におぼえられるでせう。「かうし」は漢字音「格（カク）」の訛り、「かうして」は「かくして」の訛りです。「かうばしい」を「香ばしい」と書きますが、「香」は漢字の宛字で、本來は「嗅ぐはしい」です。「とうに」は「とくに」（とつくに）の訛りです。「ようこそ」は一語のやうになつてゐるので表に入れましたが、「よくこそ」ですから、「く」活用形容詞の語尾「く」が「う」になつただけのことです。要するに、この表の第一群は「く」「ぐ」が「う」に變つたものです。

第二群は、「ひ」「び」が「う」になつた例です。「かうぢ」は「かび立ち」の意です。「のうのう」は「のびのび」が訛つたものか、あるいは擬聲語的なものかどちらかでせう。その他は全部「―ひと（人）」を意味しますが、それは「う」の部分に「ひ」を當ててみると解るでせう。

第三群は「み」「ま」「む」のところに「う」を當てたものです。「かうがい」は「かみ（髮）かき」ですし、「かうべ（首）」は「かみ（上）べ（邊）」で、「かうべ（神戸）」のはうは「かみ（神）べ（部）」です。「かうがうしい」は言ふまでもなく「かみ（神）かみしい」です。「かうぞ」は「かみ（紙）そ（麻）」、「てうづ」は「てみづ」、「こうぢ」は「こみち」です。「たうげ」は、昔、山を越えるとき峠のあたりで神に「たむけ（手向）」したから、さう呼ぶやうになつたとも言はれ、また「たけ（峰）」の音が延びたものとも言はれます。「……さう」は「强さう」「面白さう」の「……さう」ですが、これは「（あり）さま」の「ま」が訛つたものださうです。

第四群は元來「は」文字であつたのが、第一項で述べたごとく語中語尾で〔wa〕音に代り、さらにそれが「う」に代つたものが主で、その他は、もともと「わ」文字〔wa〕音だつたもの、「を」文字〔wo〕音だつたもの、「ゐ」文字〔wi〕音だつたもので、それらが「う」に代つたものです。「かうもり」は「かはもり（川守）」です。「はうき」は「ははき」で、「掃く」といふ動詞の連用形に關聯ある語、「もう」は「もはや（早）」から來たものでせう。「さうざうし」は「騷」の音かとも思はれますが、やはり「さわさわしい」でせう。「まうす」は「まをす」の轉、「てうな」は「てをの（手斧）」の轉です。「まうでる」は「まゐ（參）いでる」が訛つたもののやうです。

　最後の第五群「かうむる」以下の語における「う」は、これも發音の便宜から出たものに違ひはありませんが、右四群のそれとは異り、何か他の文字や音の代用ではなく一種の長音化、すなはち音を延ばして言ひやすくするためのものであります。「さうして」は「さ・して」の「さ」を延したもので、言ふまでもなく、この「さ」は「さ・（あ）れば」の「さ」と同じく「そのやうに」の意です。「か」→「かく」→「かう」からの類推で、「さく」といふ用法はないにもかかはらず、「さ」から「さう」になつたのでせう。「とうとう」は「とどのつまり」の「とど」が、「やうやう」は「やや（稍）」が延びたものです。「どうぞ」は「どうか」「どうして」「どうも」「どうやら」と同族で、「いづれ」の意の「ど」が延びたものと考へられます。

「やうか」は「八」すなはち「や」の延です。「ゆわう」については前項で述べたことから明らかでせうが、「輪」の延です。「ゆうべ」は昨夜の意で、夕方なら「ゆふべ」になります。昨夜の「ゆうべ」は「夜べ」の「よ」が「ゆ」に轉じて、それが延びたのです。「めうが」も漢字は宛字で、古くは「めか」だつたものが延びたものですが、この

「とうさん」「かあさん」となるのと同様のものです。

「め」は「芽」か「女」か明らかではありません。「か」は「香」でせうか。「とうさん」はもちろん「ととさん」の訛つたものですが、だからといつて、この「う」を下の「と」の代用の音便とは申せません。やはり上の「と」の延で、「かかさん」が「かあさん」となるのと同様のものです。

「まうける（設）」は文語で「まうく」で、これは「まく」の延音といふ說もありますが、どうも「ま（間）・うく（受）」らしい。「まうける（儲）」の文語「まうく」もそれから派生した言葉です。「かうむる」は「かがふる」から轉じたもので、「かぶる」に發語の「か」が重り、「かかぶる」「かがふる」「かうぶる」「かうむる」となつたもので、「かぶる（被）」と同じ語です。

「はうむる」も元來「はふる」から出た語です。この「はふる」はいろいろな意味を派生せしめてをり、「ほふる（屠）」や「あふれる（溢）」の文語「あふる」、それから右に述べた「かぶる」などの古い形でもありますし、歴史的かなづかひではその文字そのままに「はぶる（放）」「はふる」として殘つてをります。要するに、勢よく思ひきつて物を放ちやるさまを言つたものらしく、「葬る」も死者のむくろを未練なく打ち捨てるところから出たものでせう。その「はぶる」が延音になつて「はんぶる」「はんむる」になり、「はうむる」となつたものと思はれます。

備考――蛇足ではありますが、なほ推量・意思の助動詞「う」「よう」において「う」が語尾に出てくるほか、語中語尾の〔u〕音はすべて「ふ」と書いてください。また逆に語中語尾の「ふ」文字はすべて〔u〕音に讀んでいいのですが、「ほふる」「あふれる」だけは語中の「ふ」にもかかはらず音韻變化を起さずに昔のまま〔hu〕音で殘つてゐる珍しい例です。なほ似た語で次の例外のあることに氣をつけてください。

あふぐ（扇）　あふぐ（仰）　あふる（煽）　あふひ（葵）　たふれる（倒）
はふる（放）

右の六語では「ふ」は〔hu〕音でも〔u〕音でもなく〔o〕音です。もつとも「ふ」が〔u〕音になる途中で〔wu〕音に發音された時期がかなり長く續き、それがさらに〔wo〕音となり、その〔w〕が脫落して〔o〕音として固定してしまつたのでせう。「あふぐ（扇）」は「うは（上）あふ（合）」の約、「あふぐ（仰）」は「うは（上）むく（向）」の約とも言ひますが、あるいは同じ語かもしれません。「あふる（煽）」はその自動詞で、風にゆらぐ意、それが再轉して他動詞に使はれ、風を送つてゆるがす意、煽動《せんどう》する意になつたのではないでせうか。

「あふひ」は日を仰ぐ花の意味だと言ひます。なほ、「あふぐ（扇）」の連用形「あふぎ」が名詞に使はれて「扇子」の意味になりますが、この場合は、「あふぐ」のやうに「ふ」が〔o〕音ではなく、〔ô〕音になります。ですから「現代かなづかい」では「扇子」のときは「おうぎ」と書き、動詞のときは「あおぎながら」と書くことになり、兩者の聯關があやしくなるのです。もちろん歴史的かなづかひでは、兩者ともに「あふ」を固定したまま用ゐます。

今、右六語において「ふ」を〔o〕音に讀むと申しましたが、實は「はふる（放）」だけ例外で、これも「あふぎ（扇）」と同じく〔ô〕音になります。ただ似たやうな形なので六語を一まとめにしたまでで、「ふ」が〔ô〕音になるのは、このほか語中では「あふさかやま（逢坂山）」「たふとい（尊）」があり、語尾では「かげろふ（陽炎）」「きのふ（昨日）」「ふくろふ（梟）」「ゐさうらふ（居候）」くらゐでせうか。それに似た現象、すなはち「ふ」が〔ô〕音になる場合は他に「けふ（今日）」の一語をおぼえておいてください。これは二文字で一音節〔kjô〕と發音します。「ゑふ（醉）」も時に〔jô〕と發音しますが、それ自體としては〔jo・u〕で、この語のみならず「は行」四段活用動詞の終止形語尾は語幹と離して單獨に〔u〕音と發音するものと見なしていいでせう。「けふ」の意味は「け」が「こ（此）」の轉、「ふ」が「ひ（日）」の轉で、古くは「こひ」だつたらしい。ついでに「きのふ（昨日）」について言へば、この「ふ」も「ひ」の轉で、「けふ」の場合と同じものと考へられます。「き」は「きす」「きそ」ですが、これは「き（來）し日」「き（來）し夜」の訛りで、既にそれだけで「昨日」の意であり、直譯すれば「きのふ」は「昨日の日」になるわけです。

ふたたび音韻の問題に戻りませう。「はふる」「けふ」はそれぞれ〔hô・ru〕、〔kjô〕で、「ふ」が〔ô〕音に讀まれる場合だと申しました。が、これはまだ正確ではありません。

もし「ふ」を〔ô〕音に發音するだけなら、この二語はそれぞれ〔hɑ・ô・ru〕〔ke・ô〕となるはずです。ですから、「ふ」が〔ô〕音になるのではなく、「ふ」文字がその上の「は」文字「け」文字と合して、〔hô〕〔kjô〕の音を生じるのです。もちろんその前提として、「ふ」が語中語尾においては音韻變化を起し〔u〕音になつてゐたといふ事實があつてのことです。したがつて「はふる」「けふ」は〔hô・ru〕〔kjô〕になる前に〔hɑ・u・ru〕〔ke・u〕だつた時期があり、そのうち〔hɑ・u〕〔ke・u〕の〔ɑu〕が〔ô〕となり、〔eu〕が〔jô〕となるのは極く自然でせう。

しかし、音韻についての考察は次章に廻すとして、本項の主眼である〔u〕音の表記といふ點で、次のことに注意していただきたい。すなはち、右の「はふる」「けふ」のやうな場合に「ふ」が〔ô〕音であるとだけをおぼえたのでは何にもならず、その上の「は」と「け」を一緒におぼえてもらはなければならぬといふことです。「あふさかやま」「たふとい」「ゐさうらふ」でも同じです。もう一つ、拗長音にはなりませんが、さきの「ゑふ」および「いふ（言）」の二語ではやはり上の文字の音が變り〔jo・u〕〔ju・u〕となります。「ふ」の場合はこの程度ですから簡單ですが、「う」音便の場合には大部分の語にこの現象が起きます。もう一度、表に眼をとほして下さい。

そこには全體四十三語中×印が十三、△印が三つ、□印が二つ、印のないのが二十五あります。この×印は問題のないものです。たとへば、その最初の「とうに」「ようこそ」の「と」「よ」は「お列」文字です。以下すべて×印は「お列」文字で、ただ一つ

「ゆうべ」の「ゆ」だけが「う列」文字ですが、その下に「う」が來る場合、いづれも、その長音化になるのは「現代かなづかい」と同じだからです。問題があるのは無印の二十五語と△印の三つと□印の二つと、三様の場合です。無印においては「あ列」文字の下に「う」が來るとき、△印においては「え列」文字の下に「う」が來るとき、□印においては「い列」文字の下に「う」が來るときです。その原則は次のやうになります。

甲　「あ列」文字と「う」〔ô〕音
乙　「え列」文字と「う」〔ô〕音
丙　「い列」文字と「う」〔û〕音

要するに、〔u〕音の表記と題した本項には語頭の「う」以外は「う」文字に〔u〕音はないといふことになる。「ふ」は「は行」四段活用動詞の終止形語尾で〔u〕音にもなりますが、「う」の場合には〔u〕音なしといふことです。もつとも「ゆうべ」だけは〔û〕音になりますが、それもこれ一つくらゐで、とにかく〔u〕音にはなりません。そのことはこの備考欄の最初に補足した助動詞「う」「よう」についても當てはまります。「よう」は〔ô〕音です。「う」はかならず右の甲乙のどちらかに屬します。四段活用の動詞・助動詞の未然形についた場合は甲、そのいい例が「書かう」です。乙になるのはただ一つ「……で（ま）せう」のときだけです。丙の現象は「う」「よう」では起りませんが、「しく活用」形容詞の「く」が音便を起したとき、すなはち「美しう」等のときだけです。「い列」文字といつたところで、この場合の「し」と、表中「しうと」の「し」および「かりうど」の「り」くらゐのもので、その他の文字の下に「う」が來ることはまづないでせう。ただし「きうり（胡瓜）」の場合は「黄瓜」で二語連合なのにもかかはらず、音便現象のごとく〔kjû・ri〕と發音してをります。これはめづらしい例外です。結果としてはまことに簡單なもので無印と四段活用の動詞・助動詞に注意すればよいのです。その前者は語義の識別を手がかりにすればいい。後者に至つてはなんでもないことでせう。

備考としてなほ一二附加しておきます。「は行」四段活用動詞の連用形が「う」音便を起す場合ですが、「乞うて」「問うて」「習うて」「漂うて」「狂うて」などの例をあげましたが、「乞うて」「問うて」以外、標準語の口語ではすべて促音便になつてしまひ、「習つて」「漂つて」と言ふのが普通です。

もう一つ、歴史的かなづかひで書かれてゐる文章でよく見うける誤りは「向ふ（に）」「向ふ（側）」「向ふ（て）」「向ふ（た）」などです。この「ふ」はすべて「う」でなければいけません。連用形「向ひ」の「ひ」が音便で「う」となつたものだからです。

なほ、「くろうし（黑牛）」のやうな二語連合のとき語中に「う」が來ること、そしてそれが正しく〔u〕音に發音されることは言ふまでもありません。一々擧げる必要はないでせうが、今の人には二語連合と解りにくいものとして「かはうそ（川獺・古くは

「かはをそ」）」「ものうい（物憂）」をあげておきませう。似たものに「どぢやう（泥鰌）」があります。これは「どろ・つ・うを」すなはち「泥の魚」の意だと申しますが、それなら語尾の「を」の脱落と解すべきでせう。

三〔o〕音の表記

本則――〔o〕音が語頭にあるときは主として「お」と書き、語中語尾にあるときは主として「ほ」と書く。

例外――特定の語に限り、語頭および語中語尾の〔o〕音に「を」を用ゐることがある。

語頭の「を」

を（尾）　を（緒）　をか（岡）　をぎ（荻）　をけ（桶）　をけら（植物の名）　をこそづきん　をさ（長）　をさ（筬）　をしどり（鴛鴦）　をす（雄）　をちど（越度）　をとり（囮）　をどり（踊）　をととし　をととひ　をとこ（男）　をんな（女）　をとめ（少女）　をつと（夫）　をぢ（叔父）　をば（叔母）　をひ（甥）　をの（斧）　をり（折）　をり（檻）　をろち（大蛇）

をかしい（可笑）　をこがましい　をさない（幼）　ををしい（雄）　をさをさ

をかす（犯）　をがむ（拝）　をさめる（納）　をさめる（治）　をしむ（惜）　をしへる（教）　をののく（戰）　をはる（終）　をる（居）　をる（折）

語中語尾の「を」

あを（靑）　いさを（勳）　うを（魚）　かはをそ（川獺）　かをり（香）

さを（棹）　とを（十）　ばせを（芭蕉）　ひをどし（緋縅）　みさを（操）

みをつくし（澪標）　めをと（夫婦）　たをやか

しをれる（萎）　まをす（申）

そのほかに接頭語の「を（小）――」があります。「をがは（小川）」「をぐらい（小暗）」「をやみ（小止）」などの「を」がそれです。「を」はこのやうに元來「弱小のもの」「若いもの」「愛らしいもの」を表します。「をとこ」は「を（男）」の子ではなく、「をつ・こ」の轉で、動詞「をつ」は「若がへる」の意ですから、古くは男女は問はず若い者を意味したのですが、それがやがて「若い男」に、さらに一般男性を意味するやうになつたのです。「をつと」のはうは、「を（男）」の「ひと（人）」である「を・ひと」が「をうと」に訛り、さらに「をつと」と訛つたものなのです。「をひ」は「男生ひ」がもとではないかと言はれますが、その「生ひ」はともかく「めひ」の對である以上、「を」が「男」であることは確かでせう。もちろん「ををしい」も「男らしい」の意です。

「を」が「小」を表すといふことは、右表の「をんな」「をぢ」「をば」などにも明らかです。「をんな」は「をみな」の轉じたもので、それはまた「を・おみな」の訛つたものです。「おみな」「おうな」は「老女」で、「をみな」は「若い女」すなはち一般女性の意です。一方、「をとめ」のはうは「をつ・こ」の對の「をつ・め」から轉じたものです。

のみならず、「を（尾）」も「を（緒）」も同じく「小」の意味を含んでゐるのではないかと思はれます。尾は動物の端に生えた小さなものですし、緒も長くはあつても附けたりのやうなものです。また山の峰を「を」といひ、「をのへ」といふ言葉もありますが、これは山の尖端が小さく細まつてゐるからでせう。

「をこがまし」の「をこ」は「笑ふべきこと」ですが、それが轉じて「をかし」といふ語が出たと言はれてをります。それがさらに「興をおぼえること」「愛づべきこと」に適用されたのですが、「をしむ」も「愛づ」「いとほしむ」の意で、兩者には關聯があるやうに思はれます。「をしへる」も「をしむ」と關聯ありと說く人もをります。この「をしむ」は直接には形容詞「をし（い）」から出たものです。

また「をさない」は「をさ（長）をさしくない」から出たものでせうし、「をさめる（納）」「をさめる（治）」は祭政一致の心事から當然同じことを意味し、したがつて「鎮める」の意、萬事をまるく「をさめる」のそれとも同じで、いづれも「をさ（長）」の動詞化と思はれます。あるいは「居りたまふ」の意の「をす」が「統治する」の意になつてゐることとも何か關聯があるかもしれません。ただし「をさをさ（多分・おほかた）」はこれらとは關係がないでせう。

なほ「をかぼ（陸穂）」は「をか（岡）」から類推できませうが、「をかぼれ」「をかめ」の「をか」は「傍」の意で、これも山の脈が切れて離れたところにある小山を岡といふのから出たものと考へられます。「をこそづきん」はよく「お高祖頭巾」と宛字をされますが、これは「をくそづきん」とも言ひ、目だけ出して顔を全部おほひ、獵師などが用ゐたものですが、その材料が麻の莖で造られてゐるので、「からむしづきん」とも言ひました。「からむし」は麻の一種です。麻は古くは「を」と言ひ、「をくそ」は「をくづ（苧屑）」で麻絲の屑《くづ》です。なほその「を」に宛てた漢字「苧」は「からむし」の意味です。

右表のうち「をちど」は度を越すの意ですから「おちど（落度）」ではなく「越度」で、それなら「越」の音は古くから「ヱツ・ヱチ・ヲチ」になつてゐるので「をちど」が正しいといふことになります。ここに一つ斷つておかねばならぬことがあります。私は歴史的かなづかひの主張を漢字音にまで及ぼさぬといふ考へですし、これまでもその筋道において論旨を押し進めてきたのですから、「越度」のごとき漢語は發音どほり「おちど」と書くべきかとも思はれます。しかし、このやうにほとんど國語同樣に熟してしまつた言葉は、やはり古式を守つたはうがいいといふ考へも成りたつでせう。その意味で前項でも「かうし（格子）」を採りあげたわけですが、その他、たとへば「會釋」「お會式」の「會」も「え」ではなく「ゑ」と書いたはうがいいやうに思はれます。またこの數行にしばしば出てくる「はう（方）」「やう（樣）」がそれです。數年前までは、私はそれも「ほう」「よう」と書いてきたのですが、自分勝手な取極めは意味をなさぬと思ひ、世間が歴史的かなづかひの方針に復し、そのあとで部分部分の是非を決めるまでは、すべて古式を守らうと考へを改めました。

次は語中語尾の「を」ですが、「ひをどし」は「ひ」と「をどし」の、「めをと」は「め」と「を（男）と」の結合語ですから、語中語尾の「を」といふよりは語頭の「を」といふべきでせう。「かはをそ」も「川の獺」ですから、やはり語頭の「を」です。しかし「をどし」「をそ」は現代語では單獨に用ゐられることがまづないので、また「めをと」は一語として熟してゐるので、この項に入れました。「いさを」は「勇男」から出たやうです。「あを」の「を」はやはり「若さ」を表すのではないか。青色は若い色だつたのでせう。「うを」の「を」は「小」を意味するものではないでせうか。改めて出しませんでしたが「かつを」の「を」は「魚」で、「かたい魚」の意でせう。さきの「かわく」が「氣湧く」であるなら、「かをる」は「氣折る」の意で、霧や煙が横にたなびくのを言ひ、それから「匂ふ」の意が出たといふのですが、あまり當てにはなりません。

「さを」の「さ」は「刺す」で、「を」は「みを（水脈）」の「を」かもしれぬといふのは、少々牽强附會の感があります。同様に「みさを」は「まさあを（眞靑）」で、常綠木のやうに不變のみづみづしさをもつてゐるといふところから來たといふのもいかがなものでせうか。しかし「みをつくし」が「みを（水脈）つ（の）くし（杙）」だといふのは本當でせう。その「みを」ですが、これは現代語として餘り使はれないので省きました。意味は「水」のひく「尾」あるいは「緒」といふことです。

「ばせを（芭蕉）」ですが、この「せを」も「蕉」の漢字音を寫した古い形で熟してゐるので、和語同様ここにあげておいたわけです。「たをやか」の「たを」は〔wa〕音の項にあげた「たわむ」から來たもので、「わ行」ですから、當然「を」です。柔軟、柔美であることを意味し、「たをたをした」と同義です。また「をののく」は「わななく」と同じで、やはり「わ行」の「を」を書くべきです。

「しをれる」の「し」は「しなふ」の意か、單なる强意的接頭辭か解りませんが、「をれる」は「折れる」であることに間違ひはないでせう。「しをり（栞）」はこれから出たものではなく、この「し」は「枝」で、山などで木の枝を折つて道しるべにしたことから出たと言ひますが、それはとにかく、やはり「をり」は「折り」でせう。しかし「しをらしい」は「しをれる」から出たものに違ひありますまい。また「しわ（皺）」もこの「しをれる」と關聯ありと言ひます。

「まをす」は「間をす」らしく、下に向つては「治める」義、上に向つては「仕へる」義、兩方ありますが、今日では専ら下から上に向つて「言ふ」の敬語になつてをります。この語は前項に「まうす」として出しましたが、古くは「まをす」ですし、わざわざ「まうす」に改める必要もありますまい。

ついでに私見を申しますと、私は語を表記するといふ歴史的かなづかひの原則はあくまで、そのままにしておいて、しかし部分的には現代語音に近づけるやうな改訂が望ましいと考へてをります。音便を許すといふ建てまへです。しかし、少數のある語においては、鎌倉期以後の音便表記をむしろ舊に復したはうがいいのではないかとも考へてをります。この「まをす」などその一例です。「ほふる（屠）」も「はふる（放）」と同じにしたはうがいいやうに思ひます。歴史的かなづかひも部分的には徐々に改めるべしといふ私の考へを自分の器で測つて、ひとへに現代語音を目ざすものと見なし、私の矛盾を發見したつもりでゐる表音主義者がをりますので、そのことを言ひそへておきます。そのさい、いづれを舊に復し、またいづれを改めるかといふことは、語義、語法の相互關係によつて定めるべきで、その點は専門家の學識、見識にまつのみです。國立國語研究所といふのはそのための研究機關であり、また専門家の意見の調整機關であるべきで、その成案に先だつて文部省や國語審議會が政治的に動くべきではないのです。

備考――「お」は語頭だけで語中語尾には來ないと申しましたが、ただ一語だけ例外があります。それは「はおり（羽織）」の場合です。その動詞形「はおる」もさうであることは言ふまでもありません。この語は本來の日本語ではなく、朝鮮語からはひつてきたものだといひます。

なほ語頭の「を」は問題がないのですが、語中語尾の「を」は、「ばせを」「めをと」「とを」「まをす」において、その上の「せ」「め」「と」「ま」の音と結合して〔ô〕音を生じます。しかも「ばせを」「めをと」では拗長音で〔ʃô〕〔mjô〕になります。

また語中語尾の「ほ」ですが、これは「お列」文字の下に來るとき以外はまづ〔o〕音と考へてよく、「お列」文字の下では、それと合して〔ô〕音になります。しかし、いちわうさう言へるだけで、「おほふ（蔽）」は〔ô・u〕か〔o・o・u〕か〔o・ô〕かと言はれると、その判定はなかなか難しいでせう。いづれ第五章で詳しく檢討してみませう。

四　〔e〕音の表記

本則——〔e〕音が語頭にあるときは主として「え」と書き、語中語尾にあるときは主として「へ」と書く。

例外甲——特定の語に限り、語頭および語中語尾の〔e〕音に「ゑ」を用ゐることがある。

語頭の「ゑ」

ゑ（繪）　ゑ（餌）　ゑしやく（會釋）　ゑしき（會式）　ゑちご（越後）　ゑんじゆ（槐）

ゑがらつぽい

ゑぐる（抉）　ゑふ（醉）　ゑむ（笑）　ゑる（彫）

語中語尾の「ゑ」

こゑ（聲）　すゑ（末）　ちゑ（智慧）　つくゑ（机）　つゑ（杖）　ともゑ（巴）　ゆゑ（故）

うゑる（植）　うゑる（餓）　すゑる（据）

これは數が少いのでおぼえやすいでせう。「え」でなく「ゑ」でなければならぬ特別の理由はありません。ただ昔、これらの語においては〔we〕音に發音してゐたといふだけのことです。「ゑ（繪）」は漢字「繪」の呉音〔we〕を守つたものです。その他、「ゑかう（會向）」「ゑしやく（會釋）」「ゑしき（會式）」の「ゑ」も「會」の呉音〔we〕から、「ゑちご（越後）」の「ゑ」は「越」の呉音〔wet〕から、「ちゑ（智慧）」の「ゑ」は

「慧」の呉音〔we〕から來たものです。これに類したもので「ゑはう（惠方）」「ゑぼし（烏帽子）」などがあります。「ゑはう」のはうは「えと（兄弟）」すなはち「きのえ」とか「かのえ」とかいふその「え」の方角といふ意味ですから、「えはう」と書くのが正しく、漢字の「惠」をあてたので、その呉音〔we〕を書くやうになつたのです。「ゑぼし」も「え」が正しく、それは、「烏」の字音〔we〕から出てをりますが、その字音そのものが後に〔e〕と變つたので、平安期に「烏帽子」に限つて「え」と定めてから、そのはうが正しくなつたものの、やはり「ゑぼし」もおこなはれてをります。

「ともゑ（巴）」は「とも（鞆）」に描く紋樣、繪といふ意味です。「とも」といふのは弓を射る左手のひぢに附ける革で、弦がかへつてそこに當るのを防いだものですが、その紋樣に使はれたのが漢字「巴」の象形的古體で渦巻のごときものだつたのです。ですから、これは漢字の字音をとつたのではなく、字形をとつて「巴」をあてただけのことです。

「うゑる（植）」「うゑる（餓）」「すゑる（据）」が「わ行」に下一段活用をする唯三つの動詞であることは前にも述べました。文語では「うう」「すう」となりますが、口語で同音に〔su・e・ru〕となる「すえる（饐）」のほうは文語では「すゆ」で「や行」活用ですから、當然「ゑ」でなく「え」であります。「つくゑ（机）」は「突き据ゑ」の意ですから「ゑ」でなければいけません。「つゑ（杖）」も「突き据ゑ」でせうか。「すゑもの（陶物）」は結合語と見なして表には出しませんでしたが、「据ゑ物」ですから

「ゑ」を用ゐます。「ゆゑ」は「縁り居」が訛つたものだといふのは、あまりにこじつけが過ぎるやうです。「ゆゑん」は「ゆゑに」が訛つたもので「所以」は宛字です。「ゑがらつぽい」は「いがらつぽい」とも言ひますが、もとは「ゑぐ（植物の名）」から出た語ですから前者のはうが正しいでせう。意味は咽喉《のど》が乾き刺戟されていらいらすることです。現在〔we〕音は生きてゐないとしても、やはり〔e〕音よりは〔we〕音のはうが「ゑぐい」感じが出てをります。もちろん大抵の人はそこまで意識しないでせうが、無意識には誰にもその自然なることが感じられるはずです。

同様に、「ゑぐる（抉）」「ゑふ（酔）」「ゑむ（笑）」「ゑる（彫）」なども語感の生とした言葉であります。さういふことに氣づき語感を働かせれば、これらの「ゑ」も自然におぼえられるので、かならずしも機械的暗記を必要とはしますまい。その「ゑふ」ですが、これは〔e〕音といふべきでなく、「ふ」と合して、〔jo・u〕となることは〔u〕音の項で述べておきました。「ゑ」を「よ」と同音に讀むのはずいぶん無理な話と思ふかもしれません。その必然性については第五章で觸れるつもりでをります。

例外乙——特定の語に限り語中語尾の〔e〕音に「え」を用ゐることがある。

あまえる（甘）　いえる（癒）　おびえる（怯）　おぼえる（覺）　きえる（消）　きこえる（聞）　こえる（肥）　こえる（越）　こごえる（凍）　さえる（冴）　さかえる（榮）　すえる（饐）　そびえる（聳）　たえる（絶）

つひえる（潰）　なえる（萎）　にえる（煮）　はえる（生）　はえる（映）
ひえる（冷）　ふえる（殖）　ほえる（吠）　みえる（見）　もえる（燃）
もえる（萌）　もだえる（悶）

以上の動詞をおぼえていただきたい。「絶」の場合は「たえる」で、「堪」の場合は「たへる」といふのが紛らはしいだけです。識別法の第一はこれらはすべて「や行」下一段活用の動詞だといふこと、つまり文語を思ひ出せば、その終止形が「あまゆ」「いゆ」「おびゆ」とことごとく「ゆ」で終りますから、すぐ解りませう。終止形が「ゆ」で終るものはすべて口語では「――える」とすればいいわけです。右の「絶」と「堪」にしても同様、一方は「たゆ」で他方は「たふ」です。また〔ta・ta・e・ru〕（湛・稱）はどちらか迷つたら、文語の終止形を考へ、それは〔ta・ta・u〕であり、動詞の語尾に「う」は來ませんから「たたふ」、そこで口語は「たたへる」となります。

言ひ遅れましたが、前出の「うゑる（植）」も、文語では「うう」ですから、これは「や行」ではなく「わ行」に活用することが明らかになります。もつとも「う」で終るなら「あ行」活用とも考へられますが、「あ行」に活用する動詞は文語では「う（得）」、口語になつて「える」の一語しかありません。その「える」ですが、これが「心」と結合して「こころえる」となれば、語中〔e〕音の一例になりますが、これは結合語といふ意味で表には出しませんでした。要するにこの例外は「や行」下一段活用の動詞しかないことをおぼえておいてください。

以上、現代語の表記に文語を併せ考へるのは無理だと抗議する人があるかもしれませんが、それは觀念だけのことで、文語は今日もなほ生きてをります。たとへば毎日讀む新聞をごらんなさい。見出しの動詞に文語の終止形がいかに多く用ゐられることか。しかも文語に適用してはならぬはずの「現代かなづかい」を用ゐてそれを表記し、いたづらに國語を亂し毀《こぼ》つやうな結果を招いてをります。

なほ「つひえる（費）」といふ語がありますが、これは現代語とは言へますまい。ただ連用形が名詞化して「つひえ」となり、それだけが現代語として生きてゐる程度です。これも語尾が「え」ですからおぼえていただきたい。そのほかに少數の例外があります。左にそれを揭げておきます。

いえ（否）　さざえ（栄螺）　ぬえ（鵺）　ねえさん（姉）　ひえ（稗）
ふえ（笛）

「ふえ（笛）」は「吹き柄」あるいは「吹き枝」の約とありますが、「枝」はどうでせうか。「ひえ（稗）」は「日得」すなはち日ごとによく茂るものといふのは無理で、多分字音「ピエ」から來たものではないでせうか。「ねえさん（姉）」は「あねさん」の延音です。「いえ（否）」は「いや」の轉で、この「え」は「や行」の「え」です。

備考――要約すれば、いづれも「や行」に屬するものか、「柄」「枝」「得」などとの結合語か、さもなければ後世の延音のためか、いづれにせよ、「あ行」の「え」は語中語尾にないといふことになります。

これは日本語の特質について述べるときに言ふべきことでせうが、〔e〕音のみならず、〔a・i・u・e・o〕の「あ行」の音、文字が語中語尾に來るといふことは國語音韻の本質からありえないことなのです。第一項は〔wa〕音なので觸れられませんでしたが、語中語尾に「あ」が來るのは「かあさん（母）」「ばあさん（婆）」などの用法以外にはないのです。これは「かかさん」「ばばさん」の音便、もしくは延音であつて、そのほかには「まあ」とか「やあ」とか、それこそなまな延音だけです。音としては〔a〕音とは言へず、その上の音の長音符號として使はれてゐるにすぎません。

「お」は「はおり（羽織）」一語でした。「う」も獨立した助動詞の「う」をほかにすれば、すべて廣義の音便に類するものです。文語では「うう（植）」等三語がありますが、これは既に言つたやうに「わ行」の「う」です。次項の「い」も同樣です。「おいる（老）」「くいる（悔）」「むくいる（報）」の三語だけが語中に「い」が來ますが、これも「や行」の「い」と思はれます。他はすべて音便です。

五 〔i〕音の表記

本則――〔i〕音が語頭にある場合は主として「い」と書き、語中語尾にある場合は主として「ひ」と書く。

例外甲――特定の語に限り、語頭および語中語尾の〔i〕音に「ゐ」を用ゐることがある。

語頭の「ゐ」

ゐ（藺） ゐ（猪） ゐたけだか（居丈高） ゐど（井戸） ゐなか（田舎）
ゐもり（井守）
ゐばる（威張） ゐる（居）

語中語尾の「ゐ」

あぢさゐ（紫陽花） あゐ（藍） いちゐ（水松） かもゐ（鴨居） くらゐ（位） くれなゐ（紅） くわゐ（慈姑） しきゐ（敷居） しばゐ（芝居）
せゐ（所爲） つゐ（對） まどゐ（圓居） もとゐ（基）
ひきゐる（率） まゐる（參） もちゐる（用）

これも大したことはありません。「ゐたけだか（居丈高）」は本をただせば「ゐ（居）」に歸するし、「ゐど（井戸）」も「ゐ（井）」に、「ゐなか」も「たゐなか（田居中）」から出たものとすれば、やはり「ゐ（居）」に歸します。さうなると語頭の「ゐ」といふのは名詞では、「藺」「猪」「井」「居」の一音節語が主だといふことになる。

もつとも「居」は「ゐる」の連用形で、一音節語といふのは適當ではありません。動詞としてはその「ゐる（居）」と「ゐばる（威）」の二語ですが、後者は「いばる」でもいいでせう。宛字の「威」の、字音から「ゐ」を用ゐるやうになつたので、一說には「い（息）ばる」だと言ひます。「いぶき（息吹）」「いきほひ（息競）」などに照して、そのはうがもつともらしいやうに思はれます。

「くらゐ（位）」「しばゐ（芝居）」「まどゐ（圓居）」「もとゐ（基）」はすべて「ゐ」との結合語であることくらゐ知つておいたはうがいいでせう。「かもゐ（鴨居）」「しきゐ（敷居）」は「居」をあてますが、語源ははつきりしません。「せゐ（所爲）」「つゐ（對）」は漢字音から來たものですが、ここまで熟せば「ゐ」を用ゐたはうがいいと思ひます。

「あゐ（藍）」は「あを」の轉、同じ「わ行」だからです。「あぢさゐ（紫陽花）」は漢字のはうはもちろん漢語をそのままあてたものにすぎず、「あぢ」は群集の意、「さゐ」は「さあゐ」、その「さ」は「眞」の意、「まつさを（眞靑）」「みさを（操）」の「さ」

と同じです。また「くれなゐ」は呉の國の「あゐ」の意です。「いちゐ（水松・一位）」は第一位の木の意でその音から來たものですが、これも熟しきつた語と言へませう。「まゐる（參）」は「まゐ（參）いる（入）」の約ですが、この「まゐ」は接頭語のやうにいろいろな動詞につけて用ゐる語で、神、目上のところに出かける意味です。「ま（眼）ゐ（居）」から出たといふのは疑はしい。「ひきゐる（率）」「もちゐる（用）」はそれぞれ「引きてゐる」「持ちてゐる」ですが、この「ゐる」は「居」の意ではなく、「ひきゐる」の古い形のそれと同義の語で「率」をあてて をりました。「もちゐる（用）」は「もちひる」とも書かれ、歴史的かなづかひでも兩者併用されてをりましたが、前者のはうが正しいのです。ついでに「わ行」上一段活用の動詞は古語の「ゐる（率）」を除けば、「ゐる（居）」「ひきゐる（率）」「もちゐる（用）」の三語に限られます。

例外乙——特定の語に限り語中語尾の〔i〕音に「い」を用ゐることがある。

○おいる（老）　くいる（悔）　むくいる（報）

○おいて（於）　おほいに（大）　かい（櫂）　かいぞへ（介添）　かうがい（笄）　かいなで　かいまき（掻巻）　かいまみる（垣間）　さいなむ（叱責）　さいはい（采配）　さいはひ（幸）　ぜんまい（薇）　たいまつ（松明）　たわいない　つい　ついたち（一日）　ついたて（衝立）　ついで（序・次）　ついて（就）　ついばむ（啄）　ふいご（鞴）　やいば

（刃）
○あいにく（生憎）　かはいい
○いいえ　ぢいさん（爺）　にいさん（兄）　はい　ひいき（贔屓）　む
いか（六日）　あるいは（或）

最初の動詞三語は「や行」上一段活用をなすもので、それはこの三語しかなく、識別法は前項の「や行」下一段活用動詞「あまえる」以下と同様に文語終止形の語尾「ゆ」を確認することです。第二群の「い」はすべて「き」の音便形です。「き」になほしてみれば、その意味はたちまち諒解されませう。これらの語を用ゐる以上、本が「き」であることは當然知つておかねばならぬことであり、したがつて語中語尾にもかかはらず「い」と書くといふことは決してむづかしいことではありますまい。下の括弧内に記した宛字の漢字にまどはされずに考へてください。「かい」「がい」は「搔き」です。「つい」は「月」「突き」「次」「附」です。「つい……（する）」もやはり「突き」の音便で、今ではほとんど單獨の副詞のごとき感じを與へてをりますが、これは必ず他の動詞の頭につけて用ゐられるものであり、したがつて「突きとばす」などと同様の接頭語的用法とみなすはうが妥當と思はれます。ですから、そのあとに「に」といふ助詞がくるわけがなく、「遂に頂上をきはめた」のときは「つひに」であり、その「つひ」は名詞「終」であつて、「死」や「終焉」を意味する古語であります。

「まい」「たい」「ふい」「やい」はそれぞれ「巻き」「焚き」「吹き」「焼き」です。「たわいない」は語中の「わ」の項にもあげました。一說に「と(利)わき(分)なし」の轉とあります。

次に「さい」ですが、「さいなむ(叱責)」は「さきなむ」すなはち「せきいなむ(迫否む)」の轉ではないかと言はれますが、どうも信じられません。「さいはひ(幸)」は「さち(幸)」の古い形「さき」から出た動詞「さきはふ」の連用形です。「さいはい(采配)」は「さいはらひ」から出たもので、「さいはらひ」は「さきはらふ(裂拂ふ)の連用形です。「さきはらふ」とはかや(萱)を裂いてはらひぐし(祓串)として淨め祓ふことです。その音便形「さいはらひ」は今日關西では「はたき」をさします。「さいはい」がそこから出たとすれば、「さいはひ」と語尾を「ひ」にすべきですが、「采配」の漢字を宛てたため「い」となつたのでせう。

第三群の「い」は「や行」の「や」「ゆ」が訛つたものです。「あいにく」は「あやにく」の訛りで、したがつて「あひにく」は間違ひです。「かはいい」は「かはゆい」の訛りです。第四群はすべて延音です。「ひいき(贔屓)」は「ひき(引)」が延びたものです。〔e〕音の項の「ねえさん」や〔u〕音の項の「とうさん」に類するものです。最後の「あるいは」の「い」も延音かと思はれますが、實はさうではなく、この「い」は極く古く名詞のあとにつけて、それが主語たることを示したもので、「萬葉集」などにそれが殘つてをります。しかし、少し時代が下ると、「竹取物語」などでも既に「あるひは」と誤り用ゐられてをります。

備考――「はいる（這入）」「はらいせ（腹癒）」「ひいでる（秀）」等は結合語です。「はいる」は「はひいる」で「はひる」とも書きます。私など昔から「はいる」と習ひおぼえてゐますが、「はひる」のはうが正しいでせう。「はらいせ」は讀んで字のごとく腹を癒《いや》すことです。「ひいでる」は「ほ（穗）いでる」の轉です。その他「ばいた（賣太）」「ないし（乃至）」などは漢字音です。

なほ「おいしい」といふ語がありますが、これは「えし」「よし」と同義の「いし」に接頭辭「お」がついたものですから、やはり結合語です。「いし」は今日でも「いしくも」などといふ言葉がわづかに命脈を保つてをります。

次に、その「おいしい」の語尾の「い」ですが、これは口語形容詞の語尾です。すべて形容詞の語尾では「早い（「く」活用）」「苦しい（「しく」活用）」等などの場合にも〔i〕音はつねに「い」と書きます。それとともにおぼえておかねばならぬことは動詞連用形の音便です。「書きて」「仰ぎて」などの「き」「ぎ」が〔i〕音となります。少し溯れば、いや、今日でも關西では「指して」「渡して」等の「し」が〔i〕音になりますが、標準語の表記では「き」「ぎ」の音便としての「い」しか認められてをりません。

ついでに「ください」「ございます」も「り」の音便です。「くださりませ」が「くださいませ」になり、それから「ませ」が省かれて「ください」になつたのでせう。しかし動詞連用形の音便はほとんどすべて「き」「ぎ」の轉じたものと思つていいのです。なほ「ございます」の「い」を「ゐ」と書くのは間違ひです。「御座居ます」などと無意味な宛字をしたための誤用です。音便ではありませんが、同様の間違ひに「ゐらつしやる」があります。これは「入らせられる」ですから「いらつしやる」と「い」を書きます。おそらく「お丈夫でいらつしやる」などの場合、狀態の「居る」と勘ちがひしやすいのでせう。

六 〔ʒi〕音の表記

「ぢ」を用ゐる語

あぢ（味）　あぢ（鯵）　あぢけ（き）ない　あぢさゐ　いくぢない　いぢける　いぢらしい　いぢめる　いぢる　うぢ（氏）　おぢる（怖）　けかうぢ（麹）　かぢ（舵）　かぢ（梶）　かぢ（鍛冶）　くぢら（鯨）　けぢめ（別）　こぢる　しめぢ（茸）　すぢ（筋）　ぢか（直）　ぢく（軸）　とぢぢ（爺）　ぢみ（地味）　ぢみち（地道）　……ぢや　どぢよう　とぢる（閉）　とぢる（綴）　なめくぢ　なんぢ（汝）　ねぢる（捻）　はぢる（恥）　ひぢ（肘）　ふぢ（藤）　もぢる（捩）　もみじ（紅葉）　やそぢ（八十歳）　やぢうま　よぢる（攀）　わらぢ（草鞋）　をぢ（叔父）

備考――右以外は「じ」と心得てまづ大丈夫です。×印の語は「じ」と併用されてゐるものです。
なほ「はなぢ（鼻血）」「ろぢ（露地）」「しんぢゆう（心中）」など合成語なることが明らかな場合は省いておきました。表中「……ぢや」といふのは、「それぢや行くよ」の「……ぢや」で「……では」の訛りです。

七 〔zu〕音の表記

「づ」を用ゐる語

あづける（預） あづき（小豆） あづさ（梓） あづま（東） いかづち（雷） いたづら（戯） いづみ（泉） いづも（出雲） いづれ（何） いなづま（稲妻） うづ（渦） うづく（疼） うづくまる うづめる（埋） うづら（鶉） うはづる おとづれる おのづから かかづらふ かけづる かたづ（固唾） かづける かはづ（蛙） きづく（築） きづま（氣褄） くづ（屑） くづれる（崩） けづる（削） さづける（授） さへづる（囀） しづか（靜） たづき（方便） たづさはる なづむ（澁滞） なづな（薺） なまづ（鯰） はづれる（外） はづかしい まづ（先）

まづい（拙）　まづしい　みづ（水）　みづから　めづらしい　もづく（水雲）　ゆづる（讓）　よろづ（萬）　わづか（僅）　わづらふ（病）

備考——これらの「づ」を含む語は語源の明らかなものや二語連合の場合が多く、それが解ると一層おぼえいいのですが、煩はしいから止めます。また「いきづく」「うなづく」「たづな」の合成語はあまりに語の識別が明らかなので省きました。それから「つづみ」「つづれ」等の同音連呼の場合、およびそれに類する「づつ」「つくづく」などの場合も省きました。「ぢ」の項においても同様です。右以外は「ず」と心得ておいてください。

八　〔ʒi〕〔zu〕音の表記の補遺

一　動詞のうちで、「甘んじる」「疎んじる」「重んじる」「輕んじる」「先んじる」「空んじる」等は文語で〔「く」活用形容詞語尾「く」＋「さ行」變格活用動詞「す」〕あるいは〔名詞＋「に」＋「さ行」變格活用動詞「す」〕が撥音便を生じて「……んず」となつたものです。これが口語で「甘んずる」「先んずる」となり、同時に上一段活用をもなし、「甘んじる」「先んじる」となります。ですから、當然「ざ行」であつて「じ」を書かねばなりません。もちろん漢語一語から來た本來の「さ行」變格活用動詞においても同様です。「感ず」「禁ず」「信ず」等で、口語では「感ずる」「禁ずる」「信ずる」の「さ行」變格活用と「感じる」「禁じる」「信じる」の上一段活用との二様の語法が生じました。これらもやはり「ざ行」に活用する語ですから「じ」と書かねばなりません。

右のごとき漢語からきた、あるいはそれに倣つた「さ行」變格活用動詞ではなく、正眞正銘の和語で「ざ行」に活用する動詞は「まず（混）」「はず（彈）」の二語しかありません。「まず」は口語になると他動詞では「まぜる」となり、自動詞では「まじる」となります。「はず」の口語は自動詞で「はぜる」となり、他動詞では「はじく」であります。それぞれ「ぢ」でなく「じ」でなければならぬことは、自他動詞を比較してみれば明らかでせう。

一方「怖ぢる」「閉ぢる」「恥ぢる」等は文語でそれぞれ「怖づ」「閉づ」「恥づ」と「だ行」に上二段活用をする動詞です。もつとも「じ」「ぢ」と「ず」「づ」が同音になつてしまつた今日では「怖じる」「怖ず」「閉じる」「閉ず」「恥じる」「恥ず」と書けば「ざ行」活用として一貫しさうですが、同じ「だ行」に下二段活用をする「出づ」「奏づ」「撫づ」「愛づ」となると、口語では「出る」「奏でる」「撫でる」「愛でる」となり、「だ行」の「で」が出てきますから、甚だまづい。その差をいいかげんにしておくと、「撫でる」が「撫ぜる」になつたり、「現代かなづかい」のやうに「めずらしい」と書いて「愛でる」との聯關を失つてしまつたりするのです。要するに口語の動詞で〔ʒi〕音を含むものは四段活用の「はじく」と上一段活用の「まじる」および「甘んじる」等の撥音便のついたもの、「禁じる」等の音便ではないが漢語から來た、したがつて字音に〔n〕を含む上一段活用動詞だけが「ざ行」の「じる」で、あとは「だ行」の「ぢる」とおぼえておいてください。

二　次に擬聲語、およびそれに近いものを思ひつくままに擧げておきます。

「じ」――じくじく・じつと・じとじと・じめじめ・じやじやうま・じりじり・じろじろ・じわじわ・たじたじ・まじまじ

「ぢ」――げぢげぢ・もぢもぢ

「ず」――ずいと・ずかずか・ずしずし・ずしんと・ずたずた・ずつと・ずばずば・ずぶずぶ・ずぼら・ずらりと・ずるずる・ずんぐり・ずんずん

「づ」――ぐづぐづ・づうづうしい・づ（ぶとい）・づきづき・づぶ（の素人）

「じ」「ず」の部の×印は「ぢ」「づ」を用ゐることもあり、擬聲語の性質から言つて、どちらが正しいとも斷じかねます。語源の不明のもの、他の語との聯關なきものは「じ」「ず」にしたはうがいいかと思はれます。

三　そのほか助動詞の「じ」「まじ」「ず」があります。これらは文語ですが、「負けじ魂」「すまじきものは宮仕へ」「やらずの雨」のやうに今日でもしばしば使はれます。これらは「じ」「ず」であることは言ふまでもありません。

要約

最後に、全體を整理してみようと思ひます。例外として掲げた語が大體三百三十前後になりますが、そのうちやや機械的暗記法を必要とするのは、「を」「ゑ」「ゐ」三文字を含む百語くらゐ、および「ぢ」「づ」二文字の九十語くらゐといふことになりませうか。それも一つ一つ暗記しなければならぬといふわけのものではなく、たとへ語源を知らなくとも、いはば芋蔓《いもづる》式聯想作用によつて自然におぼえられる語が多いのです。

また、本來語中語尾に現れるはずのない、「あ行」文字を語中語尾に用ゐる語、すなはち「い」音便の三十四語、「う」音便の四十三語、それに「や行」「わ行」に活用する動詞三十語あまり、計約百語においては、いづれも合理的で、語法と語源とを知つてさへゐれば、あるいはそれについて考へ類推する基礎訓練さへ出來てゐれば、別に大した苦勞もなく習得しうるものばかりであります。語中語尾に「わ」文字を用ゐる十七語についても同様です。

もし義務教育九年間を費して、この程度のことが教へこめぬとすれば、それは國語教師の失格と日本の國語教育の缺陷とを物語るだけのことと知るべきであつて、なにも歴史的かなづかひや國語そのものに罪を著せるにはおよびますまい。事實、國語問題の根本は國語教育にあるのです。人とはその一番大事なことを見のがしてをります。過去何十年、いいかげんな國語教育をやつておきながら、それをそのまま現狀肯定して、その皺よせをことごとく國語問題の領域に持ちこんでゐるのです。一體、これは何を意味するのか。いいかげんな教育に甘んじ、むしろその安易な狀態を溫存するために國字國語を簡便化しようといふのか、それともその反對に國字國語の簡便化を促進するために、いいかげんな教育をいいかげんなままにとどめておかうといふのか、その邊は甚だ微妙な問題でありますが、それはいづれ最後の章で國語問題の背景をなす革新派の文化感覺や精神構造を論じるさいに、改めて問題にしてみたいと思つてをります。

實際、日本の國語教育は成つてをりません。といふより、それは國語教育などと稱しうるものではありません。明治以來、さう稱しうる時期は一度もなかつたのです。それは時勢に應じ、あるときは人格主義教育の、あるときは國家主義教育の、そして戰後の今日は民主主義教育の、單なる方便に過ぎなかつたのです。それは廣い意味での人間教育をほどこすための素材でしかなかつた。しかも始末の惡いことに、それを經《たていと》として文學教育といふ粗末な緯《よこいと》がいつも交ぜ織りされてゐたのです。元來、人格主義とか國家主義とか民主主義とかいふものは、それ自體では國語教育となんの關係も有しないものなのですが、文學教育といふ媒體と結びつくことによつて、どうやら國語教育の體裁を整へ、その枠内に取入れられるに至つたのであります。

しかし、文學教育は國語教育ではありません。小學生や中學生に芭蕉や芥川龍之介の文學的價値とか作意を論じさせるなどといふことは、無能怠惰な教師の自慰にこそなれ、そんなことで國語教育が果されると考へるのはとんでもない間違ひです。數年前に「日本語を愛する人に」（昭和三十一年三光社刊）を上梓《じやうし》して好評だつた太田行藏氏は有能老練な國語教師でありますが、その戰爭中の著書に「國語教育の現狀」（昭和十七年白水社刊）といふのがあつて、そのなかで氏は最も望ましい國語教育の在り方といふものを具體的に示唆してをります。現在の國語教育に疑ひをいだくまじめな國語教師にとつて必讀の書でありますが、氏の主張を一言にして盡せば、國語教育は專ら語義と語法の教育にとどまるべきだといふことです。しかもその限界にとどまつてこそ、國語教育はいかに豐かで柔軟な力を發揮しうるかといふことを、氏は具體的に示唆してゐるのです。それによつて私たちは、從來とかく無味乾燥で機械的なものとして卻けられてきた語義や語法の教育が、小さな子供たちにいかに喜ばれるか、そして彼等の言葉にたいする關心や語意識をいかに深めるかといふことを如實に知ることが出來ます。

私たちはさういふ眞の意味の國語教育を授けられてこなかつた。文學教育の交織でごまかされてきたのです。實はそのことが一部の表音主義者による「現代かなづかい」强制を成功させたのだと申せませう。私たち文筆家の大部分は歴史的かなづかひを教へられてきたとはいへ、その理法にも實際にも充分に通じてゐなかつたため、またそれが甚だ合理的なものであるといふ知識も、それが正しく書けるといふ自信もなかつたため、そのひけめのゆゑに抗議しかねてゐる隙に乘じられたのです。

ひけめと言へば、私も同樣です。私も今まで無智のため數〻の間違ひを犯してきました。だが、居なほるやうですが、それを恥ぢる必要はないと思つてをります。いや、恥づべきことかもしれませんが、氣がついたら徐々に改めてゆけばいいと思つてをります。現在の自分がうまく使ひこなせないからといつて、その非をただちに對象に歸してしまつたり、ひけめがあるから默つて引きこんでゐるといふのは、この場合、結果的には卑《ひ》怯《けふ》といふことになりはしないでせうか。ことに、私たちの國語教育そのものに缺陷があつたとなれば、なほさらのことでせう。

私たちが歴史的かなづかひに習熟しえなかつた理由として、いいかげんな國語教育のほかにもう一つ考へなければならぬことがあります。それは歴史的かなづかひが難しかつたからではなく、むしろ易しかつたからではないでせうか。私は逆説を弄《ろう》してゐるのではありません。そこには論者がとかく見落しがちな重大な問題があるのです。すなはち、過去の國語教育における漢字の偏重といふことがそれです。すなはち、不必要に漢字を使用することによつて、私たちはかなづかひ習得の義務と努力とを回避しうるといふこと、また事實さうしてきたといふこと、のみならず、さうすることをまた國語教育が奬勵し、かつ强要してきたといふことであります。さういへば、問題はふたたび國語教育がいいかげんなものだつたといふことに歸しませう。

試みに私が列擧した三百數十語のうち、普通漢字を使用する語を片端から消して行つてごらんなさい。大體勘定してみたところ、「を」「ゑ」「ゐ」を含む百語、「ぢ」「づ」を含む九十語といふのはそれぞれ二十語づつくらゐに減つてしまふでせう。また「い」

音便の三十四語、「う」音便の四十三語もやはりそれぞれ十語未満に減じ、語中語尾に「わ」を用ゐる十七語に至つては、ほとんどすべて漢字の陰にかくれて消滅してしまひます。漢字を用ゐても變らないのは「や行」の「え」を含む二十六語くらゐです。しかしこれで、三百數十語の例外が百語に滿たぬものになつてしまふのです。

その結果、私たちが專ら注意を集中したのは語中語尾の「は行」すなはち「現代かなづかい」で「わ・い・う・え・お」と書くところを「は・ひ・ふ・へ・ほ」と書くこと、「さうして」「……のやう」「書かう」「（書く）でせう」などの「お列」長音を○印のやうに書くこと、それに「や行」「わ行」に活用する動詞において「い」と「ゐ」、「え」と「ゑ」を區別し、それらが語中語尾にもかかはらず「ひ」「へ」と書かぬこと、その程度で、あとは全く微ゝたるものに過ぎませんでした。

大部分は「現代かなづかい」とさう違ひはしません。要するに、出來るだけ漢字を習得し、その廂の下に逃避するやうに心がければ、まづは無難といふわけです。歴史的かなづかひが易しかつたといふのはその意味です。しかも問題は、それが實際に易しかつたといふことにだけではなく、かな文字は易しかるべきものといふ觀念に私たちが支配されてゐたことのうちにあります。易しかるべきものに時間や勞力をかけるはずがありません。私たちの子供の頃は漢字が「本字」あるいは「眞名」であつて、かなは「假名」に過ぎぬものだつたのです。試驗に漢字の書取は出ましたが、かなづかひの能力は試みられたためしがなかつた。かな文字使用はそれに該當する「本字」を習得するまでの過渡的便法でしかなく、少〻間違つたところで大して意に介しなかつたのです。少くとも私たちは漢字が書けぬことや間違つた漢字を使用することを、誤つたかなづかひをするよりは遙かに恥としたものです。

さらに問題なのは、さういふ心理は今日もなほ改つてゐないどころか、皮肉に言へば、「現代かなづかい」が不當に支持され、ぼろを出さずにすませてゐられるのも、實は同じ心理に頼つてゐるからだといふことです。これはある校正者の話ですが、歴史的かなづかひでなければいけないといふ「先生方」よりも「現代かなづかい」を積極的に主張する「先生方」のはうが、とかくかなづかひの間違ひが多いといふことです。これはやはり、かなづかひは易しかるべきものといふ觀念だけ先行するからで、「現代かなづかい」となれば、この傾向はますますひどくなり、一方、當人は實際にはかなづかひなど一向心にかけてゐないからにほかなりません。ですから、もしその人たちから漢字の隱れ蓑を取上げてしまへば、「現代かなづかい」すら使ひこなせぬその實體は一層あらはになることでせう。つまり、漢字のおかげで「現代かなづかい」は今日まで生きのびてこられたといふことになります。

それだけではありますまい。彼等が隱れ蓑に用ゐてゐる漢字のうちには「当用漢字表」以外のもの、あるいはその「音訓表」以外のものがたくさんあります。これはどう考へても矛盾です。よく引かれる例ですが、「生」といふ文字は「音訓表」だけに限つても、「セイ」「ショウ」の二つの音と「いきる」「うむ」「き」「なま」の訓があります。

これは「は行」文字に唯二つの讀み書きを要求するのとどちらが難しいか。答へるまでもありますまい。しかし「は行」文字を二樣に讀むことを讀者に要求するのは無理であり不合理だと主張する人が、さういふ漢字の「わがまま」には甚だ寛容であるのが常です。それどころか「音訓表」以外の讀みを平氣で讀者に要求してをります。彼等は「生える」「生ひたち」「芝生」と書かないでせうか。また「宛名」「赴く」「溺れる」「亭主」「溜飲」「蝶つがひ」「耽る」「姦通」「書棚」「植木鉢」「雀」「硯」「塚」等の「当用漢字表」にない漢字を、あるいは「際だつ」「弟子」「取極め」「掃除」「手水鉢」「嫁ぐ」「善し惡し」「濱邊」「後始末」「溫い」「遲い」「怖れ」「面あて」「乳房」等の「音訓表」にない漢字を用ゐないでせうか。

「思へば」の「へ」を「東京へ」の「へ」と同音に讀ませることを強ひまいとまで神經を使つてゐる人が、同じく義務教育では教へられなかつたこれらの漢字の讀みを強ひてゐるのは、私など常識人には全く奇怪な現象としか思はれません。世間には私の國字改革にたいする抵抗を單なる片意地と見なしてゐる人もゐるやうですが、しかし、實際にはさほど難しくない歴史的かなづかひを目の敵にして、それより難しい漢字には寛大であるといふのこそ、いちわうは讀める讀めないの現實論をたてまへにしながら、むしろ超現實的な片意地に墮してゐるといふべきではないでせうか。國語國字がさういふ片意地に左右されてゐる現狀を默つて見送つてはをられますまい。

第四章　國語音韻の變化

分類の方法

本章および次章においては専ら音韻論の立場から日本語の特質を考へてみようと思ひます。前章では主として語義や語法の面から歴史的かなづかひの正統性、合理性を示したわけですが、それは同時に音韻論からもなしうることであつて、「現代かなづかい」を主張する人たちが口を開けば音韻がどうの現代語音がどうのと言ひ、歴史的かなづかひが音韻論的に不合理不自然であることを攻撃しますけれども、實際は決してそんなことはなく、歴史的かなづかひのはうが「現代かなづかい」よりも國語音韻の特質に適《かな》つてゐることを明らかにしたいのです。

もつとも、そのことは前章までの論述において既に觸れられてをり、ある程度果されてゐることかもしれませんが、本章および次章では、専ら音韻の問題に焦點を絞つて、そのことをもう一度考へなほしてみようといふわけです。その場合、音韻といふものをどう考へるかといふ問題が起つてまゐります。第一に、私たちは音韻を語義や語法から切離して、純粋に音韻だけを把握し取上げることが出來るかどうかといふこと、第二に、現代の音韻、すなはち「現代語音」といふとき、それを全く過去から切斷して、純粹に現代のそれとしてのみ把握し取上げることが出來るかどうかといふこと、その二つの問題について考へてみなければなりません。

結論を先に申しますと、もしそれが可能であるなら、「現代かなづかい」の成立が可能であり、そのはうが正しいといふことになり、もしその二つの前提が誤りであるなら、「歴史的かなづかひ」のはうが正しいといふことになるのです。もちろん、私は後者のやうに考へ、それを明らかにするのが私の目的であります。つまり、音韻を論じる場合、純粹に音韻だけから論じないはうがいいし、また現代の音韻を考へる場合、純粹に現代のそれだけを考へないはうがいい、のみならず、さうしないはうがかへつて音韻的に正しいことを證明したいのです。一見、それは逆說のやうではありますが、他の多くの場合と同樣、この場合にも、學問の現實遊離にたいして常識は逆說的役割を强ひられるのではありますまいか。

率直に言つて、國語音韻變化の歴史的事實として現在の國語學がおほむね認めてゐることのうちに、私にはとても信じられないこと、少くともやや疑はしいと思はれることがたくさんあるのです。一つには私が素人であるがゆゑの研究不足のせゐといふこともありませうが、同時に、素人であるがゆゑに學問上の既成概念に捉はれてゐないからではないか、さういふ自惚《うぬぼれ》もないではありません。私の疑問といふのはかうです。日本語の音韻は、初めて文字が使用されはじめた時代から今日に至るまでの約千三百年間に、ほとんど變化しなかつたのではないか、いや、本質的には全く變化してゐないと言へるのではないかといふことであります。なるほど國語學においても、その事實が認められてゐないわけではなく、橋本博士も『國語音韻の研究』のなかの「國語音韻の變遷」において、その結論の第一項目として次のやうに述べてをります。

奈良朝の音韻を今日のと比較して見るに、變化した所も相當に多いが、しかし今日まで大體變化しないと見られる音もかなり多いのであつて、概していへば、その間の變化はさほど甚しくはない。

なほ同書の「國語の音節構造と母音の特性」の末尾にも次のやうに述べてあります。

なほその根本たる國語母音の特性は全く失はれる事なく、各時代の音變化の上に種々の姿であらはれてゐるのであつて、かなり根強いものがあるといふべきである。

右の引用の初めのはうは單に變化した音韻の數と程度について述べ、それが一見さう思はれるほどではないと控へめに言つてゐるだけですが、後の引用では、「母音の特性」が不變であることを言ひ、それも母音こそ國語音韻の「根本」であるといふ前提に立つての主張ですから、單に數や程度を越えて本質的に國語音韻不變化を暗示したものであります。もちろん、それでもまだ私には不滿でありますが、それはとにかくとして、右の橋本博士の線までは、大抵の國語學者の間にもまづ異論は出ないものと言つていいでせう。たとへば、音韻變化を論據として「現代かなづかい」を主張する金田一博士さへ、戰前の稿である「国語の特質」では、國語の音節數がわづかに九十に過ぎぬことに注意を促し、次のやうに語つてをります。

これをシナ語や英語などの数百千種にも上るものと比較したら少いものであるのみならず、はっきりした構造で、すぐに計算し得るほどその形式が簡単なのである。もちろん、音韻組織の異る漢語輸入時代には、向うの発音を口移しにして、クェ・グェ・クヰ・グヰなどという色々な形で取り込んだのであるが、本来こういう単純な音節しかもたなかつた国民が、だんだんと単純化して、これほどの数に、永年かかって整理して来たものに他ならない。

もちろん、ここには音韻がほとんど變らなかつたとは書いてありません。しかし、その數の極めて「少い」こと、その構造の「はつきり」してゐること、その形式の「簡單」なことを指摘してをります。それらの特徴はとりもなほさず國語音韻が本質的に固定してゐることを意味するものでありませう。博士が右に音節と言つてゐるのは、この場合は音韻を表す音節の意に解していいと思ふのですが、その總數九十といふのが、私にはどうしても解りません。私の勘定では百二、一歩ゆづつて博士の音韻觀念に妥協しても、いや、妥協すれば、かへつて増加し百十二になります。しかし、當面の問題からは、それはどちらでもいいといふことにしませう。たとへ百十二にしても「數百千種」に較べれば問題にならない少數ですし、構造が「はつきり」してをり、形式が「簡單」な點では全く同樣だからであります。

だが、餘談ではありますが、事のついでに讀者の注意を促しておきたいことが一つあります。それは博士が「現代語音」を表す九十音節の內譯として、直音の淸音に四十七の音節を認めてゐるばかりか、なほ「クヮ」「グヮ」の音節をも認めてゐることです。これは博士が「現代かなづかい」の最も積極的な主張者であるだけに、見のがしえぬ重要な事實でありませう。なぜなら、直音の淸音とは濁音や半濁音を除いて五十音圖中のかな文字一字で表せる音韻を意味しますが、その數が四十七あると認めることは、「あ行」「や行」に二度出てくる「い」「え」の重り以外のすべてを認めるといふこと、すなはち「わ行」の「ゐ」「ゑ」「を」を認め、それが「あ行」の「い」「え」「お」と異る音韻を有するものと認めるといふことを意味します。また「クヮ」「グヮ」の音節を認めることは、私たちが「火事」と「舵《かぢ》」とを發音し分け、その第一音節を前者では「クヮ」、後者では「カ」と發音してゐるといふことを、あるいはさう努めねばならぬといふことを意味します。

このやうに博士は戰前は「現代語音」として、「イ・エ・オ」のほかに「ヰ・ヱ・ヲ」

の音があることを、「カ」のほかに「クヮ」の音があることを認めてゐたのであり、それが戰後になると「ゐなか（田舍）」「うゑき（植木）」「をとこ（男）」などの「ゐ」「ゑ」「を」が「現代語音」では「い」「え」「お」と同一音であるのは明白な事實であるとなし、それを無視して古いかなづかひを守らうとする者を馬鹿呼ばはりしてゐるのです。博士が日和見主義者なのか、それとも戰爭を境として「現代語音」が變つてしまつたのか。もし前者なら、博士が今日いつてゐることも信用できません。後者なら、そんなに簡單に變つてしまふ「現代語音」を基準にするといふ「現代かなづかい」そのものが信用できません。

それはさておき、要するに國語音韻もしくはその音節構造が極めて單純で、本質的には不變化であること、その特質のゆゑに歴史的かなづかひのはうが遙かに合理的であること、それを明らかにするのが私の目的であります。そこに最後の目的があるのですが、それは次章に讓つて、そのまへにまづ現在の國語學で定說とされてゐる國語音韻變化の歴史的過程を概觀しておく必要がありますので、本章では以下、主として橋本博士の『國語音韻の硏究』に則し、音韻變化の歴史を三つの時期に分けて各期ごとに紹介して行かうと思ひます。

その三つの時期とは次のとほりになります。

第一期　奈良朝まで

第二期　平安期から室町時代までの約八百年間

第三期　江戸時代から現代までの約三百五十年間

つまり第一の變化は奈良朝末期から平安朝初期にかけて起りはじめ、その大部分は平安朝中期を過ぎた頃から一般化し顯著になつたのですが、なかには多少ずれて鎌倉時代から室町時代にかけて變化を遂げたものもあります。それに比べれば江戸時代以後における第二の變化は大したものではなく、第一の變化が增加と複雜化とに向つたのに反して、第二の變化は減少と單純化とに向つたと言へませう。第一期の音韻は八十八、それが第二期には百三十五に增加し、第三期においてふたたび百二に減少してをります。しかし、この增加と減少との現象的には相反する二つの傾向が、本質的には國語音韻の同じ特質から生じたものであるといふこと、それが言ひたいわけであります。

なほ、なぜ三時期に分けるのかと申しますと、それはたまたまそれぞれの時期の下限をなす奈良時代、室町時代、現代の三つの時代が、その單なる文字づかひではなく、實際に人の口にのつた發音を推測しうる手がかりをもつてゐるからであります。

まづ第一に、奈良朝を含めてそれまでの音韻の在り方は、當時用ゐられた萬葉假名といふものによつて解ります。それまでの日本には文字がなく、漢字の一つ一つをほとんどその意味と關係なしに音だけを借りながら初めて表記してゆくとなれば、當然自分の發音に注意ぶかくなるでせうから、そこには音聲と文字とのずれは大してなかつたものと考へてよく、そのことは記紀萬葉に用ゐられた數萬の漢字を檢討しても推測しうるのであります。

第二に、室町時代の音韻については、支那人が漢字によつて、あるいは西洋人がローマ字によつて日本語を寫したものがあり、ことに後者は當時の發音の實情を示してゐると考へられます。

第三に、現代ですが、これについては言ふまでもありますまい。

第一期の音韻

一　「は行」音

次は五十音圖に卽して作つた音節表です。もちろん當時はまだかな文字がなく、漢字、卽ち萬葉假名を用ゐてゐたのですが、ここでは歴史的かなづかひとの對比上かな文字をもつて表しておきます。まづ、この表に見られる發音を現代のそれに相當するかな文字の發音と較べて、その異同を檢討してみませう。上段の五十音圖で一番問題になるのは「は行」の音價であります。といふのは、當時の「は行」子音は現代のごとく〔h〕ではなく〔f〕だつたと言はれてゐるからです。現代でも〔f〕に發音する方言があり、所によつては〔p〕に發音するところもあるさうですが、それはむしろ古い形が殘つてゐるものと考へられてをります。「は行」の萬葉假名として用ゐられた漢字の當時の音を調べてみると、〔p〕・〔f〕で始る音ばかりで〔h〕に始る音はなく、したがつて當

わ	ら	や	ま	は	な	た	さ	か	あ
ゐ	り	○	み	ひ	に	ち	し	き	い
○	る	ゆ	む	ふ	ぬ	つ	す	く	う
ゑ	れ	え	め	へ	ね	て	せ	け	え
を	ろ	よ	も	ほ	の	と	そ	こ	お

				ば		だ	ざ	が	
				び		ぢ	じ	ぎ	
				ぶ		づ	ず	ぐ	
				べ		で	ぜ	げ	
				ぼ		ど	ぞ	ご	

			み	ひ				き	
			め	へ				け	
	ろ	よ	（も）		の	と	そ	こ	

				び				ぎ	
				べ				げ	
						ど	ぞ	ご	

*（も）は「古事記」のみ

時の「は行」の國語音韻は〔pa・pi・pu・pe・po〕ないしは〔fa・fi・fu・fe・fo〕であつたと推測しえます。さらに次の第二期に入ると、すべて〔f〕になつてをりますから、最も古くは〔p〕で、それが次第に〔f〕に轉化して行つたと考へられ、この第一期奈良朝では大體〔f〕だつたと推定するわけです。現代では「ふ」の子音に幾分〔f〕が殘つてゐるだけで、他は〔h〕に變つてしまひました。

なほ、現代では語中語尾の「は行」は「わ・い・う・え・お」と同様に發音してをりますが、當時は語中語尾にあつても語頭と同樣に〔fa・fi・fu・fe・fo〕だつたと考へられてをります。

二　「や行」「わ行」音

次に、「ま行」と「ら行」とは問題なしですが、「や行」と「わ行」には大いに問題があります。「現代かなづかい」は論外ですが、歴史的かなづかひの五十音圖とこれとを較べてみませう。この表では「い」と「う」のところが○印空欄になつてをりますが、そこに「い」「う」を埋めれば、兩者は全く同一になります。しかし、それはあくまで文字に關する限りであつて、實際の音韻には相違があります。現代では「や行」は〔ja・i・ju・e・jo〕で、「わ行」は〔wa・i・u・e・o〕です。つまり、「や行」では「や・ゆ・よ」以外、「わ行」では「わ」以外、すべて「や行」「わ行」の面目を失つて「あ行」に同化せられてしまつたのです。

しかし、第一期においては○印空欄以外はみな「や行」「わ行」の面目を保つてをりました。ただそのうち「わ行」の「ゐ」「ゑ」「を」が「い」「え」「お」と異つた文字である以上、音韻も異つてゐたであらうこと、および「や行」の「い」と「わ行」の「う」が「あ行」の「い」「う」と文字が同じである以上、音韻も同じであつたらうこと、この二つは誰にも想像がつくでせうが、「や行」の「え」が「あ行」の「え」と文字を同じくしながら異る音韻を有してゐたことについては意外に思ふ人も少くないでせう。しかし、それは今様のかな文字で書くから同一文字「え」になるので、萬葉假名では異つた漢字を當ててゐたのです。それについては後で述べます。今はただ〔e〕のほかに〔je〕が、〔i・e・o〕のほかに〔wi・we・wo〕が當時はあつたといふことを記すだけにとどめます。

三 「さ行」「た行」音

これは大した違ひではないので音韻論的には當時のそれも現代のそれもひとしく〔sa・si・su・se・so〕、〔ta・ti・tu・te・to〕と表記してよろしいのですが、音聲學的には子音の音價に多少の違ひがあつたらしい。現代の標準語音では「し」と「ち・つ」が同行の他の子音〔s〕〔t〕と異り、「し」は〔ʃi〕で、「ち・つ」は〔tʃi・tsu〕になつてをります。ところが、問題の第一期においては、「た行」の子音はすべて〔t〕だつた。單に音韻論的にさうであつたばかりでなく、音聲記號としても〔t〕を用ゐて然るべき音で、「ち・つ」も〔ti・tu〕だつたのです。片かなで書けば、ティ・トゥに近い音と考へられます。一方「さ行」ははつきりしたことは解らないのですが、現代の「し」の子音が全行に現れてゐたらしく、〔ʃɑ・ʃi・ʃu・ʃe・ʃo〕すなはちシャ・シ・シュ・シェ・ショで、今日の拗音に近いものだつたらしい。今でも地方によつては「せ」に〔ʃe〕が殘つてゐて、「先生」をシェンシェイといふところがあります。

四　濁音

次に中段に行きます。現代の音韻と全く同樣と考へられるのは「ば行」だけです。「が行」も同樣と言つていいが、ただ現代では語中語尾の「が行」が鼻音ng、すなはち音聲記號の〔ŋ〕に當る發音になり、したがつて「が行」は〔gɑ・gi・gu・ge・go〕と〔ŋa・ŋi・ŋu・ŋe・ŋo〕と二樣に發音されてをりますが、第一期ではさういふことはなく、前者だけだつたと考へられてをります。語中語尾においてもさうでした。といふより、當時は「が行」に限らず、濁音はつねに語中語尾の連濁のときに現れるだけで、助詞や助動詞を除いては語頭はかならず清音だつたといふことになつてをります。

問題は「ざ行」と「だ行」にあります。それは前項「し」「ち」「つ」について述べたことと關聯のあることです。「だ行」の子音はすべて〔d〕だつたと認められてをります。それほど確實にではありませんが、「ざ行」のはうは全部〔ʒ〕だつたと考へられます。そこまではつきり言へぬまでも、現代のやうに「じ」と「ぢ」および「ず」と

「づ」が同じではなかつたことだけは確かなやうです。

五　上代特殊假名遣

次に第二項で保留にした「や行」の「え」の音韻、および表の下段に竝んでゐる清音十二、濁音七の音韻について述べます。上段「や行」の「え」が「あ行」の「え」と文字は同じでありながら異つた音韻を有してゐるやうに、下段の、かりに同じかな文字で表記しておいた十九音も、やはり上中段のそれぞれの對應音と異つた音韻を有してゐたのです。ただ、それを表記するかな文字がないのです。なぜなら、平安期に入つて片かな平がなが造りだされたころには、この發音上の區別が失はれてゐたので、それをかな文字で表記し分けることが出來なかつたからです。しかし、第一期の萬葉假名はそれをはつきり書きわけてをりました。既に申しましたやうに、萬葉假名といふのは漢字の意味を無視してその音だけを借りてきて和語の一音一音を寫したものですから、「あさ（朝）」「あし（足）」「あめ（雨）」などにおける「あ」には、それらが同一音を表してゐる以上、「阿」「婀」「鞅」「安」等どの漢字を當ててもよかつたのです。いや、同じ「あさ（朝）」の「あ」でも時に應じてどの漢字を當てようと、それが「あ」の音を表してゐるかぎり全く自由だつたのです。「いろは」四十七文字すべてがさうだと、平安朝にはもちろん、江戸時代の後期に至るまでさう思はれてゐたのです。言ひかへれば、五十音圖中、「あ行」の「い」「え」「お」と「わ行」の「ゐ」「ゑ」「を」以外の文字は、上代人も自分たちと同じやうに發音してゐたと考へてゐたわけです。「え」以下の、濁音表記を除いた十三文字に二樣の音があつたことなど誰も考へなかつたのです。

それに最初に氣づいた人は本居宣長の弟子の石塚龍麿であります。彼はそれら十三の萬葉假名と、さらに『古事記』にのみ見られる「も」の借字に甲乙二種の別があることに氣づき、『假名遣奧山路』を著しました。しかし彼はただその用例を示しただけで、その差別の理由にまで言及してをりません。彼より少しあとに出た奥村榮實に至つて初めて「え」に該當する萬葉假名に見られる甲乙二種の別が專ら音韻の差から來るものであること、つまりそれは「あ行」の〔e〕と「や行」の〔je〕との差であることが明らかになり、彼はそのことを『古言衣延辨』のなかに論證してをります。その書名にある「衣」のはうは〔e〕を表す萬葉假名であり、「延」のはうは〔je〕を表す萬葉假名であります。

もちろん、この「衣」「延」だけでなく、後には「え」の一文字で表記され、同一音と思はれるに至つたものが、上代文獻では次のやうに使ひわけられてゐるのです。すなはち「え（榎）」「えぞ（蝦夷）」「え（得）」などを意味する場合は「衣」「依」「愛」「哀」「埃」「英」「娃」「翳」「榎」「荏」等が當てられてをり、「え（枝）」「え（兄）」「きえ（消）」「たえ（絕）」「こえ（越）」などの語においてはその「え」に「延」「要」「曳」「叡」「江」「吉」「枝」「兄」「柄」等が當てられてをります。かりに「衣」以下の漢字群を甲とし「延」以下の漢字群を乙とすれば、前者の語には甲類のどの漢字を適用してもいいが、決して乙類の漢字は用ゐられてをらず、また後者の場合はその反對といふふうに、その間あたかも嚴然たる規則でもあるかのごとく、兩者を混同したやうな例外は一つもないのです。

これは確かに一つの發見です。が、それは「え」についてだけで「き」以下子音を含む十二音についてはその後も長く不明のままでした。それらの差を發見し學問的にその理由を實證したのは橋本博士でした。しかも博士の場合は、長く埋れてゐた『假名遣奥山路』の存在には氣づかず獨自の研究によつて事實に近づき、その半ばを發見しえたとき、偶然の機會から龍麿の書を見出したといふめづらしい經緯をとつてをります。その論述の詳細は『國語音韻の研究』を、ことにその中の「古代國語の音韻について」を讀んでいただくことにして、ここではそれらが母音の差によるものであるといふことだけを申しておきませう。「え」の場合は半母音〔.j〕の有無が「あ行」と「や行」との差を生じてゐるだけで、それは今日に較べて格別のことでもありませんが、「き」以下十二音、それに『古事記』の「も」を加へて十三音、これらの場合は現代の私たちの音韻における五つの母音〔a・i・u・e・o〕のほか、奈良朝にはさらに〔i・e・o〕に近い三つの母音があつたことを意味します。もちろんそれは「い列」「え列」「お列」のすべてにあつたわけではなく、表中十二音および「も」の音だけに見られるものです。それらを表す文字はそれぞれの濁音をも含めて「上代特殊假名遣」と呼ばれてをります。問題はその上代特有の母音の音價でありますが、橋本博士以下これにはいまだ定說がありません。普通の〔i・e・o〕よりも多少子音に近く、半母音〔j〕あるいは〔w〕の加つたやうな拗音ではなかつたかと言ふ說もあり、また普通の〔i・e・o〕より口の開きの大きな音であつたらうとか、あるいは普通の〔i・e・o〕より舌の中部を高くして上顎《うはあご》との間の開きを少くして出す音であつたらうとか、いろいろの說があります。のみならず、その相違が「い列」「え列」「お列」ともに同一原理で現れたとは斷じえないし、三つのうちどれか一つしか音價を推定してゐない人もをります。たとへば、有坂秀世博士は「い列」「え列」では半母音〔j〕+〔i・e〕すなはち「キィ」「キェ」のごとき拗音と考へ、「お列」では舌を中高にした〔ö〕と考へてゐるやうですし、大野氏も「お列」はやはり中舌の〔ö〕だつたらうと推定してゐるだけです。

六　撥音・促音・拗音

これらは現代の音韻には甚だ多いものですが、當時はあつたとしても稀《まれ》であつたと考へられてをります。現代では撥音〔n〕の音韻を表記するかな文字として「ん」を用ゐますが、「ん」に相當する萬葉假名はありません。したがつて、音韻もなかつたと考へられます。それに今日〔n〕の音韻を含む語はすべて漢語か、あるいは和語の場合なら訛りに類するものばかりであります。その漢語を除き、訛りをもとに戻すと、たとへば「死んだ」は「死にたり」に、「飛んで」は「飛びて」になつて、〔n〕は消滅します。また撥音をつねに「ん」で表記しますが、前に申しましたやうに「本も」「本が」では

「本」の第二音節がそれぞれ〔m〕〔ŋ〕となり、〔n〕とは異つた音價を有してをります。

促音も同様、和語なら訛りか、漢語か、そのどちらかです。「勝つて」は、古くは「勝ちて」であり、「寄つかかる」は「寄りかかる」であり、「引つぱる」は「引きはる」であつたことは言ふまでもありません。しかし、このやうに今日では促音表記のため、つねに子音〔t〕を含む「つ」を用ゐてをりますが、實際は右の三例の場合でも、撥音の場合と同様それぞれ異つた音價を有してゐるのです。「勝つて」の「つ」は「て」の前、すなはち子音〔t〕の前にあつて、それと同じく〔t〕の音價を有してをりますが、「寄つかかる」「引つぱる」の場合は「か」「ぱ」の前で、その子音が〔k〕〔p〕となると、「つ」もそれぞれ〔k〕〔p〕の音になります。つまり、促音表記のための「つ」は〔k〕〔p〕〔t〕の三様に發音されてをり、一字三音になるわけです。かういふ現象は第一期の表記にはありませんでした。大體、一字一音だつたと言つていい。とにかく、當時の「つ」に相當する萬葉假名はどんな場合にも一音節〔tsu〕であつて、子音一つの〔k〕〔p〕〔t〕なる音韻はなかつたのです。

拗音となると、前項の「上代特殊假名遣」の音價推定から明らかなやうに、全くなかつたとは言へぬらしい。それらは現代のそれほど際立つたものではないにしても、一種の拗音らしいと考へられてをります。しかし、それも全くの臆測にすぎませんし、第二期に入るとすぐ消滅してしまふのみならず、この第一期においても既に消滅への道を辿《たど》りつつあつたもので、それゆゑにこそ相互に系統的な聯關を示してをらず、したがつて臆測の域を越えにくいといふところで、まあ拗音はなかつたと考へていいのでせう。

第二期の音韻

一　二母音の消滅

右に述べたやうに「上代特殊假名遣」は奈良朝末期から消滅の傾向を示しはじめましたが、第二期に入つて間もなく、平安朝の極く初期にほとんど消滅してしまひました。したがつて、この期の母音は〔a・i・u・e・o〕の五つになり、ひとまづ今日と同じものに歸したと言へませう。しかし、「え」だけは問題があるやうです。といふのは、この「え」だけは「や行」の「え」であつて、音聲記號で書けば〔je〕となり、「あ行」の「え」と母音を異にするものではありません。したがつて、第一期の八母音が第二期に入つて五母音になり、「上代特殊假名遣」の母音が消滅してしまつたとしても、この「え」だけは「あ行」の「え」と共存しうるし、事實また初めのころは共存してゐたかもしれないのです。

いづれ後述しますが、國語音韻の特質として、それも極めて顯著な特質として、母音と母音とが連ることを嫌ひ、したがつて語中語尾に母音音節は來ないといふ傾向があります。そのことから類推して、「あ行」の「え」と「や行」の「え」とは共存してゐたのではないか、そして前者は専ら語頭に、後者は専ら語中語尾に用ゐられたのではないか、橋本博士はさう證明してをります。「や行」の「え」なら語中語尾に來ても、前の音の終りにある母音に〔e〕が直接つづかず、緩衝地帶の〔j〕をもつてゐるからです。またもし「あ行」の「え」か「や行」の「え」か、どちらか一つになつてしまつたとすれば、おそくそれは「や行」の「え」になつてしまつたのではないかと考へられます。なぜなら「や行」の「え」なら語頭と語中語尾のいづれにも立てるからです。

次の表はその同一化の前提のうへに作製されたものです。したがつて、「や行」を上段五十音圖から省き、中段の拗音の部に、しかも「あ行」のそれとして掲げてあります。それゆゑ、「あ行」の「え」は母音〔e〕ではなく、〔je〕であります。それと全く同様のことが「お」についても言へます。その音價は〔wo〕であつて、母音〔o〕ではなかつたやうです。かうした推定は何を基にしておこなはれるかと言へば、室町末期に西洋切支丹が日本語をローマ字綴で書いたものが残つてをり、それによると、第一期の萬葉假名において、といふことは今日の歴史的かなづかひにおいて、明瞭に區別せられてゐる「あ行」の「い」「え」「お」と「わ行」の「ゐ」「ゑ」「を」とが、ひとしくi・ye・uoと綴られてゐるからにほかなりません。

右のことを「あ行」「や行」「わ行」の相關において整理してみると、かういふことになります。「や行」の「い」はすでに第一期において「あ行」に同化してゐた。第二期

ぱ	ば	だ	ざ	が		ら	ま	は	な	た	さ	か	あ
ぴ	び	ぢ	じ	ぎ		り	み	ひ	に	ち	し	き	い
ぷ	ぶ	づ	ず	ぐ		る	む	ふ	ぬ	つ	す	く	う
ぺ	べ	で	ぜ	げ		れ	め	へ	ね	て	せ	け	え
ぽ	ぼ	ど	ぞ	ご		ろ	も	ほ	の	と	そ	こ	お
ぱう	ばう	だう	ざう	がう		らう	まう	はう	なう	たう	さう	かう	あう
ぴや	びや	ぢや	じや	ぎや		りや	みや	ひや	にや	ちや	しや	きや	や
○	びゆ	ぢゆ	じゆ	ぎゆ		りゆ	○	○	にゆ	ちゆ	しゆ	きゆ	ゆ
ぴよ	びよ	ぢよ	じよ	ぎよ		りよ	みよ	ひよ	によ	ちよ	しよ	きよ	よ
ぴやう	びやう	ぢやう	じやう	ぎやう		りやう	みやう	ひやう	にやう	ちやう	しやう	きやう	やう
				ぐわ								くわ	わ
				ぐわう								くわう	わう
ん	つ												

に入ると「わ行」の「ゐ」も子音〔w〕が脱落して「あ行」に同化した。次に「あ行」の「え」と「や行」の「え」とは、語頭と語中語尾とに共存してゐたが、母音連續を避けうる後者のはうが優勢となり、やがて語頭においてもそれに同化してしまつた。そして第二期も末頃になると、「わ行」の「ゑ」にも「ゐ」と同様に子音〔w〕の脱落現象が起つたが、その頃はすでに〔e〕が〔je〕に同化してしまつて〔e〕の音がなかつたため、また母音連續を避ける傾向もあづかつて「ゑ」は「あ行」の「え」にならず、「や行」の「え」に同化した。第三に、「あ行」の「お」と「わ行」の「を」とは「え」の場合と同様、語頭と語中語尾とに共存してゐたばかりでなく、「お」は決して語中語尾に現れないが「を」が語頭に來る語は古くからあつたため、この場合は「あ行」のはうが「わ行」に同化してしまつた。

そこで注意しなければならないのは、一口に「い」「え」「お」と「ゐ」「ゑ」「を」との差が消滅したと言つても、第二期と現代とでは内容が違ふといふことです。今日ではそれは「わ行」が「わ」だけになり、「あ行」は「あ・い・う・え・お」となつたことを意味します。が、第二期においては、「あ行」は「あ・い・う・え・を」で、しかも、その「え」は「や行」のそれであつて、「あ行」のそれではないといふことです。〔e〕〔o〕といふ音韻はなく〔je〕〔wo〕であつて、正確には三母音だつたといふことです。

もう一つ注意すべきは、〔e・o〕がないのは音節としての話であつて、「か行」以下すべてにわたつて〔a・i・u・e・o〕が五つの基本母音として生きてゐるといふことです。

二　語中語尾の「は行」音

第一期においては「は行」音はどこにあつても〔fa・fi・fu・fe・fo〕でした。それが奈良朝末期から崩れる兆を見せはじめ、語頭ではそのままですが、語中語尾においては「わ行」音との混同がときをり起り、この傾向は平安朝中期から末期にかけて、すつかり一般的になつてしまつたやうです。

ただし、この場合にも注意すべきは、「は行」は語中語尾において「わ・ゐ・う・ゑ・を」と同音になつたのであつて、今日のやうに「わ・い・う・え・お」と同音になつたのではありません。ただし、「ふ」だけは〔wu〕ではなく〔u〕になつたのです。なぜなら、第一期の表において明らかなやうに、〔wu〕は既に存在しなかつたからです。

もう一つ注意すべきは前項との關聯です。すなはち語頭以外の「は行」は「わ行」と同じになつたのですが、その「わ行」がやがて室町末期までに前項のやうな變化をしてゐるので、一度「わ行」に同化した語中語尾の「は行」もそれに伴つて變化したと考へられます。

「は」は〔wa〕のままで問題なしですが、「ひ」は〔wi〕から〔i〕になりました。「ふ」は〔u〕のままで問題ありません。が、「へ」は〔we〕から再轉して〔je〕になりました。「ほ」は〔wo〕のままです。前項において「や行」の「え」が「あ行」の「え」

を、また「わ行」の「を」が「あ行」の「お」を壓倒して、それぞれに代るやうになつたと申しましたが、その場合に〔je〕〔wo〕に轉じた「は行」の「へ」「ほ」を合した數の力といふことも無視できないと橋本博士は述べてをります。

なほ、この項に附加しておくべきことに、「は行」半濁音、すなはち「ぱ行」の音の一般化があります。第一期の「は行」音の項において、その子音〔f〕は古くは〔p〕であつたらうと申しましたが、この第二期における「ぱ行」音はそれとは全く無關係に發生したものであります。「は行」音および「ば行」音が一方にあつて、さらにその上に「ぱ行」音がおこなはれたのです。そして「ば行」音、その他の濁音と同樣、この「ぱ行」音も語中語尾だけで、語頭には決して立ちません。

原因は漢語の移入にあります。漢語では「一般」「說法」のやうに、「一」「說」とつまる音のあとでは「般」「法」の頭の「は行」音が「ぱ行」音に發音されます。また「珍品」「寒風」のやうに、「珍」「寒」とはねる音のあとでも「品」「風」の頭の「は行」音が「ぱ行」音に發音されます。さういふ漢語が平安朝以後たくさん使はれるやうになると、本來の和語までその流儀にならひ、「もはら」「引きはる」などを強めて「もつぱら」「引つぱる」と言ひ、「知らぬふり」を「知らんぷり」と言ふやうな傾向が生じました。

三　漢字音の同化

第一期の音韻は八十八、そのうち「上代特殊假名遣」の清濁音二十を除くと六十八、さらに上述のやうに母音音節の「え」「お」と「わ行」の「ゐ」「ゑ」の音が消滅したとすれば、殘りは六十四になります。それらはそのまま第二期にも生き殘つたものでありますとところが、第二期の音韻は百三十五を數へます。したがつて、差引七十一、全體の半數を超える多くの音韻が、この第二期に新しく生じたといふことになります。そして、それらがすべて漢語の移入によつて起つた現象であると、今日の國語學では說明されてをります。

前項に述べた「ぱ行」音もその現象の一つでありますが、なほ殘りの六十六は何か。それを大別すれば、音韻表の左下隅に「ん」「つ」によつて示された撥音と促音が二つ、中段二行目以下の「や行」拗音が三十三、下段の「わ行」拗音が「くわ」「ぐわ」の二、それから上段と中段との間に「あう」以下の長音が十三、同じく中段と下段との間の「やう」以下の拗長音が十三、一番下の「わう」以下の拗長音が三、それで全部です。要するに、數は六十六でも、種類は撥音・促音・長音・拗音・拗長音の五つに盡きます。

ところで、この四種に屬する音韻は漢語の移入によつて起つた現象であるとはいへ、漢語の音韻そのままでないことは申すまでもありません。むしろそれとは似ても似つかぬもので、いはばそれが國語音韻化せられた姿を示すものにほかならないのです。もちろん漢語が日本にはひつてきた極く初めの頃は、ことに少數の知識階級の間では、原音どほりの正しい發音がおこなはれました。おそらく四聲も固く守られたことでせう。しかし、時がたち、漢語の語彙も殖え、廣く大衆の間に一般化せられると同時に、一方では遣唐使も廢せられ、大陸との接觸が稀になるにつれて、知識の上でも實際の上でも次第に原音の影が薄れて行つたのです。かうして日本的變形がおこなはれるに至つたのですが、その過程において、國語の音節構造およびその一つ一つを表してゐるかな文字の演じた役割を無視するわけにはいきません。

漢語は表意文字で出來てをりますから、一語一語に意味がありますが、その各語がまたすべて一音節で成り立つてをります。すなはち一語一文字一音節です。一方、日本のかな文字は表音文字であつて、必ずしも一語一文字ではないが、一文字は必ず一音節で成り立つてをります。そこまではいい。が、兩者の音節構造には大きな相違があるのです。國語の音節は既に言つたやうに至極單純で、母音一つの「あ行」と、その他はすべてその「あ行」母音の前に一つの子音が、あるいは「や行」「わ行」のやうに一つの半母音が加はることによつて成り立つてをり、したがつて、つねに母音終りの開音節をなしてをります。ところが、漢語の音節は遙かに複雜で、開音節をなすときもあれば、子音終りの閉音節をなすときもあり、後者の場合は大部分が音節の前後に子音を有することになりますし、また開閉いづれの音節においても、母音が一つといふのはむしろ珍しく、それが二つ連續する二重母音の場合が大部分であります。

そこで漢字音をかな文字をもつて表記するさいに、まづ第一に、子音で終る音節をどう表記するかといふ問題が出てきます。といふより、どのかな文字をもつてしたところで、それがかな文字である以上、終りに母音があるのですから、問題はその表記によつて漢語の發音がどう變形されるに至つたかといふことに轉換されます。第二に、二重母音の表記ですが、二重母音はあくまで一音節であつて、その間に切れ目があつてはならないのですから、つねに一音節を成すかな文字を二つ續けて書くわけにはいかない。それでは二音節になつてしまふ。しかし、それは目をつぶることにする。さうすれば、二重母音のはうは子音終りよりもずつと簡單にかたづきます。表記はそれでいいとして、それによつて漢語の發音がどう變形されるに至つたかといふことが、子音終りの場合と同樣、いや、それ以上に重大な問題になつてまゐります。以下、その經緯を見て行きませう。

(一)　撥音と促音

當時の漢語音節の終りに來る子音は〔m〕〔n〕〔ŋ〕の鼻音と〔p〕〔t〕〔k〕の入《につ》聲音《しやうおん》との六つに限られてをりました。そのうち國語化して撥音となつたものは〔m〕〔n〕の二つであります。例を擧げますと三・感・敢・談・寢・侵・心・點・監・嚴などは〔m〕で終り、山・產・願・震・眞・駿・寸・先・天・問などは〔n〕で終ります。今日ではその間の區別なく、私たちはいづれも〔n〕と發音し、「ん」と表記してをりますが、平安初期においては〔m〕にはム（ミ）を、〔n〕にはニを當てて兩者を區別してをりました。しかし、發音のはうは、〔mu〕や〔ni〕ではなく、あくまで正しい漢音に随ひ〔m〕〔n〕と子音終りを守つてゐたのです。もつとも、それは極く初めのうちだけで、子音終りの發音に慣れぬ日本人にとつて〔m〕と〔n〕との差は、言ひ分けも聞き分けも出來なくなり、いづれも同一音〔n〕に歸してしまひました。

片かなのンといふ文字も元來はニの古體「尓」や「ケ」から出たもので、その下半分を略した「レ」もニに使はれてゐたのですが、いつのまにか「レ」だけは專ら「n」を表すニとして用ゐられるやうになり、〔m〕〔n〕のム・ニが〔n〕音に歸してしまふ頃には、「レ」がさらにンに變形してしまつたらしいのです。それに反して平假名の「ん」のはうは古く「む」を表す萬葉假名として用ゐられた「无（無）」もしくは「毛」の草書體から出たもののやうです。なほ子音終りの〔m〕〔n〕が同一音ンに歸する前、ム（ミ）・ニと母音を附して發音してゐた事實の名殘として、たとへば「せみ（蟬）」「ふみ（文）」「ぜに（錢）」「えにし（緣）」のごとき語があります。これらの語がもう私たちに外來語と感ぜられなくなつてゐるのは、母音終りにして國語音韻化してしまつたからです。

もう一つの鼻音〔ŋ〕は國語化して長音になつたもので、それは二重母音と一緒に述べることにします。右に述べたとほり、この期の新しい音韻である撥音は漢語の〔m〕〔n〕から來たものでありますが、では、第二の促音は何から來たものか。それは〔p〕〔t〕〔k〕の入聲音で終る漢語發音の國語音韻化から生じたものであります。ところで、漢語の入聲音は私たちの促音とは異り、文字どほり入聲、すなはち聲をのむ音です。母

音はもとより、子音にしても、息を吐くことによつて聲になり、耳にも聞えるのですが、

入聲のときは、その前の母音を吐息で發しておいて、それが途切れぬうちに吸ひこみな

がら〔p〕〔t〕〔k〕の音を發する。いや、發するのではなく、ただ發音器官をそれら

と同じ形に整へるだけで、聲には出さずに終るのです。いはば後向きの、あるいは歸路

の子音です。〔p〕〔t〕〔k〕が無聲子音だからこそ、それが出來るのです。

　母音終りのかな文字でそれが表記できるわけがない。そこで、當時の人たちは、〔p〕〔t〕〔k〕の子音を含んだかな文字フ、ツ・チ、ク・キをもつてそれらに當てたのであります。狹・急・拾・甲などはケフ・キフ・シフ・カフと書き、決・鐵・達・突などはケツ・テツ・タツ・トツと書き、節・日はセツ・ジツともセチ・ニチとも書き、白・得はハク・トク、碩・敵はセキ・テキと書きました。この場合も當初は原音に隨ひ母音ぬきの一音節に發音してゐましたが、そのうちにいはゆる綴字發音を起してフ、ツ・チ、ク・キと二音節に發音するやうになつて初めて國語音韻化したのです。しかし、それは一字の場合、あるいは收拾・採決・緣日・告白・無敵のやうに語尾に來る場合だけで、語中にあつては、拾錢・決定・日本・白光・敵艦などにおけるごとく、無聲子音の前ではやや原音の入聲音に近い形を取るのが普通です。それが促音であり、この期に新しく發生した、わが國特有の音韻であります。

　ただ、右のうちフで終るものは、この期の中頃から語中語尾の「は行」が變化したため、このフも〔u〕と發音せらるるに至り、それがさらに前の母音と合して長音を表す

やうになりました。たとへば、「合」はガフ→ガウ→ゴウと變化したのであります。かうして長音となれば、熟語をなして語中無聲子音の前に來ても發音しやすいので、促音化しないものがいくらも出て來ました。右にあげた「拾錢」の促音「拾」は珍しいはうで、たとへば、急轉・合計・雜作など、無聲子音の前でも促音化せず、長音に發音してをります。もちろん、合體・雜誌のごとく促音に發音する場合もありますし、また「雜」のように元來は〔p〕で終り、ザフと表記したものであるのに、いつの間にかザツといふ慣用音が出來、單獨でも語尾でもさう發音されるに至つたものもあります。

要するに、漢語の入聲音はすべて促音になつたのではなく、語尾をフ（ウ）、ツ・チ、ク・キとして二音節に發音するやうになり、たとへそれらが語中に來て促音に發音しても表記は變らず、「學校」はガクカウと書いてゐたのです。ただし、その漢字音の影響で本來の和語にも促音便が生じましたが、それにはつねに「つ」を用ゐました。

(二) 長音と拗音

次に長音について述べます。當時の漢語の語尾に現れる二重母音を簡易化して示すと、(一)〔au〕〔eu〕〔ou〕、(二)〔ai〕〔ei〕、(三)〔ia〕〔iu〕〔io〕〔ua〕〔ui〕〔uo〕などがあります。さきに申しましたやうに、表記のはうは子音終りと違つて比較的簡單であります。第一群はアウ・エウ・オウ、第二群はアイ・エイとすればよく、事實さう表記されたのです。もちろん、その前に子音が、たとへば〔k〕がつけば、それらはカウ・ケウ・コウ、あるいはカイ・ケイと書かれたわけです。また、さう書かれただけでなく、まさしくそのやうに二音節に發音されました。「カ・ウ」「ケ・イ」と間に切れ目があつたのです。二重母音は母音二つで一音節をなし、その間に切れ目がないのですから、二音節「カ・ウ」「ケ・イ」は原音に忠實ではなく、その國語音韻化と言ふべきです。もつとも、この場合もごく初期には、そして少數の知識階級の間では表記と異り、一音節の二重母音として發音されてゐたのに違ひありません。

　さて、この二群はウとイで終りますが、この語尾の處理に關して、さらに第二段の變化が生じたのです。第三章でも度ゝ申しましたやうに、「あ行」音が語中語尾に來ないといふのが國語音韻の著しい特質であり、第一期においてはこの特質が完全に保たれてゐたと言つていい。言ふまでもなく、これは母音と母音との直接連續を嫌ふ上代日本人の生理的傾向から出たものです。が、「i音の表記」「u音の表記」の各項で述べたことですが、その珍しい例外が「い」と「う」であります。つまり本來の和語にも、音便以外の古いものとして「おいる（老）」「くいる（悔）」「むくいる（報）」や「かうむる（蒙）」「はうむる（葬）」「まうく（設）」など、極くわづか語中語尾に「い」「う」を用ゐるものがあつたはずです。漢語二重母音の語尾ウ・イはひとまづ存在しえた、と言ひうると同時に、存在しえたものの、やはり存在しにくかつたので、つひに變形を受けるに至つたのであります。もつとも第二群のアイ・エイは現在はとにかく、第二期の室町末期まではそのまま變化せず、第一群のウで終るアウ・エウだけが變化したのです。

その變化とは「お列」長音への轉化であります。すなはち、アウもエウもオウも「ア・ウ」「エ・ウ」「オ・ウ」の二音節ではなくなり、「アウ」「エウ」「オウ」と一音節になつたのですが、もちろん原音の二重母音とは異り、單母音［o］の長音、もしくは拗長音になつたのです。アウの交・草・島・惱や、オウの候・剖・樓などが前者であり、エウの叫・笑・朝などが後者であります。ところで、今日でこそ三者とも母音はひとしく合音［ô］でありますが、當時はその間に明瞭な差別があつたのです。エウ・オウのはうは今日と同様の合音［ô］ですが、アウのはうは開音［ǒ］であつて、それぞれ別個の音韻と意識されてゐたのです。開音［ǒ］は口の開きを［ɑ］音のごとく大きくして［o］すなはち［ɔː］を發すればいいのです。表中、上段と中段との間の「あう」［ǒ］以下、中段と下段との間の「やう」［jǒ］以下、および最下段の「わう」［wǒ］以下がそれです。合音の［ô］のはうはもちろん上段・中段の「お列」母音の長音化で、表には特に掲げてありません。［ǒ］と［jǒ］の差は、言ふまでもなく、直音と拗音との差であります。右に擧げた交・草・島などはカウ・サウ・タウで直音で［ǒ］ですが、それが狂・將・光ではキヤウ・シヤウあるいはクワウとなつて拗音［jǒ］［wǒ］となります。

さて、ここで、さきに鼻音［m］［n］について述べたとき言ひ殘した［ŋ］が問題になります。そのさい［m］にはムを、［n］にはニを、やがて共にンを當てたことを申しましたが、それらに近似の［ŋ］にはウもしくはイが當てられたのです。ウとイのどちらを當てるかは、〔ŋ〕の前の母音によつて決つたやうです。それが〔ɑ〕〔o〕〔u〕のときはウ、〔e〕のときはイとなつたらしい。といふことは、日本人には、〔ŋ〕のやうな微妙な子音は、それ自身として聞き分けにくく、その前の母音の差のはうが强く意識されたといふことであり、事實、ウとイに近く聞えたのでせう。しかし、この場合も二重母音の場合と同じくアイ・エイのごとくイを當てたはうは問題がないのですが、アウ・オウのごとくウを當てた場合が面倒です。まづ例を擧げますと、櫻・康・僧・東・能・方・盲・羊・聾などですが、そのうち櫻・康・方・盲・羊がアウとなり、殘りの僧・東・能・聾がオウとなつてをります。このアウ・オウもいつの間にか一音節の長音と化したばかりでなく、二重母音の場合と同樣、前者を開音〔ǒ〕に、後者を合音〔ô〕に發音し分けるやうになつたのです。

次に二重母音の第三群として擧げた〔iɑ〕〔iu〕〔io〕および〔uɑ〕でありますが、これらは一見すぐ解るやうに原音が既に拗音であります。この拗音の場合だけは、國語音韻にそのまま取入れられて、他の二重母音のやうな二音節化を起さず、表の中段と下段に示されてあるごとき音韻として落ちつきました。それといふのも、國語音韻の「や行」と「わ行」とが、もともと二重母音、ないしは一つの半母音と一つの母音との結合と考へられるものですから、たとへば漢字音〔kiɑ〕〔kuɑ〕は〔ki〕〔ku〕と〔ɑ〕との二音節としてではなく、〔iɑ〕〔uɑ〕あるいは〔jɑ〕〔wɑ〕に子音〔k〕のついた一音節として受入れられたのでせう。しかし、表記には〔i〕〔u〕音を上下に重複させてキヤ・キユ・キヨとクワとするほかはなかつたのです。ただキヤ・シヤ・チヤ以下の「あ列」の場合だけはアを用ゐて、キア・シア・チアなどと表記された例も古くはあつたやうですが、正式には次第にヤに統一されて行きました。しかし、拗音の場合になると、キユのごとく「い列」文字とヤ・ヨ・ユの合記のみとは限らず、キウ・ケウ等「い列」「え列」の文字にウをつけて表記する語がたくさんあります。もちろん發音のはうは〔kjû〕〔kjô〕でキユウ・キヨウと同じです。

そこに拗長音表記の難しさがあります。今まで單純に長音として說き、例を擧げてきたもののうちにも、時と拗長音が混つてゐたことにお氣づきでせう。「現代かなづかい」論者が發音と表記のずれてゐる例として脅しに擧げるのは大抵漢字音の長音であり、その中でもテフ（蝶）のごとき拗長音が大部分であります。今日では同音に歸した康・公をカウ・コウと書き分けるのは、京・恭・叫・脅をキヤウ・キヨウ・ケウ・ケフに、弓・求・急をキユウ・キウ・キフに書き分けるのに較べれば大したことではないと言へませう。それらの漢字音の韻部のみを音聲記號で示すと、大體つぎのやうになります。キウ・ケウが二重母音だけの〔iû〕〔iô〕で、キヤウ・キヨウ・キユウは二重母音に鼻音〔ŋ〕を附した〔iaŋ〕〔ioŋ〕〔iuŋ〕、ケフ・キフは二重母音に入聲音〔p〕を附した〔iep〕〔iup〕であります。このやうに原音を考へれば、至極當然な表記と言へませう。

なほ拗長音の場合にも開合の差別を保ち、〔iaŋ〕から來たキヤウ・シヤウ・チヤウ以下のものだけが〔jǒ〕で、キヨウ・ケウ・ケフでは〔jô〕に發音されたのです。〔ǒ〕

の場合はアフ・カフ等を含みますが〔jŏ〕にはキヤフ・シヤフ等はありません。また表の中段ですが、「ひゆ」「みゆ」「ぴゆ」以外は全部うまつてをりますが、漢字音としては、それらが短音で出てくるのはキヨ・シヤ・シユ・シヨ・チヤ・チユ・チヨ・ニヨ・リヨ、その濁音くらゐのもので、あとは長音としてしか現れません。その點は〔ŏ〕〔jŏ〕と同じです。ただし、キヤク・シヤク・チヤク等の「あ列」だけは例外、これらはもとが入聲音〔k〕で終つたもので、一音節を二音節で表してゐるからです。促音〔t〕で終つたものも同様ですが、拗音でその例はシユツ・ジユツだけです。

〔ua〕・〔ui〕・〔ue〕・〔uo〕は「か行」にのみ取入れられ、〔ua〕としてはクワ（火・果）、グワ（臥・畫）、クワイ（快・囘）、グワイ（外）、クワウ（光・廣）、クワク（郭・劃）、クワツ（活・滑）、グワツ（月）、クワン（完・觀）、グワン（願・丸）の音韻を生じましたが、「や行」拗音が今日まで生き殘つてゐるのに反して、この「わ行」拗音のはうはもう方言にしか殘つてをりません。しかし、クワウ・グワウが當時開音〔kwŏ〕〔gwŏ〕に發音されたことは前述のとほりです。また、〔ui〕〔ue〕の場合も初めのうちはクヰ（歸・貴）、クヱ（花・化）およびその濁音が存在してゐたのですが、國語音韻として「ゐ」「ゑ」の音が消えて行くのにつれて、それらも鎌倉期以後は單なる直音キ・ケ・ギ・ゲに同化せられてしまひました。〔ui〕のはうは「か行」のみならず、スヰ（水・粹）、ズヰ（隨・瑞）、ツヰ（墜・追）の三つが今日もなほその面影を殘してをります。これらも初めは一音節の「わ行」拗音で、また初めからスイとなつてゐた例もあるさうです。これらも初めは一音節の「わ行」拗音として受入れたものなのでせうが、クヰのやうに直音キにならず、アイ・エイなどと同じにスヰ・ツヰと二音節に分れ、そのヰがイに同化せられたのでせう。〔uo〕にはヲウ（翁）がありますが、これもオウに歸してしまひました。

漢字音とその表記については、以上で大體つきると思ひます。疎密不同で解りにくい點があるかも知れません。また深入りしすぎたやうにも思ひます。もちろん私の目的は國語にあり、その表記法の問題にあるのです。漢字音を、たとへ國語化されたものにもせよ、正しく表記し、カフ・カウ・コウ・クワウを書き分けよなどとは申しません。そのために以上のことを述べたのではないことは言ふまでもありません。私たちのそれと全く異る音韻がどのやうに取入れられ、私たちの音韻、音節を表す文字でどう表記され、またそれがどう變形されたかといふこと、そのことはとりもなほさず、私たちの音韻がどういふものであつたかといふことを示してゐるのです。それは水と器との關係のやうなものでありませう。

のみならず、漢字音と表記との相互影響について右に述べてきたほとんどすべての現象がそのままこの第二期の音韻變化として、本來の國語、すなはち和語のうへにも起つてをり、しかもそれが漢字音の影響だと言はれてゐる以上、その事實を認めるにせよ認めぬにせよ、それについていくら知つてゐても知りすぎるといふことはないと思ひます。以上、私が述べてきたことを頭において、次項を讀んでいただきたい。

四　音便の發生

音便現象といはれるものは專ら漢字音から說明されてをります。逆に言つて、漢字音の國語音韻に及した影響と言へば、ただこの音便現象ひとつに盡きると言つていいのであります。なぜなら音便を分けて、㈠撥音便、㈡促音便、㈢「う」音便、㈣「い」音便としますが、撥音は漢語の語尾子音〔m〕〔n〕、促音は同じく〔p〕〔t〕〔k〕、「う」「い」も〔ŋ〕と二重母音、それぞれの影響が國語音韻のうへに現れたものと見なせますから、これに拗音を加へれば、前項の敍述と全く一致するからです。

音便とは文字どほり、發音の便、都合であります。一語と見なされる語の一部が、本來はさういふ音ではないがおのづと發音しやすいやうにさう變つた、その現象を音便と言ひます。ただし、その現象は語中語尾だけのことで、語頭には決して起りません。なほ、それは氣まぐれなものであつてはならず、まちまちのものであつてもならず、一定の條件と範圍のうちで、一定の原理に支配されて起るものでなければなりません。方言や個人の口癖や訛りとは違ひます。ですから、右に擧げた四つのものについてのみ、音便といふ言葉が適用されてゐるだけで、どれにもこれにも音便といふ名稱を許すわけにはいきません。第一に、それは音韻としても語法としても正統のものでなければならない。第二に、それは發音の便のために變化を起してゐるものであるにしても、あるいはそれだからこそ、變化前の本來の形を明らかに示しうるもの、さらにその本來の形がなんらかの形で同時存在してゐるもの、さういふものでなければならないのです。たとへば、「かうがうしい」は「かみがみしい」が「う」音便を起したものであり、「かみがみしい」とはもう誰も言はないにしても、少くとも單獨形の「かみ（神）」は明らかに生きてゐて、「かう」にはなつてをりません。それも既に「かう」になつてしまつてゐれば、普通は音便とは言はない。それも簡單にはかたづけられぬことですが、ここではいちわうその定義で話を進めることにしませう。

㈠　撥音便

語中語尾の「び」「み」「に」「り」「る」が撥音に轉じたものを言ひます。その例を擧げませう。

「び」　よびて（呼）　△よむで
　　　あきびと（商人）　△あきむど
「み」　かみさし（髪挿）　△かむざし
　　　なみだ（涙）　なんだ
　　　つみたる（摘）　つんだる
「に」　しにし子（死）　×しじ子
　　　いかに（如何）　いかん

「り」	さかりなり	×さかなり
	なりぬ	△なむぬ
「る」	あるめり	あんめり
	ざるめり	ざんめり
	あるべきかな	あんべいかな

擧げればきりがありませんが、これは橋本博士の『國語音韻の研究』中にあるものばかりです。なぜそこからのみ採つたかと申しますと、それら一つ一つの音韻が撥音に轉じた極く古い例を、各時期の文獻から選びだしてありますので、私たちはただ單に撥音化したといふ抽象的な事實だけではなく、それが當初いかに表記されたかを手取り早く知ることが出來るからであります。たとへば、右の諸語のうち△印を附したものは「む」により表されてをり、×印を附したものはあへて表記せずにすませてをります。しかし、語尾に〔m〕〔n〕のくる漢字音が最初は「ム」と「ニ」に書き分けられ、發音にも差があつたのに、やがて發音、表記ともに「ン」に歸したことを考へれば、「よむで」「あきむど」「かむざし」「なむぬ」と「む」に表記されたことは充分納得できませう。ここで平がなの「ん」が漢字「无（無）」から出たものであることを、もう一度おもひだしていただきたい。また「なんだ」と「ん」に表記してあるからといつて、それが「よむで」の「む」と事實上それほど違つた音であつたかどうか疑問です。ただ表

記が一定してゐないといふだけのことで、音韻としては同じ〔n〕音だつたと考へられます。そのやうにあいまいな音韻観念であつたからこそ、×印のやうに無表記の場合も出てきたわけで、「しじ子」「さかなり」はいづれも「しんじ子」「さかんなり」と表記された場合と同じ發音だつたと想像して誤りなしと思ひます。

(二) 促音便

語中の「ち」「り」「ひ」が「促音」に轉じたものを言ひます。撥音便と異り、語尾には起りません。

「ち」 たちて（發） たて
　　　たもちて（保） たもて
　　　もちたり（持） もたり
「り」 よりて（因） よて
　　　ほりす（欲） ほす
　　　ありし（有） あし
「ひ」 ねがひて（願） ねがて
　　　おほひて（蔽） おほて
　　　をひと（夫） をと

右に明らかなやうに、促音表記の文字も記號も長いあひだ無しですませてゐたのです。本來の和語だけでなく、漢語から來たものにおいても、たとへば『土佐日記』などの「日記」も「にき」と書かれてをりました。もちろん○印のところは詰つて發音されてゐたのです。また漢字音表記が固定しないころその入聲音の表記として語尾の子音〔p〕〔t〕〔k〕にウ・フ・ムなどが當てられたことがありますが、國語音便の表記にも一時それが流用されました。「つ」に安定したのは室町末期です。促音が起るのは次の音節の頭子音が〔p〕〔t〕〔k〕か〔s〕〔ʃ〕の時だけですが、その音價はそれに左右され、その子音と同音になります。なほ「ち」「り」「ひ」だけではなく、「たふとし（尊）」が「たつとし」になるごとく、「ふ」も促音便を起すことがあります。そのほか時代が下るにしたがつて多くなり、「き」や「た」「つ」も促音化するやうになりました。

㈢「い」音便

語中語尾の「き」「ぎ」「し」が〔i〕音になつたものです。

「き」　つきがき（築垣）　ついがき
　　　ちひさき（小）　ちひさい

さきだち（先立）　さいだち

「ぎ」　つぎて（序）　ついで

はなやぎたまふ（花）　はなやいたまふ

「し」　おとしつ（落）　おといつ

おぼしめして（思召）　おぼしめいて

なほこのほか「り」「て」も〔i〕音に轉じるやうになり、「わたりて（渡）」「たてまつる（奉）」などが「わたいて」「たいまつる」と言はれるやうになりました。これらは、次の「う」音便の場合と同様、表記に困ることはなかつたのです。〔i〕も〔u〕も古來日本の音韻であり、したがつて文字もあつたからです。しかし、それら音便の場合の語中語尾の「い」「う」が、「いぬ」「うし」などの語頭のそれらと同音だつたかどうかとなると、それはおのづから別個の問題でありませう。漢字音の〔au〕〔eu〕〔ou〕および〔ai〕〔ei〕等の二重母音、あるいは〔ŋ〕の子音が、ウ・イをもつて表記せられ、それら語中語尾のウ・イが實際にはどう發音されたかといふことと考へ併せて、改めて根本的な考察が必要であると思ひます。

(四)「う」音便

語中語尾の「く」「ぐ」「ひ」「び」「み」「む」が〔u〕音になつたものを言ひます。

「く」	かくし（格子）		かうし
	くちをしく（口惜）		くちをしう
「ぐ」	かぐはし（香）		かうばし
	わらぐつ（藁沓）		わらうづ
「ひ」	おとひと（弟）		おとうと
	△をひと（夫）		をうと
	△よばひて（呼）		よばうて
	△ゑひて（醉）		ゑうて
「び」	×あきびと（商人）		あきうど
	×よびて（呼）		ようで
「み」	かみへ（首）		かうべ
	かみぎは（髪際）		かうぎは
「む」	×りうたむ（龍膽）		りうたう
	×りむご（林檎）		りうごう
	×ゆかむ（行）		ゆかう

このほかにも「ゐ」「り」が「u」音に轉じて、「まゐで（詣）」が「まうで」に、「と

りいで（取出）」が「とうで」になる例もあり、さらに「が」「は」「へ」「ほ」「ふ」「ま」「り」も〔u〕音に轉じる例が多くなりました。

ここに讀者の注意を促しておきたいことが一つあります。それは右に△印と×印を附した語についてです。まづ△印の「をひと」「よばひて」「ゐひて」ですが、このうち「をひと」は既に促音便の部にかかげてあり、「をつと」としてあつたものです。つまり、それは促音便にも「う」音便にも兩様に發音されてゐたわけです。そこでもう一度促音便のところを見ていただきたいのですが、そこに「ねがひて」「おほひて」といふのがあり、いづれも「ねがつて」「おほつて」と促音便を起した例に擧つてをります。それなら、同様に「よばひて」も「よばつて」と促音便に發音されてゐたであらうこと、逆に「ねがひて」「おほひて」が「ねがうて」「おほうて」と「う」音便に發音されてゐたであらうことが、ごく自然に想像できませう。「ゐひて」の場合は「ゐうて」とひとまづ「う」音便になつて、漢字音エウがヨウになつたのと同じ過程を經て、あるいはほとんど同時に、「よつて」と發音されたかもしれません。要するに、同じ語でありながら撥音便と「う」音便との兩様の發音が同時におこなはれてゐたと見られるものが相當に多いと言へませう。今日でも、「買うて」「買つて」等ゝのごとく、關西では「う」音便、關東では促音便といふものがたくさんあります。

次に×印についてですが、これらの語のうち「あきむど」「よむで」は既に撥音便を起す例として掲げてあつたものです。橋本博士によれば、「あきうど」「ようで」のはうが早く、平安中期に見られ、「あきむど」「よむで」はそれより遲く、平安末期から見られるといふことですから、同じ語が「う」音便と撥音便と兩樣に發音せられてゐるとすれば、「う」のはうが先で、その「う」が「む」「ん」になつたものと考へられます。しかし、さうとばかりも言へず、語によつては逆の現象が起つてをります。これもやはり平安中期に起つたことですが、同じ×印の「りうたむ」「りむご」「ゆかむ」から「う」への變化を示してゐるのです。しかも「りうたむ」は今日では「りんだう」ですから、第二音節では「う」から「ん」へといふことになり、第四音節と逆の經過を示してゐます。要するに、「う」「む」「ん」の音は語中語尾の音便現象に關するかぎり、相互に甚だ相似た音であり、表記ほどには違つてゐなかつたと言へるのではないか。

　そのことはあとで國語音韻の特質を整理しながらもう一度よく考へてみることにしませう。ただここでは次の通說を紹介しておくにとどめます。音便といふものをそれが起る現象のままに分類すれば、右のやうに四つに分けられるわけですが、もう少し音韻變化の本質に卽して考へてみると、音韻現象のすべては二つの傾向に大別できます。第一は母音脫落の傾向であり、第二は子音脫落の傾向であります。撥音便と促音便とは第一に屬し、「い」「う」音便は第二の傾向に屬します。「なみだ（涙）」「もちたり（持）」では〔mi〕〔ti〕の母音〔i〕が脫落して、〔nɑ〕・〔m〕・〔dɑ〕〔mo・t・tɑ・ri〕になり、「つきがき（築垣）」「かくし（格子）」では〔ki〕〔ku〕の子音〔k〕が脫落して、〔tu・i・ŋɑ・ki〕〔kɑ・u・si〕となつたわけです。もちろん、それだけですべては說明できず、それぞれ母音、子音を落したあとの半人前の子音、母音が音轉化を起す例が多い。「よびて（呼）」「ほりす（欲）」では〔bi〕〔ri〕の母音の脱落と同時に、子音〔b〕〔r〕がそれぞれ〔n〕〔s〕に轉化してゐるのです。同様、「たてまつる（奉）」「かみへ（首）」では〔te〕〔mi〕の子音〔t〕〔m〕の脱落と同時に、そのあとの母音〔e〕〔i〕がそれぞれ〔i〕〔u〕に轉化してをります。

なほ念のために言へば、漢字音の國語音韻化に加ふるに、この音便現象のため、語中語尾に「あ行」音が來ないといふ第一期音韻の特質は、完全に崩れ去つた。少くとも、表記に關するかぎり、「あ行」文字が、ことに「う」「い」が語中語尾に幾らも出てくるやうになつたのです。さらに念のために附け加へておきますが、その漢語尾のウがその前の母音と合して「お列」の長音あるいは拗長音を生じたときに現れた開音〔ǒ〕と合音〔ô〕との別は、和語の「う」音便にも影響を與へ、「ゆかう（行）」「かうべ（首）」では〔ǒ〕となり、「おとうと（弟）」「をうと（夫）」では〔ô〕になりました。ついでに、今まで言ひ忘れてをりましたが、表では〔ǒ〕に當るかな文字はすべて「あう」「かう」等「う」で代表させてありますが、和語、漢語とも「あふ」「かふ」等を含むこと、これも言ふまでもないことです。

五　「さ行」「た行」音の變化

「さ行」は第一期と異り室町末期では確かに〔sɑ〕〔ʃi〕〔su〕〔ʃe〕〔so〕、その濁音は標準音で〔za〕〔ʒi〕〔zu〕〔ʒe〕〔zo〕になつてをりました。今日の關東音韻では「せ」「ぜ」が〔se〕〔ze〕になつてをりますが、關西以西には今でもこの期と同樣、〔ʃe〕〔ʒe〕と言つてゐる地方がありますし、また當時でも關東では今と同じく〔se〕〔ze〕だつたので、「さ行」は當時から今日まで變つてゐないと言へませう。「た行」のはうは第一期の〔ti〕〔tu〕が〔tʃi〕〔tsu〕になり、濁音も〔di〕〔du〕が〔dʒi〕〔dzu〕に變りました。時期は大體鎌倉期を過ぎたあとと考へられてをります。

第三期の音韻

以上、第二期の音韻變化にこの章の大部分を當てたわけですが、その理由は、流動のうちにこそ、かへつて本質の動かぬ姿が見られ、また異質のものを取入れようとする努力のうちに、かへつて同質性が現れる、さう考へるからにほかなりません。本章の初めに、第二期の變化は增加のそれであり、第三期の變化は減少のそれであると言ひ、そのいづれにおいても國語音韻の同じ特質が現れてゐると申しました。つまり、同じ本質の自己實現の努力が、第二期では增加の現象となり、第三期では減少の過程を辿つてゐるのであります。それにしても、第三期の變化は本質的にも現象的にも第二期の餘映がわづかに尾をひいてゐるといふ程度のものにすぎません。ですから、ここでは橋本博士の記述をほとんどそのまま箇條書にしておくにとどめようと思ひます。

ぱ	ば	だ	ざ	が
ぴ	び	○	じ	ぎ
ぷ	ぶ	○	ず	ぐ
ぺ	べ	で	ぜ	げ
ぽ	ぼ	ど	ぞ	ご
ぴゃ	びゃ	○	じゃ	ぎゃ
ぴゅ	びゅ	○	じゅ	ぎゅ
ぴょ	びょ	○	じょ	ぎょ

ら	ま	は	な	た	さ	か	あ
り	み	ひ	に	ち	し	き	い
る	む	ふ	ぬ	つ	す	く	う
れ	め	へ	ね	て	せ	け	え
ろ	も	ほ	の	と	そ	こ	お
りゃ	みゃ	ひゃ	にゃ	ちゃ	しゃ	きゃ	や
りゅ	みゅ	ひゅ	にゅ	ちゅ	しゅ	きゅ	ゆ
りょ	みょ	ひょ	にょ	ちょ	しょ	きょ	よ

ん	つ

わ

一 「じ」「ず」と「ぢ」「づ」の混同

前期末までは「じ」「ず」は〔ʒi〕〔zu〕であり、「ぢ」「づ」は〔dʒi〕〔dzu〕であつたものが、江戸に入るとすぐ兩者の混同が一般的になつた。すなはち「ぢ」「づ」の頭の〔d〕が脱落し、「じ」「ず」と同音になつたのです。

二 開合の差

第二期の〔ǒ〕〔jǒ〕が無くなつてしまつたといふことです。〔ǒ〕がすべて〔ô〕になり、したがつて「あう」「あふ」も、「おう」「おふ」「おほ」も、同じ「お列」長音に化し、その表記の混同が起りました。漢字音の場合も同斷です。それは江戸時代に入るとすぐのことです。ただ今日でも新潟縣のある地方には開合の差を發音し分けるところがあるさうです。

三 「は行」子音の變化

「は行」子音は長く脣音〔f〕だつたのですが、江戸時代に入ると、脣の合せかたが次第に弱まり、つひには全く脣を動さなくなり、喉音〔h〕になつてしまひました。これも地方によつて〔f〕がまだ殘つてゐるところがあるさうです。

四　「え列」長音の發生

漢字音の二重母音〔ei〕あるいは〔eŋ〕を國語音韻化したエイは、語尾にウを當てたアウ・エウ・オウ等と異り、長音化せずにエとイの二音節に發音してをり、江戸時代に入つても長くそのままでしたが、後半に至つて〔ê〕となつてしまひ、「敬」「帝」「命」等すべて〔kê〕〔tê〕〔mê〕になつてしまつたのです。

五　「わ行」拗音の消滅

漢字音クワ・グワは標準音としてかなり長く保たれてゐましたが、江戸末期にはカ・ガと同一になつてしまひました。またその長音クワウ・グワウも開音ではなくなり、合音コウ・ゴウと同一音に歸しました。なほ方言としては殘つてゐるところがあります。

六　「が行」鼻音の發生

「が行」の子音は第一期、第二期を通じて〔g〕でした。語頭と語中語尾とを問ひません。しかし、現在では語中語尾では〔ŋ〕になつてをります。もつとも地方により、個人により、つねに〔g〕で押しとほす人もゐます。變化の時期は不明ですが、さう古くはないらしい。といふのは、〔ŋ〕音のない地方は大體クワ・グワが生きてゐる地方であるので、クワ・グワとカ・ガの混同と同時期ではないかと考へられます。昔は語のどここにあつてもつねに〔g〕だつたと言つても、室町時代では語中語尾に〔g〕が來るときに限り、その前の母音を鼻音化してゐたさうです。その鼻母音の影響で〔ŋ〕になつたものでせう。

七　二母音の復活

前期の「え」「お」は〔je〕〔wo〕であつて、母音は〔ɑ〕〔i〕〔u〕の三つしかなかつたと言はれるのですが、その〔je〕〔wo〕も〔e〕〔o〕になり、今日と同じく五母音になりました。時期は江戸時代のいつ頃か不明ださうです。

八　「さ行」音の變化

「せ」「ぜ」が關西以西では〔ʃe〕〔ʒe〕だつたのですが、江戸後期から中心の京都標準音も〔se〕〔ze〕になつてしまひました。勿論《もちろん》、さらに西に行くと、舊態を保つてゐるところが多いやうです。

大體以上で盡きますが、要するに、この期の音韻は總數百二、前期に比して三十三の減少です。缺音となつてゐた〔fju〕が〔hju〕として新たに登場し、さらに〔pju・mju〕の拗音を加へて三つ殖え、〔kwɑ〕〔gwɑ〕と〔di〕〔du〕と〔djɑ〕〔dju〕〔djo〕の七、および〔ǒ〕〔jǒ〕〔wǒ〕の二十九と、合せて三十六が減つてをります。このほかにベートーヴェンとかデュヴィヴィエとかバッファローとかカンサス・シティとか、外國の人名や地名を表す音や表記がありますが、それらは固定してをりませんし、表記はしても發音は日本流にしてゐることもあつて、國語音韻とは稱しかねますので、一切省略することにします。

言ひ忘れましたが、表に示した各期の音韻はそれぞれの時代の標準音、すなはち政治的中心地のそれで、第一期は大和地方、第二期は京都地方、第三期は東京地方の言葉に現れるものであります。

第五章　國語音韻の特質

　前章では音韻變化と呼ばれてゐる現象を、現代國語學の通說に隨つて紹介してみたわけですが、その事實に、あるいはさういふ事實を浮彫にして强調する解釋に、私は大きな疑ひを懷いてをります。あらゆる學問は事實そのものではなく、事實にたいする見方、すなはち解釋でしかありませんが、それにしてもある解釋を採用するといふことは、そのはうが他の解釋に隨ふよりも、對象である事實を深く廣く見ることが出來るといふ前提に基づいてゐるのであり、したがつて出發點が對象の事實にあることは言ふまでもないことです。が、程度の差こそあれ、近代日本の學問においては、この事實と解釋との關係が逆立ちのそれになつてをります。つまり、私たちはぢかに事實にぶつかるまへに、その事實の見方のほうを先に敎つてしまつたといふことです。西洋的な學問の體系とその方法とがそれです。

　その弊害は自然科學においては最小限度にとどめうるものかもしれません。が、社會科學においては看過しえぬ弱點として現れます。解釋が先行すると、その解釋に合はぬ事實が目に入らぬばかりでなく、そもそも目に入らぬ事實があるといふ事實に氣づかなくなります。また現に目にしてゐる事實にしても、別樣の解釋によつて別樣の事實に見えてくるであらうといふ事實にも氣づかなくなります。事實よりも前に手に入れた解釋をそのまま事實であると誤認し、學問において自分たちが扱つてゐるのは事實そのものだと思ひこんでゐる以上、改めてその外に事實を求め、事實を見ようとする意慾も起らず、必要も感じないでせう。日本の社會科學には、この種の解釋卽事實といふ低級な「リアリズム」が支配してゐるやうです。いささか大仰な言ひ方ですが、そこでは觀念の自覺がないために、あるいは人間が觀念的であるといふ認識が缺けてゐるために、その現實論がとかく觀念的になりやすいといふ逆說が成り立ちます。

が、當面の問題は、さういふ日本の學問の弱點が國語學において、ことにその音韻論において、最も顯著に現れるといふことにあります。なぜなら、音韻論の對象とする事實は人間の音聲であり、その音聲は發せられた瞬間に消えてしまふものだからです。それは事實としてほとんど捉へがたい、いはばはかないものであります。さらに過去の時代の音聲となれば、有史以前の怪獸の遺骨ほどにも證據らしい證據がなく、ほとんど學問の對象にはなりがたいものです。極端に言へば、もともと對象としての事實が無いだけに、解釋がそのまま事實として通用してしまふといつたところがあります。西洋流の解釋や方法を適用しても、決して事實の側から文句は出ない。音聲はいかなる扱ひを受けても音聲を發しない存在だと言ふことが出來ませう。

そればかりではありません。元來、音韻といふものは、その體系にしろ變化の法則にしろ、それが抽出された對象の言語そのものと密著不離の關係にあるものであつて、その體系や法則を他の言語に當てはめることは不可能なのです。なるほど英語とフランス語とは同じ音韻體系によつて說明することが出來ます。しかし、それは兩國語が一つ印歐語族に屬するものであり、もともと西洋の言語學といふものがその前提から出發してゐるからに過ぎず、その相似た兩國語においてさへ、それぞれの音韻體系、音韻法則はたがひに比較を拒絕する閉ぢられた世界に屬してゐるのです。

ことに音韻法則となると、法則とは單に名ばかりであつて、ただ歸納が行はれるだけの、全く演繹《えんえき》の效かない領域なのであります。言ひかへれば、一群の事實から歸納された音韻變化の法則は、ただそこにさういふ法則が認められるといふだけの話であつて、それだからといつて、過去の音韻にその法則が働いてゐたとも言へぬし、また未來についても私たちの音韻がその法則によつて變化してゆくであらうとも言へぬのです。つまり繰返しを前提とする實驗や豫測が不可能であるといふことです。なほ、そのことを別の言葉で言へば、音韻變化といふものが、なぜ、いかにして起るか、その原因と經緯とが說明できぬといふことでもあります。

話がやや抽象論に傾きましたが、要するに私は前章に述べた音韻變化の諸事實が西洋の言語學、音聲學の解釋によつて、いたづらに複雜化せられてしまつたもののやうに思はれるのです。國語音韻の實相はもつと單純なものではないでせうか。民間の研究家大泉健二郎氏は國語音韻不變化說を主張してをりますが、その所說の一とが眞實であるとは言ひえぬにしても、その根本には現代の官學系國語學者が注目して然るべき著想があるのであつて、もし氏の音韻不變化說の論據が不確實であるといふことであれば、國語學の通説とする音韻變化説も同程度に論據が不確實であると申せませう。私自身の立場はそのいづれにも屬しません。といふよりは、變化説、不變化説のいづれにせよ、それに固執し、それを强調することを誤りとは言はぬまでも、その必要がないといふのが私の考へです。さらに私はかう考へます。むしろこの相反する二つの考へ方を、足して二で割る折衷案式にではなく、對立したまま重ね合せることによつて、國語音韻の特質が正しく把握できるのではないか。國語音韻が變化したと言つても、その變化の仕方には生得的な必然性があり、逆説的に言へば、變化することによつて、かへつてその底流にある生得性を明らかにするやうな現象が起つてゐはしないか。さういふ觀點から、前章に述べた諸事實をもう一度見なほしてゆきたいと思ひます。

一　音節構造について

第一期における國語の音節構造は甚だ單純で、㈠母音一個のみから成るもの、㈡子音一個あるいは半母音一個と母音一個とから成るもの、この二種類しかありませんでした。しかも後者においても、必ず子音が前に來て母音で終るのが決まりで、その反對のものは無かつたのです。元來、母音は口の開きが大きく、吐く息をおさへずに出す開放的な聞えの良い音であり、一方、子音は口の開きの小さい、吐く息を必ずどこかでおさへた閉鎖的な聞えの惡い音であります。國語の音節構造において、子音が常に母音に先立つといふことは、口形が閉から開へ、息の通路が小から大へといふ運動を、單調にも一音節ごとに交互に繰返してゐるといふことを意味します。つまり、第一期の國語音節には、母音終りの開音節のみで、子音終りの閉音節が無かつたといふことになります。

さらに、その子音の働きはそれ自身獨立しうる强さをもつてをりません。たとへば「とり（鳥）」の語頭子音〔t〕を英語talkのそれと較べてごらんなさい。調音點も多少異るでせうし、何より舌の緊張度が違ひます。子音とは吐く息をどこかでおさへた音だと定義するかぎり、兩者は同じでありますが、そのおさへ方の强弱を問題にすれば、〔t〕ばかりでなく國語音韻中の子音はすべてそれが弱いのです。といふことは、國語音節における子音の存在は甚だ影が薄く、常に母音に寄りかかり、母音におぶさることによつて、初めて自己の存在を主張しうる、いはば依存的、寄生的なものだといふことです。吐く息のおさへ方が弱いといふのは、おさへた息の解き放ち方が早いといふことで、そのため次に控へてゐる開放的な母音に直ちに吸ひこまれ、抱きこまれてしまふのです。あるいは逆に言ふべきかもしれません。むしろ母音のはうで早く抱き取らうと待ち構へてゐるため、前の子音の發音において息をじつとおさへ、貯へてゐることが出來ないのです。

同時に、さういふ傾向は相互依存的なもので、母音のはうにも同様のことが言へませう。國語音韻において母音が子音を吸收してしまふといふのは、母音が强い獨立性をもつてゐるからではありません。もしさうなら、子音はそれに對抗して自分を守り、自分の存在を主張するために、いきほひそれ自身を際立てざるをえなくなります。ところが、その母音が國語音韻においては甚だ弱いのです。いはば自然發生的で、呼吸の生理にそのまま隨つてゐる感じであります。呼氣の量、持續の長さ、それに伴ふ調音體の緊張、それらすべてにおいて、最小限の勞力をもつて言ひ分けられ聞き分けられる樂な形が採られてをります。たとへば英語の母音〔ɑ・i・u・e・o〕の調音點は、口形、顎、舌、咽頭部などのいづれかにおいて、それに相當する國語の母音よりも大きな緊張力を必要とします。しかし、それは私たち日本人に慣れぬ外國音韻であるばかりではありません。私はかう思ひます。彼我の音韻の差は相通ずる一つ一つの音の絶對音價を比較することによつてのみ捉へられるものではなく、まづそれをおのおの音韻體系の中に置き、その全體との相對的關係において捉へねばならないのです。もしさうしてみるなら、國語の母音においては、〔ɑ〕なら〔ɑ〕は他の〔i〕〔u〕〔e〕〔o〕の四母音にたいして、あるいは最も紛はしい〔e〕〔o〕のわづか二母音にたいして、自己の輪郭を守れば足りるのに反し、英語においては〔ɑ〕はさらに〔æ〕〔ə〕にたいしても自己を峻別《しゆんべつ》しなければならぬ立場に置かれてをります。手取り早く言へば、國語の母音はいはば原色に近い五音しかないのに、英語ではそれに相應する基本的な短母音だけでも七つ、そのほかに長母音が七つあり、二重母音が九つもあるといふことです。二重母音は省くとしても、英語の〔ɑ〕は長短母音十四個の中で獨立を主張するためには、十四分の一の精密度を必要とするわけです。それに較べれば、五分の一の精密度ですむ國語の母音において、調音點の位置や持續の長さなどに幅があるのも當然と言へませう。

　この母音相互の對立の弱さは子音相互の關係においても見られることです。子音の數も淸音のみで九つしかありません。英語では半母音をも含めて二十二もあります。もつとも現代英語の音韻と上代國語の音韻と比較してその多少を言ふのは不公平かもしれませんが、必ずしもさうでないのは、現代國語の音韻においても本質的には九子音しかないと言へるからであります。そのことは徐ゝに述べてゆくこととして、以上、國語音韻を單音に分解した場合、それぞれの獨立性がいかに稀薄であるか、その原因はどこにあるかが解つていただければよいのです。さらに、その結果として言へることは、現代の國語學が試みてゐるやうに、國語音節を子音と母音との單音に分析して見せることは、あまり意味がないのみか、時に過ちのもとになるといふことであります。國語音節においては、子音と母音とが未分狀態にあり、音節即音素、あるいは音節即單音と見なすべきであります。國語音韻は母子音の分ちえない音節としてのみ捉へるべきであつて、それを單音に分ける西洋流の方法は、むしろ單音に分ちえぬことの理解のために役立てるべきであり、その反對に分析の結果として單音のあることを見出すために利用するのは誤りであります。そこから解釋と事實との混同が生じるのです。

　もし西洋流に單音分析の可能なものを明晳な音韻と言ひうるなら、音節としてしか捉へられぬ國語音韻は明晳でないと言ふべきでありませう。それは音聲學的單位の音素としてのみならず、音韻としてもまた甚だ不安定であり、曖昧《あいまい》であります。言ふまでもなく、最初に漢字を借りて國語音韻を表記した上代人においても、音韻は單に音節としてのみ捉へられてゐたのであり、したがつて文字は單に音節を表記する音節文字として理解されてゐたわけです。それは一體どういふことを意味するかといふと、それらの文字によつて表された音韻もまた曖昧、不安定のものでしかありえないといふことを意味します。今日においても、この國語音韻、かな文字の性格、及び兩者の關係は少しも變らず、依然としてかな文字は私たちの不安定な音韻を表記するのに最もふさはしい不安定な文字であり、歴史的かなづかひはさういふ國語音韻の生理に最も適合した表記法であると言へます。つまり、歴史的かなづかひが表音的でないことに不平をもらすまへに、人とはまづかな文字が表音に適さぬことに不平を言ふべきであり、さらに溯つて、國語音韻そのものが表音を拒否してゐることに著目すべきであります。

不安定な音韻にたいして不安定な文字を當てたからといつて、兩者の關係は決して不安定にはなりません。むしろそれゆゑに兩者の關係は安定してゐるのであつて、「現代かなづかい」論者、すなはち表音主義者の過ちは、その兩者間の安定した關係を崩してしまつたことにあります。彼等は元來が不安定な音韻に西洋流の音韻概念を與へ、その安定した枠の中にそれを無理に閉ぢこめてしまひ、一方、元來、不安定な音韻を表記するために造られてゐる不安定な文字に、西洋流の安定した音價を假想し强要したのであります。その結果、「現代かなづかい」においては、文字はかへつて音韻に不忠實になり、音聲學的にも必ずしも實際の音聲を寫してゐるものとは言へなくなつてしまつたのです。それは現象を寫すに急で、本質を寫しえてゐず、個〻の音韻を寫さうとして、音韻體系を寫しえてゐないのです。が、前にも申しましたやうに、音韻は音韻體系のうちにのみあるものなのです。もし文字と音とのずれといふことを問題にするなら、それは文字體系をどう改めたところで免れえぬものなのです。問題は、ある文字體系において、文字と音とのずれが、あるいはその兩者の一致が、どういふ形で現れてゐるかといふことなのであります。解りやすく申しますと、所詮、文字と音とのずれが免れがたいものであるとすれば、そのずれを無くしたり少くしたりするのは第二義的なことであつて、最も大事なことは、ずれてゐるところは、ずれるべくしてずれてゐるといふことです。一致してゐる面とずれてゐる面との間に必然的關係が保たれてゐて、そこに國語音韻の本質と體系とが顏を覗《のぞ》かせてゐるといふことです。「現代かなづかい」の音韻論的缺陷はそれがないといふことにあります。

以上のことを一口に申しますと、國語音韻は單に現象面においてのみ變化してきただけのことであつて、本質と體系とにおいては少しも變つてゐないのです。そのことを、一〻の音韻について具體的に檢討してゆきたいと思ひます。まづ前章に述べた音韻變化なる現象はどういふものであつたか、大層複雜のやうに思へたでせうが、それは結局のところ次の七條に整理できます。

㈠　上代特殊かなづかひの消滅。

(二)「は行」「さ行」「た行」子音の變化。
(三)濁音の發生、それに伴ふ「か行」「は行」における半濁音の分化、及び「さ行」「た行」における二音の同化。
(四)「は行」音の語中語尾における轉化。
(五)「や行」「わ行」音の轉化。
(六)二重母音、長音の發生。
(七)拗音、促音、撥音の發生。

右のうち(一)(二)は、いづれ後で論じますが、單なる臆測に過ぎず、學問的根據のないものです。殘る(三)以下は、音韻變化とは言ふものの、實は連音上の便宜音であつて、それゆゑに甚だ法則的なのであります。多少の例外はありますが、その場合、かな文字の一つ一つが表してゐる音韻に變化が起つたのではなく、同一不變の音韻が連音の便宜のため、その時だけ類似音に轉化したのに過ぎません。廣義の音便現象であります。これは重要なことですから、よくおぼえておいてください。さて、(一)(二)がかなづかひに無關係であることは言ふまでもありませんが、(三)以下にしても、それに關係があるのは(四)と(五)、それに(三)の「さ行」「た行」濁音における「じ・ず」「ぢ・づ」の二音同化と(六)の長音の一部だけですが、(三)と(六)は語意識の面からの考察を必要とするのにたいして、(四)と(五)とは專ら音韻論、あるいは音聲學の立場からのみ論じうるものです。まづそれから話を進めませう。

二　「は行」音の轉化

「は行」音がどう變つてきたか、途中の歴史的變化については、暫く不問に附することにします。當面の問題は、それが語頭においては〔ha・hi・hu・he・ho〕であるのに、語中語尾においては〔wa・i・u・e・o〕になつたと言はれ、かつさう思はれてゐることであります。もしそのとほりならば、最初の〔wa〕を除いて他はすべて「あ行」の母音音節と同じになつたといふことになります。これは重大な變化と申さねばなりません。なぜなら前章でも再三申しましたやうに、第一期の、あるいは本來の、國語音韻の特質は語中語尾に「あ行」母音音節が現れないといふこと、つまり日本人は語頭以外において「あ行」母音が發音できぬといふことにあります。それこそ連音法則中最大の要件と言へませう。ところが、それが變つて、この語中語尾の「は行」に母音音節が現れるやうになつたといふのです。つまり、現代の日本人は千年前の日本人が超えられなかつた音節的限界を克服して、語頭と語中語尾とを問はず、どこであらうと自由自在に母音音節を操れるやうになつたと考へられてゐるわけです。果してさうでせうか。

「あ行」音節はなぜ語中語尾に現れなかつたのか。第一期におけるこの唯一と言つてもよい連音の法則、すなはち音節と音節との結合の原理も、實は先に述べた音節内部における母子音結合の原理に基づくものなのであります。つまり、後者におけるのと全く同じ原理が、一ゝ符節を合せるやうに前者にも作用してゐるのです。すなはち、一音節内において母子音がいづれも弱く、獨立性を缺いてゐるやうに、一語內における各音節は相互に對立し牽制しあふ强さをもたず、そのため、とかく不安定になりやすいのです。それを安定させるための唯一の在り方は母音と子音とが一つおきに交互に出現するといふことしかない。子音は母音を防壁にすることによつて、母音は子音を防壁にすることによつて、わづかにその獨立と安定とを保ちうるといふわけです。しかし、子音と子音とが直續するといふことは子音終りの閉音節がない以上、音節と音節とのいかなる組合せによつても絕對に起りえません。一方、母音と母音との直續は、理論的には起りうるのです。「あ行」音が語中語尾に來さへすればいいからです。これは國語の音節構造が必ず母音終りの開音節であるといふ原理に反するものとは思へない。が、實際には反してゐるのです。

なぜなら、開音節といふのは單に形式上の約束ではなく、日本人の呼吸の最も自然な生理に隨つた力弱く怠惰で樂な發聲法が要求したものにほかなりません。子音と母音との交互登場は口形の小から大へ、息の通路の狹から廣への規則的な繰返しであつて、たとへば步行において、手が振子のやうに自然に前後に動くのによく似てをります。もし手が自然に止るところまで行かぬうちに急激にそれを止めたり、止るところまで行つたのに、さらにそれを上に振りあげたりしようとすれば、體は崩れ、足竝みは亂れる理窟です。同様に、一息の呼氣が閉に發して開に吐きだされて自然に盡きるところまで行かぬうちに、ふたたび急激に閉に移つたり、それが吐き出されて自然に盡きてしまつたのに、出發點の閉にもどらず開き放しで、さらにそのうへに開を重ねたりすれば、どうしても發聲の調子が亂れます。母音音節内部の構造原理として母音終りの開音節しかないといふことと、音節相互間の結合原理として語中語尾に「あ行」母音が現れないといふことと、この二つが同一の生理的必然に基づくものであることは、これで明らかになつたと思ひます。

　母音の側からのみ言へば、いはば「渡り音」的な豫備運動として、その前に子音があつたはうが樂に發音できるのです。豫備運動なしに、最初から口形を大にし、息の通路を廣く構へ單獨で明晳に發音することは、そのこと自體あまり樂ではないのですが、語頭においてのみわづかにそれが可能なので、語中語尾において直續する前の語尾母音に續けて、狹小な子音の豫備運動なしにそれを行ふことは全く無理なのであります。さういふ音節的生理は今日といへども、少しも變つてをりません。

　問題の「は行」音が語中語尾において「わ・い・う・え・お」と同音になつたといふのは嘘であります。「現代かなづかい」が强制された最初、何よりもこだはつたのはそれであります。「思わず」「思い」「思う」「思えば」「思おう」と書けと言はれて、かなづかひは語を寫すべきか音を寫すべきかを問題にする以前に、たとへ音を寫すものとしても、これは間違つてゐると思ひました。さう書いてあるのを讀むと、今でも自分の口を無理にこじ開けられるやうな不快感をおぼえます。なぜなら、「わ」はもちろん、その他もそれほど明瞭な母音を發音してゐないからであります。ですから、當初、私はさういふ表記法に漠然と抵抗感をおぼえたのです。私ばかりでなく、大抵の人がさうだつたのです。音聲に忠實といふ意味でも、「わ・い・う・え・お」よりは「は・ひ・ふ・へ・ほ」を書くはうが自然だと思はれました。

私が考へた理由はかうです。英語においても〔h〕を子音と見なすのは問題で、むしろ半母音とする考へのはうが有力でありますが、ことに國語の「は行」子音としての〔h〕は甚だ母音に近い半母音であつて、英語のそれとは異り、喉音とは言つても喉頭部の狹窄《けふさく》が極くわづかで、「あ行」母音に較べると心もち喉頭部が緊張するといふ程度の差しかありません。それは單獨に、あるいは語頭に用ゐられる場合でも同じことです。「は」と「あ」を、「ひ」と「い」を、それぞれ故意に差別しようとせずに發音してみてごらんなさい。調音點のどこが異つてゐるか、訓練のない私たちには判然としにくいところがあります。語頭においてもアクセントがそこにないと、「は行」音はとかく「あ行」音に紛れやすいものとなります。たとへば、ある文脈の中では「はつもの（初物）」を「あつもの（羹）」と言つても、その間違ひに氣づく人がないかもしれません。

私は國語學の通說に隨つて、「は行」子音の脣音退化が行はれ、遠い古代から〔p〕↓〔f〕↓〔h〕となつて、いづれは消滅し、母音音節に同化するだらうなどと考へてゐるのではありません。私の言ひたいことは、〔h〕音がいかに微弱であり微妙であつても、それは嚴然と存在し、私たちはそれを發音してゐるのであつて、語中語尾においては、それがさらに弱くはなりますが、人ゝが思つてゐるほど、あるいはさう思ふやうに仕向けられてきたほど、その差はひどくないといふことです。「かひもの（買物）」の「ひ」は「いのち（命）」の「い」よりも「ひだり（左）」の「ひ」に近いのではないか。それが私の最初に懷いた疑問であります。

なほ例を擧げますと、「ほほ（頰）」「ほのほ（火の秀）」を「現代かなづかい」では、「ほお」「ほのお」と書けと申しますが、これは「ほ・お」「ほ・の・お」とそれぞれ二音節、三音節に讀めといふのか、あるいは前者では「ほ」の、後者では「の」の長音のごとく讀めといふのか、その點が不明ですが、いづれにしても私たちが實際に意識してゐる音と違ひます。實際には、いづれの場合にも最後の音節は「ほ」であり、それを輕く發音してゐるのです。また「は行」に活用する動詞の終止形ですが、たとへば「おもふ（思）」「くふ（食）」を「おもう」「くう」と書くのも間違つてゐます。私たちは決して「う」などといふ明瞭な母音を發音してをりません。またこの場合にも、この「う」は前の音節「も」「く」と切離して別音節として發音するのか、それともその長音のごとく發音するのかが問題になりますが、やはり私たちはそのいづれでもない發音をしてをります。事實、「私はさう思ふ」と言ふときと「さうは思ふものの」と言ふときとでは、同じ「思ふ」の「ふ」の音に違ひがあり、その差を蔽ひ、兼ねるためには、明瞭な「う」よりも曖昧な「ふ」のはうが適當でありませう。

また「おほふ（蔽）」「こほる（凍）」「とほる（通）」などにも問題があります。第三章で申しましたやうに、これらは「現代かなづかい」で「おおう」「こおる」「とおる」となりますが、一體何音節に讀むのか。「おおう」などは「お・お・う」か「お・おう」か「おお・う」と三様に解されますし、「こおる」は「こ・お・る」と三音節に近く、「とおる」は「とお・る」のごとく長音節を含んだ二音節に解されます。しかし、連用形に助詞の「て」を附けますと、「とお・る」も「と・おっ・て」に近くなり、「と」の長音とは解しがたくなります。この場合も固定した「お」より不安定な「ほ」のはうがよく、ことに「おおう」のやうに「あ行」文字を三つ立て續けに書かれると、ますますそのことがはつきりしてきます。もつとも以上の諸例において、「あ行」文字にしても曖昧、不安定なものなのだから、さう用ゐればそれまでのことではないかと言ふ人がゐるかもしれません。その不可なることは徐ゝに申しますが、簡單に言へば、「は行」文字を用ゐて「あ行」音を表すことは自然に思へても、「あ行」文字を用ゐて「は行」音を表すのは不自然であり、それでは人に理解されないといふことは容易に推測できませう。

「あやふい（危）」と書いて「あやうい」に近い發音を求めても無理ではないが、「あやうむ」と書いて「あやぶむ」の發音を求めても無理ではないか。それなら「あやふい」「あやぶむ」と共に「ふ」を用ゐたはうが、「あやうい」「あやぶむ」と二様に書き分けるよりよくはないでせうか。また「あぢはふ（味）」「にぎはふ（賑）」「こだはる（拘）」

「おもはない（思）」「かかはり（關）」「ひまはり「（向日葵）」等とにおいて、今では「は」を「わ」と書かされますが、もしそれが人爲的、强制的でないとするなら、それを「あ」と書いても不思議はないし、初めの二語などは「や」と書いても不自然ではないといふことになります。それらは「は」音でないと同程度にと言ひたいが、實はそれ以上に「わ」音ではなく、時に「や」音に、時に「あ」音に傾斜を示してゐるからです。「それは」といふ言葉が戲曲や會話體などで、「そりや」「それあ」「そらあ」などと書かれるのを見ても明らかです。また算盤《そろばん》で「ごはさん（御破算）にねがひましては」と言ふとき、その「は」を時には「わ」に近く、時には「あ」に近く發音してをります。それなら、やはり「は」と書いておいたはうが、「わ」「や」「あ」いづれへの轉化の可能性をも含めうるではありませんか。

それは單なる習慣からくるものではなく、「は行」音そのもののうちに、さういふ音韻論的な、あるいは音聲學的な必然性があるに相違ないのです。その點で、私は前記の大泉氏に色〻教へられました。大泉氏によれば、「は行」子音が〔p〕から〔f〕へ、さらに半母音〔h〕へと變化してきたなどといふのは全くの虚妄の說で、それは初めから今日のごとく半母音〔h〕であつたばかりでなく、「は行」音が語頭と語中語尾とで異つた發音をされるといふ現象も、決して第二期以後に初めて起つたものではなく、そもそもの最初からさうあつたことなのだといふのです。つまり、音韻は少しも變化しなかつたといふわけです。この新說には到底ここに盡しえぬ根據が數多くあるのですが、結論はさういふことです。しかし、私は前にも申しましたやうに、それをそのまま受けいれる氣にはなれません。しかし、國語學の定說どほり脣音退化による「は行」子音の變化と、さらに語中語尾音の轉化とを認めたにしても、その轉化音の音價に關する大泉氏の說はなるほどと思はれるので、ここに紹介しておきます。氏によれば、それはやはり半母音〔h〕なのです。決して「わ・い・う・え・お」と同音ではありません。語頭と語中語尾とを問はず、いづれも〔h〕でありますが、その差は語頭においては普通の無聲音であり、語中語尾においてはその有聲化したものであるといふのです。なるほど、指摘されてみれば、そのとほりです。

では、その違ひはどこにあるか。無聲〔h〕の普通の「は」行音でも、〔h〕と次の母音との關係を故意に變へてみることによつて、幾分その違ひが解ります。ある英語學者によると、英語では〔h〕の呼氣が弱まつてから次の母音がくるのに反し、ドイツ語ではそれが弱まらぬうちに母音が續くさうです。その點、日本語はむしろドイツ語に近いと言へませう。その國語の、たとへば「ひ」の〔h〕と〔i〕とを普通よりも離して、〔h〕がほとんど終るところに〔i〕を發音してみると、その舌の位置は「い」と同じになります。その反對に〔h〕の呼氣とほとんど同時に〔i〕を發音し、短く中絕したままにしておくと、その時の舌の位置は前の時よりも奥に引きこんだ形になつてをります。といふことは、奥舌で喉頭を狹窄してゐるといふことですが、そのままで今度は「い」を發音してみると、普通の「い」とは異る奥まつた曖昧な「い」が響きます。それが有聲〔h〕の「ひ」、すなはち語中語尾の「ひ」であります。「ひ」のみならず、「は・ひ・ふ・へ・ほ」すべてについて同様のことが言へます。

英語でもまれに〔h〕の有聲化は起ります。たとへばperhapsのhがそれで、これは〔pəhæps〕と有聲に發音されもし、また〔præps〕と無聲で發音されもして、その場合は詳しい音聲記號では〔ɦ〕を用ゐますが、普通はこのやうに無發音のごとく記されます。それにしても、このperhapsの場合はまだしも辭書に記入され公認されて、やや固定化してをりますが、たとへばbehindのように前後に母音が控へてゐるとき、人によつては、この〔h〕を有聲化して發音することがあつても、はつきりした音素としては認められてゐないのです。英語の場合、それは問題にならぬくらゐ例外的なものですし、ほとんど固定化してゐないのですが、國語の場合は、語中語尾の「は行」音と言へば、數のうへでも語頭のそれを上廻つてをり、しかも英語の場合と異つて、有聲化が全く法則的に行はれてゐるのですから、それを無視するわけにはまゐりますまい。ただ右の例で面白いのは、英語においても、母音にはさまれた〔h〕が發音しにくいといふこと、その場合の轉化音が英語學者によつて〔h〕の有聲化と認められてゐることです。開音節である國語の場合、語中語尾の〔h〕は常に母音と母音とにはさまれてゐるのですから、それを有聲化と考へる大泉氏の說は正しくもあり當然でもあるわけです。それを「わ・い・う・え・お」となつたと斷定した國語學のはうがむしろ「獨斷的」と申せませう。

どこに間違ひのもとがあるかといへば、國語音韻を連語と連音とにおいて捉へないからいけないのではないか。なるほど、音韻とは音聲學上の、あるいは物理學的な、實際の音とは違ひ、話し手が一般にそれと意識し解釋してゐる心理的な音であります。が、この定義には色ゝ問題がある。といふのは、まづ第一に、一口に話し手が意識してゐる、あるいは意識しうるなどといつたところで、その意識の深淺と當否とは相對的なもので、教育や訓練や暗示によつて大きく左右されるからです。第一章の二に述べた「現代かなづかい」論者の欺瞞《ぎまん》、ないしは錯亂は、その間隙《かんげき》に生じたものにほかなりません。彼等は「現代かなづかい」が現代語音として意識されてゐる音韻に準據するものであつて、音聲學上の音を寫さうとする表音主義とは異ると言つてをりますが、その意識のしやう、あるいはさせやうによつて、表音主義に近づきもし遠ざかりもするでせう。表音主義といつたところで、結局、意識の世界を離れられるものではありますまい。

第一章の一で宿題として提出しておいた「てきかん（敵艦）」と「てつき（敵機）」の別などもいい例です。その書き分けの理由は、前者では第二音節の「き」が無聲化してわづかながら殘つてゐるのに反し、後者ではそれが完全に促音になつてしまつてゐるからだといふのです。たとへそのとほりだとしても、一體誰がそこまで兩者の語音の差を意識し發音し分けてゐるでせうか。さらにをかしいことには、「現代かなづかい」はそこまで意識的分析を要求しながら、一方、「各界」「角界」では第二音節の「く」が殘つてゐることを無視し、いづれも「かつかい」と促音にしてゐるかと思ふと「音樂家」では「おんがくか」と「く」を生してゐる。全く詰らぬ苦勞をしたものです。それよりはすべて「き」「く」と表記し、一つ一つの音韻としてはさうなのだが、その後に「か行」音がくる連音の場合にのみ促音になることがある、そこはよろしくやつてくれと教へたはうが遙かに解りやすいし、眞の意味ではかへつて表音的でもあり、同時に國語音韻の本質と體系に忠實でもあると言へませう。

第二に、話し手が一般にそれを意識してゐる音といつたところで、單獨の音節ならいさ知らず、連音の場合にそれを前後から切離して捉へることは難しいことで、當然、その方法が問題になります。いづれ西洋の言語學や音聲學から教つたことでせうが、普通の話し手がある言葉を「一音節づつゆつくり發音してみろ」と言はれたときに發する音が、その語音であり音韻であるといふ考へを國語學はそのまま踏襲してをります。たとへば「しあひ（仕合）」の「あ」は誰も〔a〕と發音してをらず、〔ja〕か〔jæ〕に發音してゐるが、一音節づつゆつくりと言はれれば、〔a〕と發音するのであるから、この音韻は〔a〕であり、それにしたがつて「あ」と書くのが「現代かなづかい」だと言ふのです。さうなると「敵機」「各界」をゆつくり發音する場合、人によつては「き」「く」を發音するでせうし、また人によつては「しあひ」をゆつくり「し・や・い」と發音し、その「や」を「やま（山）」の「や」と同音韻と意識してゐるかもしれません。つまり、語意識が音韻を決定してゐるのです。前者では文字を知つてゐることが、後者では文字を知らぬことが、その人の音韻意識を左右してゐると言へませう。

「は行」文字についても同様のことが言へます。文字を知り始める頃から、語中語尾の「は行」文字は「わ・い・う・え・お」と讀むのだと教へられてきた以上、實際にさう發音してゐなくとも、一音節づつゆつくり讀めと言はれれば、「しあひ」を「し・あ・い」とはつきり發音するでせうし、それなら「ひ」と書くより「い」と書いたはうが音そのままで易しいと思ひこむのも當然です。が、さう書かうと、彼は依然としてそれを「い」と同音には發音してゐないのです。もし次のやうに教育したなら、どういふことになるでせうか。語中語尾の「は行」文字は語頭のそれのやうに〔hɑ・hi・hu・he・ho〕ではなく、〔ɦɑ・ɦi・ɦu・ɦe・ɦo〕なのだと教へられれば、どうなるか。おそらく彼は「しあひ」を「し・あ・い」とは言はず、その「ひ」を語頭の「ひ」でも「い」でもない音に發音するでせう。そしてそれが「ひ」文字であることに矛盾など感じはしないと思ひます。

事實、歴史的かなづかひを習つてきた私たちは、語中語尾の「は行」文字について少しも矛盾を感じはしませんでした。文字と音とのずれなどと事〻しく問題にする氣など起らなかつたのです。語頭の「ひ」音と共通なものを感じ取つてゐたからです。今でも、かなづかひが變つて音どほりに書けばいいのだくらゐに思つてゐる年配の人から貰ふ手紙には、語中語尾の「は行」文字だけは舊のままといふのが大分あります。また江戸時代の「無學」な戯作者の文章は、随分でたらめなかなづかひによつて書かれてをりますが、やはり語中語尾の「は行」文字だけは守られてゐるのが多く、時には「い・ゐ」

「え・ゑ」を用ゐるべき場所にまで「ひ」「へ」を用ゐてゐるくらゐです。それほどに守られてゐる理由は、第一に、それが音韻的にも極く自然であるからでせうし、また第二に、「い・ゐ」「え・ゑ」のやうな場合は少く、大抵は「は行」文字を用ゐて過たぬほど法則的であるからといふこともありませう。

私は大泉氏のやうに第一期においても、たとへば「こひ（戀）」は今と同じ〔ko ɦi〕と發音してゐたのであつて、決して〔ko hi〕ではなかつたと主張する根據をもちません。その意味で音韻不變化を唱へるつもりはない。が、今日においても〔ko ɦi〕であつて〔ko hi〕ではなく、〔ko i〕とは言へぬといふ意味で、すなはち「あ行」音が語中語尾に現れぬといふ點で、連音の法則はもちろん、音韻體系そのものは不變であると言ひえます。もちろん「は行」音だけの考察では不充分で、なほ「ついで（序）」「たかう（高）」「あまえる（甘）」等のごとく、歴史的かなづかひにおいても語中語尾に「あ行」文字を用ゐた場合をも順次檢討してゆかねばなりません。

三　「や行」「わ行」音の轉化

「や行」「わ行」音が「あ行」音とどういふ關係にあるか、さらにその三者と「は行」語中語尾音とがどういふ關係にあるか、その歴史的推移についての國語學の通説は、前章に、ことにその「第二期の音韻」一に述べたとほりですが、それを整理してみますと第一表のやうになります。

表中、私にとつて甚だ疑はしいと思はれるのは、第二期において、母音が〔ɑ〕〔i〕〔u〕の三つになり、〔e〕〔o〕は〔je〕〔wo〕に取つて代られたといふ解釋です。しかも、その根據となつたものが、室町末期の切支丹文獻に見られる日本語のローマ字書きであつて見れば、なほさら信用しかねると言へませう。それらは多く外國人バテレンと日本人イルマンとの協力によつて作られたもので、主として外國人の日本語習得を目的とし、當時のポルトガル綴字法に基準を置いて書かれたものであります。本項に關係のある音韻のみを拔書きしてみますと、それは第二表のやうになります。その中で、〔u〕音と〔o〕音との括弧内のv・voは主として語頭に用ゐられてをり、語中語尾にはu・

	第一期前の推定音	第一期	第二期	第三期
あ	ɑ	ɑ	ɑ	ɑ
い	i	i	i	i
う	u	u	u	u
え	e	e	◯	e
お	o	o	◯	o
や	jɑ	jɑ	jɑ	jɑ
い	ji	◯	◯	◯
ゆ	ju	ju	ju	ju
え	je	je	je	◯
よ	jo	jo	jo	jo
わ	wɑ	wɑ	wɑ	wɑ
ゐ	wi	wi	◯	◯
う	wu	◯	◯	◯
ゑ	we	we	◯	◯
を	wo	wo	wo	◯
は	pɑ	fɑ	wɑ	wɑ
ひ	pi	fi	i	i
ふ	pu	fu	u	u
へ	pe	fe	je	e
ほ	po	fo	wo	o

第一表

a	あ
i・j・y	い・ゐ・ひ
u(v)	う
ye	え・ゑ・へ
uo(vo)	お・を・ほ

第二表

33		あ	ɑ
29	26	い	i
	3	ゐ	
13		う	u
6	4	え	e
	2	ゑ	
19	14	お	o
	5	を	

第三表

uoが當てられてをります。しかし、〔u〕音が語中語尾に現れることは、室町末期には既になかつたはずです。なぜなら〔ɑu〕は開音〔ǒ〕になり、〔ou〕〔eu〕は合音〔ô〕〔jô〕となり、〔iu〕は〔jû〕となつてゐたと考へられ、事實、切支丹文獻ではそのやうに開合の別まで書き分けられてゐるからです。したがつて、これは「あらうみ（荒海）」などの結合語の場合しかないといふことになります。それにしても、v・uの語頭と語中語尾との書き分けが、果して兩者における音韻の差を示すものかどうかが問題です。おそらくさうではありますまい。當時のポルトガル語では、また英語などでも、v・uはいまだ差別なく用ゐられ、同一音韻を表すものと考へられてをりました。同じ語においても、それが文頭に大文字をもつて書かれるときにはVに綴られ、文中ではuに綴られてゐるくらゐですから、切支丹文獻でも習慣的に語頭をvをもつて際だてたのではないでせうか。

もしさうだとすれば、表中、問題のないのは〔ɑ〕音と〔u〕音だけです。私たちに疑問を起させるのは、殘りの〔i〕〔e〕〔o〕三音の表記です。〔i〕にはi・j・y三種の綴り方があり、〔e〕と〔o〕は母音音節として扱はれてゐないかのやうに、それぞれ頭にy・uが添へられてをります。なぜでせうか。國語學はそこに音韻的意義を認めてをりますが、果してさうでせうか。もちろん、私はその表記が音韻と無關係だとは申しません。が、それは決して音韻の個々の單位を表すものではなく、連音の關係における音韻の體系を表すものと考へます。母音音節中〔ɑ〕〔u〕音の表記が問題のな

	-e		-o	
	(A)	(B)	(A)	(B)
1	qae	cae	qao	cao
2	qie	quie	qio	quio
3	que	cue	quo	cuo
4	qee	quee	qeo	queo
5		coe		coo

第四表

い形を採つてをり、〔i〕〔e〕〔o〕音のそれが複雑な形を示してゐるのは、前二者が結合語の場合以外に語中語尾に登場せず、常に語頭音として受け入れられてゐたのに反して、後三者はむしろ語中語尾音として出てくるはうが常態であり、語頭に立つのはそれに較べて遙かに少く、したがつてそれらは語中語尾音として受け入れられてゐたからではないでせうか。さらにその三者を相互に比較してみると、〔e〕音は最も少く、〔i〕音は最も多い。大よその見當で確實なところは解りませんが、「大言海」によると、五つの母音音節とその類似音とを語頭にもつ語の數の百分比は第三表のやうになります。

次に問題になるのは、それにしても、〔o〕〔e〕音はそれぞれ一種の表記しかないのに、〔i〕音には三種の表記があり、しかも、正に母音を示すものと思はれるiの綴りが當てられてゐるといふことです。が、その前にye・uoがe・oと綴られなかつた必然性について述べておきます。理由は簡單なことで、e・oと綴ると、音韻、文字、兩者の關係において不都合が生じるからです。普通〔e〕〔o〕と考へられてゐる音は語頭よりも語中語尾に現れる場合のはうが遙かに頻度が高く、語中語尾音として受け入れられてゐたとすれば、當然、表記にもその場合の配慮が行はれるはずですから、まづそれが語中語尾において前の音節の尾母音と組合せられたときのことを考へてみませう。もし、それをe・oと綴ると、たとへば「か行」音節（qa ca・qi qui・qu cu・qe que・co）の後では第四表のやうになります。それぞれⒶⒷ二種いづれでもよいのですが、この場合、明らかに不都合なのは第二段の「キエ」「キオ」と第三段の「クエ」「クオ」とです。qie・que・cueとqio・quo・cuoとはどうしても拗音「キェ」「クェ」「キョ」「クォ」にしか讀めませんし、第二段Ⓑに至つては、三音節qu・i・eとqu・i・oに、すなはち「クイエ」と「クイオ」にも讀まれかねません。既に「キ」「ケ」をqui・queと綴るのが無理で、これだけで拗音に讀まれることは防ぎがたく、大抵はqi・qeを使つてをります。事實、「クォ」「グォ」をquo・guoと綴つてをりますし、「キョ」「ギョ」「ヒョ」「ビョ」「ピョ」「ミョ」「リョ」はqio・gio・fio・bio・pio・mio・rioと綴つてをります。ことに「ギオ」は、「ギ」がguiなので、それにoをつけると、第二段Ⓑと同じく三音節「グイオ」にも拗音「ギョ」にも讀まれる心配があります。また-eの第四段と-oの第五段は-ee・-ooと竝んで長音のやうにも見えます。

　かうしてみると、安心なのは第一段だけです。その理由からだけでも、たとへ當事者が語頭と語中語尾との區別なく、それらをひとしく〔e〕〔o〕音と思ひこんでゐたとしても、なほそれをye・uoと綴ることは決して不自然ではありません。ことに〔e〕〔o〕音は助詞の「へ」「を」にしばしば用ゐられ、初期の切支丹文獻ではそれらを獨立に分ち書きしましたので、母音一つでは文字として不安定でもあり、eとoとはたがひに紛れやすくもあるので、その點でもye・uoとしたことが納得できます。ye・uoの表記だけから、それが〔e〕〔o〕にあらざる〔je〕〔wo〕の音韻を表してゐると斷じるわけにはゆかぬと思ひます。

〔i〕音三種の書き分けについても同様のことが言へませう。いづれも音韻意識によるものではなく、語意識やそれに基づく形態意識によるものではないでせうか。たとへば「かなしい（悲）」「しひ（椎）」のごとく最後の音節が〔i〕音で、しかもその直前の音節の尾母音も〔i〕音である場合は、決して-iiとは書かず、-ijとしてをりますが、さうかと思ふと、同じ條件のもとにありながら、「めいい（名醫）」では-iyとなつてをります。この場合もiとj・y、あるいはjとyとの音韻差を當事者が果して意識してゐたかどうかは問題です。なぜなら、「たぐひ（類）」などでもiではなくyが用ゐられてをり、語頭でも「ゐる（居）」ではやはりyになつてをります。事實、當時のポルトガル綴字法では、i・j・yに音韻差を表させる習慣はなく、十六世紀のポルトガル語文獻におけるそれらの書き分けは、專ら默讀の便を慮つてのことでしかなかつたやうです。綴字形態としての際だちを目的として、一音三字を用ゐてゐたのです。ことに當時は、文字は活字によるよりも筆寫を通じて訴へる機會のはうが多かつたといふことを忘れてはならず、それなら、連續した綴字においては、他の文字とは紛はしいもの、あるいは連續の仕方によつて他の音韻と誤解しやすいものは、なるべく避けるやうに注意をしなければならないはずです。

のみならず、自國の音韻や語に都合よく作られた文字をもつて異國の語や音韻を寫さうとした切支丹文獻においては、それは特に必要なことだつたと思ひます。たとへば、iのやうな目だたぬ文字が-iiと二つ竝ぶのを避け、最後のiの代りに長く下に突出したj・yを用ゐて、-ij・-iyとするのは極く自然のことです。その一方をjとし他方をyとしてゐるのは、字面としてjのはうがyよりもiに似てゐるので、「かなしい」「しひ」のごとく活用語尾や單なる語尾音にそれを用ゐ、「めいい」のごとくそれ自身に意味があり、獨立も出來、語頭にも立てるものにはyを用ゐてゐるのでせう。また「たぐひ」の場合は、もしそれにiを用ゐれば、guiとなり「ぎ」の表記と同一になつてしまふので、それを避けたのに相違ありません。そればかりではない。漢字音、音便を考慮に入れますと、語中語尾における〔i〕音の頻出は大したものであります。〔u〕音のはうは漢字音でも「う」音便でも、前の音節と一緒になつて「お列」のいはゆる長音、拗長音と化してしまふのですが、〔i〕音はそのまま一音節として表記せねばならぬのですから、なほのことi一つではうるさくもなり、形態も單調になりやすいので、他の母音に較べて多くの表記法を與へられたのでせう。いづれにしても、文字として目に訴える綴字といふ考へが働いてゐるのであつて、單に音韻差の意識からのみとは思へません。

　以上のとほり全く皮肉な話で、當時のバテレンやイルマンは現代日本の國字改革論者によつて、かな文字よりは遙かに表音的だと信じられてゐるローマ字を、自國語學習の場合よりは遙かに表音文字を必要とする外國語學習に用ゐながら、しかも非表音的な綴字法を考へついたわけであります。彼等は文字の意義、目的、效用を知つてをり、綴字法あるいは正書法がいかに在るべきかをおのづと心得てゐたと言ふべきで、もし彼等が今日の「現代かなづかい」を見たなら、なんと言ふでせうか。「文句をいいいい相手」とか「文句をいいいいつしよに暮す」とか「つごうのいいいいがかり」とかいふ字面におそらく我慢できますまい。ローマ字で分ち書きするとしても、「かなしい」を-ijとし、「ゐる」をy-とした彼等が「言ひいい」や「言ひ言ひ」をi-i-i-iなどと綴るはずがないでせう。

しかし、彼等は音韻としては「い・ゐ・ひ」も「え・ゑ・へ」も「お・を・ほ」もおのおの同一音として理解してゐたと思ひます。「は行」語中語尾音が〔h〕の有聲化した〔ɦ〕を頭音にもつなどといふ意識も無かつたでせう。それらをひとしく母音音節と考へてゐたのに相違ありません。ただそれらの發音に語頭と語中語尾とで差があることだけは感じとつてゐたでせう。簡單に言へば、語中語尾においては、母音音節が曖昧になることを聽きとつてゐたのに違ひありません。ですから、右に述べた音韻と文字との相互關係に支障がないとしても、少くとも〔e〕〔o〕音は語中語尾音を基準にye・uoと綴り、それを語頭にも流用したのだらうと思ひます。

それはともかく、現在、私たちは語中語尾の「あ行」「や行」「わ行」音を區別してゐるでせうか。もちろん、區別してをりません。それなら「や」「ゆ」「よ」と「わ」以外は「あ行」音に發音してゐるのか。いちわうさう言つてもよろしい。が、語中語尾で

「あ行」音は發音できず、たとへそれを發音してゐるつもりでも、實は「は行」音を、すなはち、〔h〕の有聲化した〔ɦ〕音を頭音とした「は行」音を發音してゐるのです。したがつて、表音主義でゆけば語中語尾の「い・ゐ」「え・ゑ」「お・を」はすべて「ひ」「へ」「ほ」と書いたはうがよいのです。

さらにそのことを推しすすめて、少〻亂暴なことを言ひますと、私たちは語頭においてさへ「あ行」音を正確に發音してゐるかどうか。私たちの母音發音が曖昧なのは必ずしも語中語尾においてばかりではありません。たとへ語頭においても、また獨立した一音節としても、私たちは母音を決して樂には發音しえないのです。くどいやうですが、もう一度そのわけを申します。口形、息の通路が狹小なるものから廣大なるものに向ふのが、原則的に一番怠惰で樂な發聲法といふものでありますが、日本人は徹底的にその生理的經濟原理に依存し、いささかでもそれに逆ふ勞を取らなかつた。ところが、母音音節だけはその原理が適用できません。それは他の音節と異つて、發聲豫備運動を兼ねる狹小な子音をもたず、いきなり廣大の調音を行はねばならないからです。が、實際には、私たちは一種の「ごまかし」を行つて、それを樂に發音している。つまり、調音點が充分に整はぬうちに聲を出しはじめてゐるのです。したがつて、母音音節とはいふものの、それは二部分に分けうるもので、眞の母音は後半にあり、前半はその目的實現に向ふ、いはば子音を含んだ音節における子音の役割を果してゐると考へられます。

分析の手續上、やや極端な言ひ方をしましたが、右の指摘が少くとも廣母音〔ɑ〕

〔o〕〔e〕に、ことに〔o〕と〔e〕に當てはまることは解つていただけると思ひます。兩者にたいして、いはば潛在的助走部の役割を果すのは狹母音〔u〕〔i〕でありますが、言ふまでもなく、その調音點が、〔u〕は唇の開きにおいて、〔i〕は舌の高さにおいて、それぞれ私たちが默つて樂にしてゐるときの自然狀態に甚だ近いので、そこを助走部にすることによつて、廣母音〔o〕〔e〕の發音も樂になるわけです。その場合、〔o〕が〔u〕に、〔e〕が〔i〕に力を借りるのは極く自然のことと考へられます。なぜなら、〔o〕と〔u〕とは、舌の高さに多少の違ひはありますが、同じ後舌母音で、唇の形も相似て近く、また〔e〕と〔i〕とは、やはり舌の高さは違つてゐても、同じ前舌母音で、唇の形もほとんど同じ平口であるからです。その〔u〕〔i〕が半母音〔w〕〔j〕になれば、舌の位置も低くなり、それぞれ一層〔o〕〔e〕に近づき、〔o〕〔e〕の發音はますます樂になりませう。

〔ɑ〕についても同樣のことが言へますが、ただ〔ɑ〕は〔u〕〔i〕との距離が、〔o〕〔e〕の場合のやうに近くはありません。最大最廣の、いはば全開母音なので、「ごまかし」がききにくいのです。はつきり〔ɑ〕と發音するか、これまたはつきり〔uɑ〕〔iɑ〕あるいは〔wɑ〕〔jɑ〕と拗音化して「わ」「や」になつてしまふかしなければなりません。しかしその〔ɑ〕も結合語や〔ɦɑ〕として語中語尾に現れると、前の音節の尾母音に牽制されて、それまで潛在的だつた助走部が急に顯在的になり、「あ」「わ」「や」の間を浮動しはじめます。たとへば、「しあはせ（仕合）」を「しわわせ」「しわあせ」のいづれかに近く發音してゐる人が多い。「あ」はまた「わ」のみならず「や」にも近く發音されます。「しあひ（仕合）」「みあひ（見合）」「つきあひ（交際）」などの「あ」がさうですし、先の「しあはせ」の場合にも、「しやわせ」「しやあせ」になることがあります。また語頭においても上代の「あ」と「わ」は相通じて「吾」に用ゐられましたし、今日でも同樣、「わたくし（私）」が「あたくし」に、「わたし」が「あたし」に發音されます。一方、狭母音〔u〕〔i〕は一番「ごまかし」がききやすく、私たちが大抵はそれを語頭においてすら〔wu〕〔ji〕に發音してゐることに、私たち自身で氣づいてゐないのです。それなら、純粹に音聲學的に言つても、切支丹のバテレンやイルマンが母音音節中〔ɑ・i・u〕の三音を殘して、〔e・o〕をye・uoと綴つたこともうなづけませう。

　最後に、それでは第一期の借字當初において「や行」の「え」と「わ行」の「ゐ」「ゑ」「を」とはどんな音を表したものだつたのでせうか。正直、私には解りません。同樣に、國語學者にも解つてをりません。ただ色〻に臆測してみるだけです。一番通用してゐる説は五十音圖を基にして、縱軸「あ行」の五母音と横軸「あ列」の「や」「わ」とを掛け合せて、「え」を〔je〕と、「ゐ」「ゑ」「を」を〔wi〕〔we〕〔wo〕と答へを出すことです。大泉氏は昔も今と同じで、それらは「あ行」の「い」「え」「お」と同音だつたと主張し、その差はアクセントにあると言つてをります。よくは解りませんが、この兩説は兩立しうるやうに思はれます。拗音を拗音として際だてれば、そこに高さ、ないしは強さが出てくるでせうし、高さ、強さを際だてれば、おのづと拗音になるでせう。少くとも拗音に近づけたはうが、高さ、強さが樂に出せるはずです。

そのことと關聯して「定家假名遣」のことに觸れておかねばなりません。定家は古典のかなづかひに隨ふことを大本としてゐるのですが、ただ「お」と「を」との書き分けだけは當時のアクセントの差に基づいたらしく、そのことは既に數人の國語學者によつて推測されてをります。ことに大野晋氏の「假名遣の起源について」はその推測が當つてゐることを綿密に立證してをります。氏によれば、定家は「を」は上聲（高く平らかな調子）の〔o〕の音節に、「お」は平聲（低く平らかな調子）の〔o〕の音節に用ゐてゐるらしいのですが、その結果、「お」「を」が歴史的かなづかひとは反對になつてしまつた例がおびただしく出てをります。參考までに數例を擧げておきます。

「お」を「を」と書き誤つたもの――

をく（置）　をくる（送）　をこたる（怠）

をこなふ（行）　をと（音）　をもし（重）

「ほ」を「を」と書き誤つたもの――

とをし（遠）　なを（猶）　なをざり（等閑）

「を」を「お」と書き誤つたもの――

おさなし（幼）　おさむ（納）　おしむ（惜）

おのへ（尾）　おる（折）

もちろん、大野氏たちの推測が誤りでないとしても、すなはち定家がアクセントの有無によつて「を」と「お」とを書き分けたとしても、それだからといつて、最初に借字が行はれた記紀萬葉の當時から、既にその方針で「お・を」その他の同音異字が書き分けられたのだと斷定するわけにはゆかない。全く手掛りのない大昔の音韻のことですから、どうにも仕方ありません。しかし、定家も語中語尾に「お」文字を使ふやうな音韻的に無神經なことはほとんどやつてをりません。切支丹文獻でもさうであつたことと併せて、よくよく反省すべきことでせう。

四　音便の音價

音韻といふ言葉を私たちの發する物理的な音聲の意にではなく、私たちがそれを實現しようと意識してゐる目的觀念の意に解するとき、なるほど語中語尾の「は行」文字その他は私たちの意識の中にある目的觀念としての音韻を表してゐないといふことになります。「は・ひ・ふ・へ・ほ」を私たちは〔ha・hi・hu・he・ho〕と發音してゐない。それなら、なんと發音してゐるか。さう問はれて、私たちはみづから自分の意識を檢討し、あるいは他人に啓發されて、それらが〔wa・i・u・e・o〕だと意識しなほす。

〔ゐ〕〔ゑ〕〔を〕の文字についても同様です。そこで、それらのすべてにそれぞれ「わ・い・う・え・お」の文字を當てることに改める。それが「現代かなづかい」の據つて立つ原理であります。そして實際の結果においても、それ以外に何もない。すなはち、表音主義とは一口に言へば、「わ・い・う・え・お」の濫用《らんよう》といふことに過ぎません。

だが、さうなればなつたで、私たちの意識は改めて別の抵抗を感じる。かつては「わ・い・う・え・お」が目ざす目的觀念と思つてゐる場所に「は行」文字があつたわけですが、それを排除してしまつて當の目的觀念そのものをそこに据ゑてみると、果してそれが私たちの目的として意識されてゐたものであるかどうかが疑はしくなつてこないでせうか。言ひかへれば、語中語尾の「は行」文字に抵抗を感じた意識の底には、語中語尾の「あ行」文字には一層強い抵抗を感じる意識が隠されてゐはしないでせうか。そんな意識は自分にはないと言ふ人たちは、いつはりの合理主義に意識が曇らせられてゐるのだと思ひます。また、それだからこそ、語中語尾の「は行」音が「わ・い・う・え・お」と意識されてゐるといふ固定觀念をうかうか受け入れてしまふのでせう。それにしても、許せないのは、現代語音だの音韻だのといふ曖昧な言葉を用ゐて、人との音韻意識を勝手に測定し、無意識の働きを抑壓しようとかかる時流便乘の國語屋たちです。彼等は二語連合における語意識の有無についても自分勝手な裁きをつけ、あたかも私たちの語意識の鈍いことを前提とするやうな、あるいはそれを鈍くすることをもくろむやうな態度を見せましたが、音韻意識についてもそれと同じ愚民政策をもつて私たちに臨まうとしてゐるのです。

さて、語中語尾に「あ行」音は發音できぬといふ國語音韻の本質と體系とが上代から今日に至るまで不變不動であり、したがつて、それに「あ行」文字を用ゐぬのが自然であるにしても、それなら第二期に漢字音表記のために用ゐられ、かつその影響によつて生じたと言はれる音便の表記にも用ゐられるに至つた「い」「う」の二文字についてはどう考へるか、つまり、その音韻論的解釋はどうなるのかといふ問題が殘つてをります。

第三章でも既に言つたとほり、第一期において早くも語中語尾に用ゐられてゐた「あ行」文字に、極く少數ながらこの「い」「う」と、それに「え」とがありました。「い」は「おゆ（老）」「くゆ（悔）」「むくゆ（報）」の「や行」上二段活用動詞三語の未然形・連用形と名詞「かい（櫂）」などです。「う」は「うう（植）」「うう（饑）」「すう（据）」の「わ行」下二段活用動詞三語の終止形・連體形・已然形と「かうむる（被）」「はうむる（葬）」「まうく（設）」などです。そして「え」は「あまゆ（甘）」以下三十語たらずの「や行」下二段活用動詞の未然形・連用形です。右のうち「かい」「かうむる」「はうむる」「まうく」は第三章の語源的考察から明らかなやうに音便現象と考へられるので、第二期のそれと一緒に考へてみることにします。それ以外の語については、すべて「や行」「わ行」に活用する動詞の活用語尾に現れる「い」「う」及び「え」で、「あ行」のそれらとは音韻を異にする「や行」「わ行」の〔ji〕〔wu〕及び〔je〕であらうといふのが國語學の定說であります。ただ「い」「う」のはうは第一期の借字當初からその音韻差は意識されず書き分けも行はれなかつたのに、「え」だけは萬葉假名によつて甲乙二種の書き分けがあり、したがつて「あ行」と「や行」との音韻差もはつきり意識されてゐたのに相違ないといふことで、それから「い」「う」にも同樣の類推が行はれたわけです。

が、この解釋には充分に納得できぬ難點があります。「あ行」の「え」と「や行」の「え」とに明瞭な音韻差があり、後者なら語中語尾においても容易に發音しえたとするなら、なぜそれを含む語がわづか動詞三十語たらずの、それも未然形・連用形のときだけでしかなかつたのか、名詞や形容詞ではなぜそれがわづか數語しかなかつたのかといふことです。同樣に、「い」「う」についても、既に借字當初からその音韻差が失はれてゐたとしても、かつてはそれが意識されてゐたと考へられるなら、その名殘りとして語中語尾に「い」「う」を含む語がもつと多く見出されるはずではないか。この場合もやはり動詞の活用語尾ばかりで、しかも「や行」「わ行」に三語づつといふ少數です。さういふことがありうるものでせうか。

それにたいして私はかう考へます。日本人には語中語尾の「あ行」音が發音できぬこと、あるいは發音しにくいこと、その點は上代人も現代人も變りありません。異るのは、彼等と私たちとの文字にたいする關係であります。私たちには、ある一定の音を表すものとしてそれぞれの文字が與へられてゐる。逆に言へば、既に文字が與へられてゐて、それが一つ一つどういふ音を表すかが解りきつたこととされてをります。それに反して、借字の仕事に當つた上代人は一〻の語を検討して、自分の發音してゐる音を確めなければならなかつた。この場合、一〻の語を検討してといふことに注意していただきたい。たとへば、「あ（吾）は」とか「こえて（越）」とかいふ場合、前者の「は」は格助詞の「は」であるとか、後者の「え」は「や行」の「ゆ」を含んだ終止形と關聯のある「え」であるとか、さういふ語法の分析が周到に行はれなかつたことはもちろん、音韻論的にも五十音圖の座標を意識したうへで分析が行はれたわけではありません。

とにかく、私たちと異つて、彼等には與へられた既成の文字がなかつた。つまり、自分たちの音韻のための、しかもそれ専用の文字がなかつた。そこで漢字を意味ぬきの字音として借用したわけですが、その場合に、彼等の音韻意識に、私たちのそれとどういふ違ひが生じるかといふことを考へてみなければなりません。間違ひなく言へることは、私たちが既成の文字に随つて私たち自身の音韻意識をもちうるのに反して、彼等にはそれがなく、つねに當時習ひおぼえた古代支那の外國語音を基準とし、それと比較して自分たちの音韻を位置づけねばならなかつたといふことであります。試みに左の數語について、當時の人〻の借字の心理を想像してみませう。

いは（岩）　くい（悔）　くらゐ（位）　おもひ（思）
うり（瓜）　うう（餓）　おもふ（思）

え。（柄）　あまえ。（甘）　うゑ。（餓）　おもへ。ば（思）

たとへ彼等がこれらを今日の私たちと同様に發音してゐたにしても、現代の國語音韻論で言ふやうに、各列○印の音韻を、他國語の音韻と關係なく自國語の類似音と比較抽象して、それぞれ「い」「う」「え」と同一であるなどと判斷を下しはしなかつたでせう。「え」について言へば、彼等の前には〔e〕とは明瞭に異る〔je〕〔we〕の支那音韻があり、それを表す文字「延・要・叡・曳」や「惠・衞・隈・穢」などがあり、その發音と文字とを教へられてゐた彼等は、それを鏡にして自分の發音を覗き見るよりほかにどうしやうもなかつたはずです。この場合、「現代かなづかい」論者のやうに、觀念としての音韻、すなはち語音は、物理的な實際の音聲と異り、〔je〕〔we〕その他の類似音も結局は〔e〕として意識されてゐるのだなどといふ理窟が、當時の彼等にあらうわけがありません。もし彼等に現實の音と異る觀念の音があつたとすれば、それは既に習ひ知つてゐる漢字音〔e〕〔je〕〔we〕三音の相互關係であります。それが「現代かなづかい」論者の場合、「あ行」文字「え」の〔e〕音一つになつてしまつたといふだけの話で、音韻の意識などといふものは、時代により、鏡により、訓練により、どうにでも變りうるもので、音韻觀念の變化をただちに音韻そのものの變化と同一視することは出來ません。

言ふまでもなく、〔e〕〔je〕〔we〕の類似音三種を識別しえたはうが、抽象化された

〔e〕の一音で割切らうとするよりも、正確に音聲現象を捉へえます。いや、むしろ逆に、語法的、音韻論的な分析の意識をもたずに、すなほに自分たちの發音を省察したため、おのづと音聲學的に正確な音素を捉へえたのであつて、さうして初めて漢字音における〔e〕〔je〕〔we〕音の習得が役に立つたと言ふべきかもしれません。しかし、その場合にも、當時の國語音韻が現在のそれよりも格段に、その三種を言ひ分け、書き分けうる嚴密な差を有してゐたとは考へられません。

　ところで、〔e〕〔je〕〔we〕の差がどこにあつたかは、次の事實から大體推測しえます。「ゑ」文字は漢字「惠」の略で「衞・穢」等と同様〔we〕音ですが、これらが語中語尾に用ゐられる語は、先に擧げた「うゑ（餓）」以下の「わ行」下二段活用動詞と「こゑ（聲）」「すゑ（末）」「つゑ（杖）」「ゆゑ（故）」などであります。そして、これらでは前の音節の尾母音が「こゑ」以外はいづれも〔u〕であります。〔u〕音に〔e〕音を續けようとすれば、どうしてもその間に〔w〕がはひつてきます。それに反して、例の「や行」下二段活用動詞では、その三十語弱のうち、前の音節の尾母音が〔i〕であるものが九、〔ɑ〕であるものが八、〔o〕であるものが八、〔u〕であるものが二であります。〔i〕〔ɑ〕の後では、〔j〕を介入させることによつて〔e〕の發音が樂になるわけで、それが過半數の十七は當然でせう。〔u〕の後では〔w〕を渡り音に使つたはうが自然なのに、わづかながら「すえ（饐）」「ふえ（殖）」など、〔j〕になつてゐるものがあります。最も理解しにくいのが、〔o〕の後で〔j〕を渡り音に用ゐてゐる例が八つあることです。これらは〔j〕よりも〔w〕を用ゐたはうが自然と思はれるのですが、それは〔こゑ〕のやうに、むしろそのはうが例外的にたつた一つしかありません。ひとしく前の音節の尾母音が〔o〕であるのに、「こゑ」と「こえ（越）」「こえ（肥）」との間に〔w〕と〔j〕との差を生じたとすれば、それはおそらく當時の字音の四聲や國語のアクセントに左右されたためではないでせうか。「すゑ（据）」「すゑ（末）」と「すえ（饐）」との差も同様に考へられます。前項の末尾に紹介した定家の說、及び大泉氏の假說を思ひだしていただきたいと思ひます。

以上、「え」についてのみ申しましたが、「い」「う」についても同様のことが言へます。つまり、前項に述べた切支丹文獻の表記法と同様、第一期における「い」「う」及び「え」の文字は、今様の音韻觀念としてはすべて「あ行」母音音節であつたと言つてさしつかへなく、それゆゑに語中語尾にそれをもつ語は極く少數に限られ、しかも物理的な實際の音聲としてはおのづと〔je〕〔we〕などのごとく發音されもし、またさう表記されもしたのではないでせうか。それにしても問題は「え」には〔e〕と〔je〕〔we〕との萬葉假名による書き分けがあつたのに、「い」「う」にはそれがない。なるほど「い」と「ゐ」との別はありますが、「ゐ」「ゑ」「を」は第三章に述べたとほり、大抵は一音節語「藺・猪・井」「會・繪・餌」「小・尾・緒・男」等であり、それらの中には漢字音から來たものもありますが、それを含めて、一音節語なるがゆゑに高さ乃至《ないし》は強さのアクセントを必要として「あ行」の音韻、文字との別が强調されたもののやうに思はれます。もちろん、語中語尾においてはその結合語の場合もありますし、單純にアクセントを示してゐる場合もありませう。

しかし、「え」の場合と異り、「い」と「う」とには〔i〕〔u〕と〔ji〕〔wu〕との書き分けがありません。だからといつて、第一期において既に〔i〕〔u〕音のみは語中語尾において發音しうるやうになつてゐたとも言へませんし、また極く古い時代には別に類似音〔ji〕〔wu〕の音韻があつたとも言へないと思ひます。先にも言つたとほり、それなら、かつて發音できた證據にそれを語中語尾に含む語が「え」の場合と同數に近く殘つてゐるはずです。それが無意味な言ひがかりであるとしても、やはりこの場合にも、〔e〕音と〔i〕〔u〕音とでは、ひとしく母音とはいへ廣狹の差のあることに注目せねばなりますまい。狹母音〔i〕〔u〕は廣母音〔ɑ〕〔o〕〔e〕ほど明晳でなく、あるいは明晳である必要がなく、ことに語中語尾では半母音〔j〕〔w〕にも、また〔ɦ〕にも紛れる曖昧なものなのです。つまり〔i〕〔u〕は、〔e〕が類似音〔je〕をもちえたやうには〔ji〕〔wu〕をもちえず、それは單に半母音一つの〔j〕〔w〕〔ɦ〕になつてしまふのです。

そのやうに「い」「う」が他の母音音節に較べて不安定であるのは、前の音節の尾母音あるいは後の音節の頭子音により、のみならず、それが後續音節なしの語尾音であるかどうかにより、その音價が左右されやすいからで、當時と今日とを問はず、私たち日本人は〔i〕〔u〕音の發音に限つて甚だ寛大であつたと言へませう。もつとも日本語ばかりでなく英語についても似たやうなことが言へます。英語では語頭と語中語尾とを問はず短母音〔u〕が現れる例は極く稀にしかありませんが、〔i〕のはうは非常に多い。もちろん母音音節として獨立した形ではなく、二重母音の音節副音としてか、あるいは子音を頭音とした一音節中に現れる場合が主で、後者では本來ならそれが音節主音で子音のはうは副音なのですが、その音節にアクセントが無い語においては〔i〕はとかく不安定不明瞭になり、大抵は曖昧音〔ə〕に轉じてしまふか、あるいは全く發音されずに終るかです。日本語（標準語）の場合でも、「きちがひ（狂）」「あし（葦）」「かす（滓）」「つき（月）」「ひと（人）」のごとく「か・さ・た・は」行などの無聲子音に〔i〕〔u〕が結びついた音節では、その母音〔i〕〔u〕が無聲子音につられて無聲化する現象も、やはり〔i〕〔u〕の弱さを示してをります。ただし、それはそこにアクセントが無い場合に限るので、同じ組合せでも「あし（足）」「かす（貸）」のやうにアクセントがそこに移れば、「し」「す」の〔i〕〔u〕が聲を囘復するのです。

このやうに〔i〕〔u〕兩音韻が不安定であつて常に連音において左右されるといふ特殊性は、狹母音であるがゆゑの本質的な必然であると言へます。私たちが「い」「う」二文字に限り、文字と音とのずれに比較的寛大である理由もそこにありませう。第一期において「え」に〔e〕〔je〕の書き分けがあるのに「い」「う」に〔i〕〔ji〕あるいは〔u〕〔wu〕の書き分けがないのは、結局〔i〕〔u〕が別にさういふ書き分けを必要とするほど固定した音韻ではなかつたことを暗示してゐるのではないでせうか。のみならず、第二期において、漢字音移入の影響によつて生じたと言はれてゐる音便現象は、「い」「う」音便のみならず、撥音便、促音便においても、音便變化を起す音節がほとんどすべて「い列」「う列」に屬してゐるといふ事實から見て、狹母音〔i〕〔u〕の不安定性がその因をなしてゐることは明らかです。現代語においては、それらは〔i〕〔u〕〔m・n・ŋ〕〔k・s・t・p〕の音と考へられてをり、表記法もそれぞれ「い」「う」「ん」「つ」と固定してをりますが、この四つの音便は元來、本質的には同じものと言つてさしつかへないものなのです。ことに當初は相互間の境界線も分明せず、音も表記もたがひに重りあふ領域をもつてをり、それこそ音韻觀念としての明確な識別が働いてゐたとは言ひかねるものでした。

　第四章に述べたことですが、もう一度思ひだしてください。たとへば「あきびと（商人）」「をひと（夫）」などのやうにそれぞれ同一語でありながら、「う」音便と促音便、「う」音便と撥音便を兼ねる語が多く、「なりぬ（成）」「なりて（成）」のやうに同一語でも接續法によつて「なんぬ」「なつて」と撥音便、促音便を使ひ分ける例もあります。同樣に「ひきて（引）」「ひきさく（引裂）」「ひきむく（引剝）」では、同じ「ひき」が「ひいて」「ひつさく」「ひんむく」と、「い」音便、促音便、撥音便を使ひ分けてをります。結局、音便の正體は「い」「う」にあるので、撥音と促音とはその變形、あるいは方言の影響と解釋すべきもののやうに思はれます。「い」「う」音便では子音が落ち、撥音便、促音便では母音が落ちるといふ現象的説明は、それ自體としてはなんの意味もなさないでせう。「い」「う」が原因だといふのは、つまり、狭母音の不安定性といふことです。しかし、それがどの程度に不安定であるかは、その音節の含む頭子音の强弱と連音の際の前後の音節構造とに據るのではないでせうか。それについては素人の私には決定的なことは言へませんので、專門家の研究に委ねることにします。おほよその見當で申しますと、〔k・s・t〕などの聞えの惡い無聲子音、〔m・n・ŋ・b〕などの聞き分けにくい鼻子音あるいはそれに近いもの、〔ɦ・r〕などの曖昧な半母音を頭音にもつ音節が不安定の度がひどいやうに思はれます。連音における前後の音節構造といふ點では、むしろ後續音節の頭子音に左右されるやうで、やはりこの場合も〔t〕を初めとする無聲子音が壓倒的に多く、次が〔m・n・ŋ・b〕の鼻子音であるやうです。

しかし、大事なことは、音便を起すそれらの客觀的條件よりも、それを發音する私たちの主觀的心理であります。あるいは、音便の原因よりも、音便の效果のはうであります。それはどの音便の發音についても共通に言へることですが、その際、私たちは當の不安定な音節を確たるものに安定させようと努めないで、むしろ反對にそれをますます不安定なものに崩してしまはうとする。すなはち、その直前の音節に强勢を置くことによつて、その蔭にそれを呑みこんでしまひ、同時に後續の音節をも際だてるやうにしてゐるのです。その觀點からすれば、同一の語が二樣の音便形をもつてゐても不思議はありません。また促音便、撥音便などの「ねがつて（願）」「さかんなり（盛）」が「ねがて」「さかなり」といふふうに音便無表記にしてあるのもうなづけますし、同樣に、「つきがき（築垣）」「かみぎは（髪際）」と書かれてゐる場合でも、それらが「ついがき」「かうぎは」と讀まれもしたであらうと推察しえます。要するに、四つの音便は、それぞれの前の音節に強さのアクセントがあり、あたかもそこで臺を飛び越す構へを採るといふ點で同一性格のものであつて、相違はその構への意氣ごみ方にあり、そこに種ゝの客觀的條件が働きかけてくるだけのことでせう。

たとへば、促音は普通入聲のごとく無發音の子音として説明され、「かつぱ（河童）」は〔ka・p・pa〕であり、「かつた（勝）」は〔ka・t・ta〕であり、「かつか（閣下）」は〔ka・k・ka〕であつて、その〔p・t・k〕は次の音節の頭子音に支配され、〔ka〕を發音しをへると、それぞれ脣、舌、咽喉の調音點が直ちにその用意に移ると言はれてをります。が、次の音節がない場合はどうか。語尾では促音は不可能かといふと、必ずしもさうは言ひきれない。「誰か」「見ろ」などでは、「か」「ろ」に強勢が加れば、明らかに促音で終ることが出來ます。その場合、音聲記號として〔p・t・k〕のいづれを當てるべきか、誰も答へられますまい。のみならず、その強勢がさほど激しくない場合には、「つ」よりも「い」になる。あるいは「か」「ろ」の長音のごとく「う」に近い音が聞えることもありますし、方言によつては、さらに鼻にかかり「ん」にさへ近くなります。今日むやみに連發される文末の「よ」「ね」「な」は一文全體の強意、押しつけの效果を發揮してをりますが、おそらく初めは最後の一音節を強める「い」「ん」がさらに獨立したものでありませう。

その強弱アクセントと關聯して、高低アクセントの觀點から音便の問題を考へなほしてみませう。和語の音便現象の因をなしたのは漢字音の移入だと言はれてをりますが、果してさうでせうか。漢字音表記に當てられた「アイ」「エイ」あるいは「アウ」「エウ」「オウ」は初めはいづれも二重母音として發音されてゐたが、やがてそれがいづれも二音節化したといふこと、さらに「アイ」のみが二重母音に逆もどりし、「エイ」と「アウ」「オウ」はそれぞれ「え列」と「お列」の長音に、「エウ」は「お列」拗長音と化したが、當初はその「アウ」と「オウ」「エウ」との間に存在した開合の別が消滅するに及んでやうやく定著したといふこと、この説明はどうにも納得できません。さう難しく考へる必要はないのではないか。たとへば「草」「樓」「朝」「計」は「サウ」「ロウ」「テウ」「ケイ」ですが、これらは初めから現在の發音に近いものを狙つて、そのやうに表記されたものと考へられます。今日でも漢字音は一字のみ獨立して發音するときは、ほとんどすべて語頭に高さアクセントが來るので、右の四語いづれも長音のごとく感じられるのです。同樣の理由で「開」すなはち「カイ」は二重母音に感じられます。

しかし、國語においては字音語一字で語をなす例は少く、ことに現代語、口語では減少する傾向にあり、私のおほよその勘定では名詞だけで三百餘語、そのうち、「アウ」「エウ」「オウ」の韻を含むものが四十、「エイ」が八、「アイ」が十一、「ツ」終りが十五、「ン」終りが六十五で、大體半數近くなります。それらの語について調べてみますと、字音の例として本來は語頭にあつたはずのアクセントが第二音節に移つてしまつてゐる語が、そのまた三分の一くらゐあります。「法」「情」「能（能樂）」や「屛（塀）」「肺」あるいは「別」「質」や「椀」「晩」等がそれです。右は名詞だけですが、「應じる」「害する」「命じる」「接する」「感じる」等の「さ行」變格活用動詞となると相當に多いのですが、これらでは大抵が第二音節が高くなつてをります。もつとも「ツ」終りは入聲音を二音節化して表記してあるものですから、國語化してゐるものは名詞でも第二音節にアクセントのあるものが多いのですが、さうでないものは依然として頭高型が多いやうです。なほ國語化された漢語の多くは二字以上で熟語をなす場合が多く、さうなつて初めて國語らしく安定するのですが、その場合にも「草木」「樓上」「朝廷」「計算」「開門」のやうに、アクセントは語頭を去つて第二音節に移ります。

以上のことを正確に言ひなほしますと、頭高型アクセントのため長音、二重母音、あるいは子音終りの一音節と感じられるものも、實はその音節副音、あるいは尾子音を潛在的第二音節として含んでゐるのであつて、それが國語として熟すると頭低型になり、今まで潛在的であつたものが顯在化するといふことになります。もちろん、國語はアクセントにおいても不安定であり、地方差が甚しいので、一概に斷定することは出來ませんが、やはり樂な發聲法に隨はうとする心理が働くのでせう。少くとも漢語の場合、さう言へさうです。要するに、それらの音韻を長音、二重母音、あるいは子音終りと見なすことは、國語音韻の眞の在り方を把握する道ではなく、その點は多くの國語學者によつても認められてゐるやうです。服部四郎博士は音韻的音節に對してモーラ的音節を强調し、そのはうが國語音節の正しい在り方だと言つてをりますが、私もそれに贊成です。モーラとは韻律學に使はれる言葉で、一つの短音節の發音に要する時間の單位なのですが、その時間といふことも物理的なそれではなく、韻律的なそれと見なすべきだと思ひます。漢字音にせよ、和語の音便にせよ、それを韻律に託してみれば、事態は明瞭になりませう。音韻論的に一音節と考へられる長音、二重母音、撥音、促音も、二音節と見なければ辻褄《つじつま》が合はぬし、時には拗音さへ二音節に數へうることが解つてまゐりませう。

五　音便の表記

音便の音韻論的檢討はそのくらゐにして、次にそれを表記の面から考へてみることにします。「ねがて」「さかなり」に「つ」「ん」が記入され、「つきがき」「かみぎは」の「き」「み」が「い」「う」と書かれる習慣が普及したのは、すなはち音便表記が行はれるやうになつたのは、明らかに漢字音表記の餘波でありますが、それはあくまで表記の表記にたいする影響に過ぎないといふことです。しかし、前章に述べましたやうに、現代の國語學は、その事實の背後に外國語音韻の國語音韻に對する影響を認めようとしてをります。が、どうしてそんなことがありうるでせうか。現在のやうに英語教育が徹底してゐても、そして文字に書くときは「ヴァイオリン」と書いてゐた時代でも、國語會話の中ではそれを私たちは「バイオリン」と發音してゐたのです。まして奈良、平安の昔では、漢字音を正しく發音できるのは極く限られてゐた少數の知識階級に過ぎず、一般大衆にはその音韻もそれを表すかな文字も習ひ知る術がないのに、それまで日本人には不可能であつた二重母音、長音、撥音、促音、拗音等を急に發音しうるやうになるわけがありません。

それは年數の問題ではない。生理的に不可能なことなのです。なるほど西歐諸國においてはもつと激しい音韻變化が起つてをりますが、それは、音韻を異にする血族の交流が行はれたからであつて、決して教育によるものではない。その教育すらなくて、日本の中世においてのみ、なぜそんな珍事が起つたのか、また珍事が起つたと解釋するのか、私には理解しえません。日本において音韻變化が行はれたとすれば、それは專ら國語音韻そのものに內在する必然性によるものでなければならぬはずです。同時に考へうることは、方言の、ことに東國方言の音韻の影響であります。四つの音便もおそらくそれと推察しえます。當時は撥音便、促音便はもとより「う」音便も「い」音便も現在よりはずつと鼻にかかつたものであつて、それゆゑにこそ四者相通ずる傾向も多分にあつたのではないかと思はれます。漢字音の影響などといふことは、むしろそれだけは考へられぬ唯一のものと言へませう。漢字音が國語音韻に影響を與へたのではない。逆に、そして外國語音韻にたいしては常にどこでもさうであるやうに、國語音韻が漢字音把握に影響を與へたのであらうと考へられます。その點、切支丹文獻の場合もさうでしたが、國語學は國語音韻の、そしてまたそれを表すかな文字の整然たる體系に信賴しすぎて、表記がそのまま音韻を表し、音韻がそのまま表記に表れると考へる過ちに陥りがちです。

問題は表記と音韻との關係でありますが、それがどうなつてゐたか、改めて第一期をふりかへつてみませう。漢字の用法は記紀萬葉の間にかなりの變遷が認められます。『日本書紀』の本文は純然たる漢文體で書かれてをり、漢字は本來の表意文字として用ゐられてをりますので、それから當時の國語音韻を窺《うかが》ひ知るよすがはありません。ただ百二十八篇の歌謠と訓註とにのみ表音文字としての眞假名卽ち萬葉假名が用ゐられてゐるので、わづかにそれを頼りとしうるだけです。『古事記』のはうも地の文は漢文體が主で、その點は『日本書紀』と大差はありません。もつとも、漢文體といつてもそれほど純粋なものではなく今日の漢字かな交り文に近いもので、「在りけり」を「在祁理」として「けり」のところだけは漢字を表音文字として用ゐたりしてありますが、それも稀なことで、當時の國語音韻を知るためには、『日本書紀』の場合と同樣やはり歌謠の部分に頼るほかはありません。そこだけは記紀ともに、多少の例外は別として、ほとんど全體にわたつて漢字を表音文字として利用してをります。

しかし、當時の詩が後代のそれよりは自然發生的であり、いかに日常の語音を口寫しにしてゐると考へられようとも、やはりそこに記錄としての意識が働きますし、音律や格調を重んじますから、たとへ當時すでに音便が生じてゐたにしても、詩の場合にはそれを避けたかもしれませんし、たとへ採用したにしても、必ずしもそれを直ちに文字に表しはしなかつたでせう。たとへば「寢むとしりせば」が「泥牟登斯理勢婆」と書かれ、

「結び」が「夢須寐」と書かれてをり、兩者の「牟」と「夢」とが同じ〔mu〕であるからといつて、それが「ねんと」とも「ねうと」ともつかず、いや、場合によつては「ねよう」にさへ近く發音されなかつたと、誰が何を根據に斷じえませう。第一期の音韻を推定する手がかりとしては、もう一つ「萬葉集」があるだけですが、これも詩である以上、右の限界をもつてをります。のみならず、なほ具合の惡いことに、「萬葉集」においては、いはゆる萬葉假名の名からも察せられるやうに確かに漢字を表音文字として用ゐる場合が多くなり、漢文體はほとんど拂拭《ふつしよく》されてをります。しかし、一方、「神風」「取而」を「かみ（む）かぜ」「とりて」と讀ませるやうな表意文字としての漢字の用法は記紀歌謠に比して遙かに多く頻出し、また、「欲見」を「見まくほり」に「不有」を「あらなく」に當てるごとき、記紀では主として本文にしか出てこない漢文體そのままの用法も非常に多くなつてをります。

　かういふ狀態から、どうして當時の國語音韻を知りえませう。今、「取而」を「とりて」と讀ませてゐると申しましたが、實際はどう讀ませようとしてゐたか解るものではありません。案外「と（う）つて」と「う」音便、促音便に近い、どちらともつかぬものであつたかもしれないではありませんか。「神風」の「神」も「かみ」か、それとも「かむ」「かん」「かう」いづれともつかぬものであつたかもしれない。「不有」も「あらなく」ではなく「あらざる」のつもりであつたかもしれません。私は第一期に既に音便現象が起つてゐたと斷定するのではありません。ただ文字表記から推してそれが起つてゐなかつたとは斷定できぬと言つてゐるだけです。同じことを裏返して申しますと、第二期になつて初めてかな文字をもつて書かれた散文物語作品『竹取物語』では「うつくしう」「かうのみ」など「く」の「う」音便表記が認められるからといつて、音便がこの時代に、しかも漢字音の影響によつて生じたなどとは言へぬと言つてゐるのであります。

第一に、『竹取物語』その他この時代の原本は既になく、後世の寫本からその文字づかひを知るのみで、それなら寫し手が自分の生きてゐた時代の音韻に左右されて、次々に原文と異つた「誤記」を行ふことも多いでせう。さういふ寫本から原作の時代の音韻を推定することは危險です。第二に、『竹取物語』のみならず、『土佐日記』『宇津保物語』『源氏物語』以下すべてのかな文學の寫本が、少くとも音便表記に關するかぎり原作を誤り傳へてゐないとしても、依然として問題は殘りませう。ことに『竹取物語』『土佐日記』など、かなりに當時の口頭語を傳へてゐると思はれる文體では、前時代の歌謠表記と異つて、平俗な音便記入が行はれたと考へられないでせうか。その場合、當時の作者の眼前に現れた最大の難問は、一體それをどう書き表したらよいかといふことであつて、そのことは「欲見」「不有」などとごまかしてゐた前時代人の與《あづか》り知らぬ、平安朝のかな文學作者のみに與へられた課題であります。また私たちにもそれは想像しがたいことと言ひたいが、實は似たやうなことが無いではない。先の「ヴァイオリン」ですが、この種の外國語音韻表記の必要は明治以來つねに問題になつてきましたが、今日なほ一定してをりません。私たちの發音が一定しないのではない。それは常に「バイオリン」であるのに、その表記が一定しないのです。同様に、國語音韻においても「それは」の「それあ」「そりや」など、いまだに表記が一定してをりません。

ところで、『竹取物語』や『土佐日記』ではさほどでもないのですが、『宇津保物語』『源氏物語』になりますと、漢語が多く用ゐられはじめます。この場合にも前時代と異り、かな文學作者たちは漢字を用ゐず、かな文字をもつて表記しました。ここではつきりさせておかねばならぬのは、漢語をかな書きするといふことが何を意味するかといふことです。國語學者はそれを當時の外國語音韻の表示と解釋してをります。が、私はそれをあくまで漢語の表記と解釋します。それはかな文學作品において漢語が和語のかな文字と調和し、それと對等の資格と位置とを有するための工夫であります。なぜなら國語音節を表すかな文字をもつて外國語音韻としての漢字音を表さねばならぬとなつたら、それこそ大事業で、かな文學作者の誰の手にも負へるといふやうなものではありませんし、またあのやうに整然と行はれもしなかつたらうと思ひます。

細かいことは、前章にしたためた「第二期の音韻」の三「漢字音の同化」を見ていただくことにして、たとへば漢字の語尾音〔ɑi〕〔ei〕は「アイ」「エイ」となり、〔ɑu〕〔eu〕〔ou〕は「アウ」「エウ」「オウ」となり、また〔eŋ〕は「エイ」に〔ɑŋ〕〔oŋ・uŋ〕は「アウ」「オウ」になつたなどといふと、いかにも今日の「ゲョゥテ」とか「トゥキユディデース」とかの表記に見られるのと同じ苦心の程が想像されるのですが、實際はそんなことはなかつたと思ひます。「ゲョゥテ」式にただ音に聽き入つて表記したのでは、個人差が出てきますし、他語の表記との關聯において秩序統一も保てません。それに反して漢字音表記が固定し整然としてゐるのは、耳に訴へる實際の音韻そのものを基準としたものではないことを物語つてをります。おそらく反切に據つたものと思はれます。

大分廻り道をしましたが、結論はかうです。かな文學の發達と、同時に漢字音ならぬ漢語の國語化により、そのかな書きを必要とする機會が多くなり、その結果として、母音音節中「い」「う」の二文字が語中語尾に用ゐられはじめたといふこと、それが和語においても音便ならぬ音便表記に示唆を與へたのではないか、私はさう考へるのです。撥音便、促音便についても似たやうなことが言へます。それが無表記であつたり、また長く一定しなかつたのは、結局、それで間に合つてゐたといふだけのことでせう。前に述べたとほり、「ゆかむ（行）」の「む」はこの文字のまま撥音化されてゐたでせうし、「御覽じて」の「覽」は「ん」にも「う」にも發音されてゐたでせう。促音に至つては、漢字音のはうが「ツ」「ク」「フ」など色〻に表記されたためと、おそらくこれは東國系の俗音として嫌はれたために、まともな文章では用ゐられなかつたのではないでせうか。

しかし、當面の問題は「い」「う」にあります。私が「現代かなづかい」に抵抗を感じるのは、右に述べてきたやうな音韻論的必然性とそれに基づく表記上の習慣とを有する「い」「う」と、さうではない他の母音音節との差別を廢して、すべての母音音節文字を同資格のもとに語中語尾に簇出《そうしゅつ》せしめたことです。その結果どういふことが起つたか。一口に言へば、「現代かなづかい」は個々の音韻に忠實であらうとして、國語の音韻體系そのものを破壞してしまつたのです。うはつらの表音を目ざして、かへつて表音的でなくなつたと言へませう。もし一字一音といふことが望ましいなら、歴史的かなづかひのはうがさうだつたと言へる。そのことを、今まで課題として殘しておいた幾つかの具體例について確めてみようと思います。

　私が「現代かなづかい」について最も不可解と思ふことは、「かかう（書）」「……ませう」「うつくしう（美）」などにおいて、それらの「か」「せ」「し」を「こ」「しょ」「しゅ」にしなければ表音的でないと考へた論者の音韻意識であります。また「こうり（公理）」「えいり（營利）」の「う」「い」をそのままにしておき、それを「お」「え」にしてはならぬと言ひながら、他方「こおり（氷）」「ねえさん」と書けといふ彼等の音韻意識であります。いづれも、いはゆる長音に關する問題ですが、まづ後者について考へてみませう。「あ列」「い列」「う列」の長音の場合は、該當文字の下にそれぞれ「あ」「い」「う」を添へて書けばよいのに、なぜ「お列」「え列」の長音だけは「お」「え」でなく「う」「い」としなければならないのか。何物にも替へがたい表音といふ原則を破る以上、そこには必ず原則に隨ふとまづいことがあるに違ひないといふことになります。これは勘ぐりでもなんでもありません。前にも例を擧げましたが、一體つぎの語をどう讀むか、一見して容易に判じえないでせう。

おおおお　そおおお　とおおお　ほおおお
おおこお　おおとお　おおほお　おおよお
おそおお　おもおお
あおお　いおお　うおお　かおお
きおお　くおお　こおお　とおお　ぬおお
はおお　まおお　ゆおお
とおおい　そおおん　ほおおん
ええええ　けえええ　せえええ　へえええ
ええせえ　ええへえ　ええれえ
いええ　しええ　とええ　ひええ　やええ
よええ
けええん　せええん　てええん　めええん

なるほど、文脈の中にないから解りにくいといふこともあります。しかし、この場合は同文字連續で音節の切れ目が明らかでないから解りにくく、「往ゝ」と「蔽はう」の區別もつきにくいのです。教室で子供たちが右のやうな文字づかひにぶつかつて、上から順に一文字づつ指先で隠しながら讀んでゐる圖を想像してごらんなさい。それだけでも「お列」「え列」の長音を「お」「え」にする氣にはなれないでせう。しかし、表音主義者は實は理論上さうしたくて仕方ないのです。彼等はまづ格助詞の「は」「へ」「を」を「わ」「え」「お」とすることを考へてをります。が、さうなつたら、ますます大變です。いや、さうならなくても、現在のままでも、すなはち「往ゝ」「營ゝ」を「おうおう」「えいえい」と書くことにしてゐても、事態は一向に變りません。讀みにくい讀みやすいの問題ではなく、難點は原理にあるのです。歴史的かなづかひは「往ゝ」は「わうわう」ですが、「營ゝ」のはうは「えいえい」で「現代かなづかい」と同じです。その場合でも、やはり原理が違ふのです。

どう違ふかと申しますと、歴史的かなづかひにおける語尾の「い」「う」はあくまで「い」「う」であつて、前の音節の長音を表すものではないといふことです。「現代かなづかい」はそれを長音符號の代りに用ゐてをります。したがつて、たとへば「お列」長音を「お」を添へて表すことにすれば、「とほい（遠）」「こほり（氷）」などの十八語で「ほ」を「お」にするといふやうな例外を設けなくてもすむかはりに、右に擧げたやうな困つたことが出てきますし、さればといつて、「う」のはうに統一してしまふと、やはり困ることが起るのです。なぜなら「とほい」「こほり」は頭低型アクセントで、「ほ」が第二音節として獨立を主張し、前の「と」「こ」との間に音節の切れ目が現れます。前に度ゝ例に出した「おほふ（蔽）」などでは、そのことがますます明白になつてまゐります。「おほふ」の終止形でも解ることですが、「おほつて」となれば、「ほ」にさらに強さアクセントが加り、「ほ」の獨立性は紛れもないものとなり、そこに「う」

を當てたのでは、ただでさへ色ゝな音價を背負はされてゐる「う」がもう一つ新たに短母音〔o〕ないしは〔wo〕〔ɦo〕の音價を背負ひこむことになります。「う」を「お」の代用に使ふのは、なんといつても無理でありませう。

この難點は、全部を「お」で處理しようとしても同じことで、單に讀みにくいだけでなく、「こうり（公理）」「こうり（行李）」の「う」が「お」になると、第二音節としての獨立性が強くなり、これらの頭高型アクセントの語にはまことに具合がわるくなります。讀みにくいといふのも、結局はそのためなのです。やはり、廣母音「お」を語中語尾に用ゐることは無理なので、それは現在例外としてある十八語においても同じことです。名詞「とほり（通）」は頭低型ですが、動詞「とほる」は頭高型で、それも未然形「とほら（ない）」となると頭低型になりますし、「とほり」も「（私の言ふ）とほり」となれば頭高型になるといふ有樣で、第二音節がその度に「お」に近づいたり遠のいたりします。

全く同樣のことが「え列」長音についても言へませう。「ねえさん（姉）」「ええ」（「ねえ」）の場合だけは「え」をもつて長音表記とするといふ例外を設けたのは、いかにも良心的であるやうな絶望的であるやうな處理でありますが、正直の話、この數語だけを例外とした眞意はよく測りかねます。あるいは「助けてくれえ」などと悲鳴を擧げるときの用意かもしれません。なるほど「くれい」では殿樣じみて妙です。「ええ」にしても「さあ、過ちを認めるか」「えい」では、問答無益の毆りこみとしか受けとれません。それなら、「ねえさん」「ええ」で結構ですから、なぜすべての「え列」長音を「え」を添へることによつて表すことにしなかつたのか。元來、何列何行であらうと和語に長音はなく、ことに「お列」には「おほきい」のやうに長音のごとく聞えるものさへあるのです。それに對して「え列」では、右二語くらゐしかありません。他はすべて漢語です。一例を擧げれば「めいし（名刺）」ですが、これをなぜ「めえし」としなかつたのか。右のやうな頭低型アクセントの場合は第二音節が「え」のごとく獨立して聞える「え」でもさしつかへないのですが、「めいし（名士）」となると二重母音〔ei〕〔ej〕に近づき、「い」のはうが自然に感じられませう。そのことは「お列」長音の「う」の時と同じではありますが、〔i〕は〔u〕より一層狹い母音であるため、二重母音的形態を採る可能性が一層強くなるのです。そのことは「お列」の場合に較べて「え」列の場合のはうが、字音本來の頭高型を維持してゐる語が遙かに多いことからも察せられませう。

右「お列」「え列」の長音についての考察からも解るやうに、それらが長音、二重母音か、あるいは二音節かといふ詮議は無意味であるばかりでなく、その前に長音と二重母音とを分けて考へる解釋すらをかしいのです。いづれにしても二音節であるとすれば、をかしいのは當然でせう。そして、もし二音節であるとすれば、歴史的かなづかひのやうに「こう」「めい」における二文字構成は、二音節構成のためのものといふ原理のはうが、むしろ表音的にも忠實だと言へるではありませんか。先に漢字音表記は反切に隨ひ、しかも當初から現在の發音に近いものを狙つて行はれたものだと申しましたが、それは「こ」と「う」あるいは「め」と「い」の二音節が連音において發せられる聲といふ考へ方を意味します。

そのことは「往ゝ」「行李」の正しい字音「ワウ」「カウ」において、なほ適切に言ひうるので、〔wa〕と〔u（w）〕あるいは〔ka〕と〔u（w）〕では、あくまで〔a・u〕であつて〔ô〕にならぬと言ふがごときは、全く言ひがかりか無智蒙昧《もうまい》としか思はれません。〔au〕〔ou〕〔eu〕が〔ô〕と讀まれ書かれることの音韻的必然性は、英・獨・佛語を習ひはじめる初心者が極く自然に納得してゐることです。その「矛盾」は音節文字であるかな文字を用ゐるかぎり、「現代かなづかい」でも免れがたいことは右に述べたとほりです。それなら、ローマ字にすればよいかといふと、それがいかに單音表記の能力に恵まれてゐようと、當の國語音韻そのものが單音分析のきかぬ音韻即音節といふ本質をもつてゐるのですから、右に述べてきたやうな矛盾はますます激化するばかりです。のみならず、ローマ字論者は救ひがたい大きな迷妄に陷つてゐるとしか思はれません。〔ka〕のはうが「か」よりも表音的であるなどと、一體どんな論據があつて言ふのか。むしろ事實は反對です。〔a〕と〔u〕はあくまで〔a・u〕であつて〔ô〕にならないのなら、〔k〕と〔a〕もあくまで〔k・a〕であつて〔ka〕にはなりますまい。「ク・ア」であつて「カ」になりますまい。彼等の迷妄の根本は音聲記號などといふものにたいする一種の庶物崇拜から出發してゐるのです。

以上、漢字音について述べたことは、和語音便において一層適切に當てはまります。私は漢字音に關するかぎり「ワウ」「カウ」を強ひないはうがよく、「オウ」「コウ」を許すといふ考へです。もちろんこの場合も「ウ」を長音記號と見なさず、一音節と見ることに變りはありません。しかし、和語の場合、それは絶對に許されません。「あふぎ（扇）」「あふさかやま（逢坂山）」「かうして」「かかう（書）」でなければならず、「けふ」「ゑふ」「……ませう」「しうと（舅）」「きうり（黄瓜）」「うつくしう（美）」でなければいけません。「かかう（書）」を「かこう」に改めて表音的になつたと喜んでゐるのは笑止といふべく、この「こう」と、「こうり（行李・公理）」「こうぎ（抗議）」の「こう」と、「こうぎ（講義）」の「こう」と、「こうり（小賣）」の「こう」と、「こおり（氷）」の「こお」と、これらの「う」「お」の異同を表音主義者たちはどうにも説明できますまい。一方、歴史的かなづかひでは、いづれも「う」は〔u〕、「ほ」は〔ho〕、そして「か」「こ」は〔ka〕〔ko〕であり、二音節全體の連音として、いはば足し算ではなく掛け算として、合理的な表音が行はれてゐるのです。また既に第一章、第二章、第三章で折に觸れて申しましたやうに、それらの「う」は語義、語法を正しく傳へる音節の表記、あるいは出來うるかぎりそれを保持することを託された音節の略式表記であるからです。また、それがあくまで略式であることが、狹母音「い」「う」の必然性として納得できますし、すぐそれと解るからです。

それに、語義、語法を傳へるといふことと表音といふこととは、決して相容れないものではなく、むしろ表音一本槍《いっぽんやり》よりは表音的であるとは既に述べたとほりですが、そのことと關聯して、音は單に音に過ぎず、音に義なしと考へる表音主義者の淺慮を指摘しておきたいと思ひます。なるほど一〻の語音に意味を探らうとすれば、語源研究と同じく牽强附會にもなり、神がかりにもなりませう。しかし、英語や漢語でもさうですが、ことに和語の場合は元來が感覺的、擬聲語的な一音節、二音節の語が基本になつてゐるため、また音韻變化がほとんど行はれなかつたため、かなりな程度まで語義と音とが結びついてゐるのです。私が金田一博士と論爭した直後、新井無二郎氏といふ人がパンフレットを送つてまゐりました。新井氏もやはりその點を强調し、「あ行」音と「は行」「わ行」音とを比較し、それぞれの音の含意について語つてをります。その一節を左に引用します。

　は行の音は、息を發する音で、ある學者は、あ行の音母に對して、は行を音父といひ、又ある學者は、は行音は、あ行音を引きだす導音で、あ行音は、諸音を統ぶる統音であると云うてをる。故に其の用が最も廣く、諸種の意につかはれるのである。しかしながら其の本源は吹きだす氣息の音であるから、若し此の音象を忘れて、或は「は」の音を「わ」の假名に書き、「ほ」の音を「お」の假名に書きなどすると、其の意義は全く解せられぬやうになる。は行音の音象は、延びて行く音で、事物の延長、分散、分離、蔓延、などの意にも、光輝、嗟歎、驚愕、其他の意にも用ゐられる。たとへば「物を云ふ」の「ふ」に延長の意義があるから、「云ふ」を「云う」と書いては、其の意義が無くなる。「いふ」の「い」は感動音、「ふ」は延長音であるから、心に感じたことを、語りつづける意である。歌ふ、舞ふ、食ふ、などの「ふ」にも、多少の差はあるにしても、皆其の原意がある。「歌はう」を「歌わう」と書き、「舞はう」を「舞わう」と書いたりすると、歌わ、舞わ、の意が、なにの意ともわからぬことになる。

またおほひ（覆、蔽）は、大延（オホヒ）の意で、おほひかぶさることであるから、オは大の義、ホヒは兩音共に延長の義があるのに、「オオイ」と假名に書いてゐる新聞などを見て、なにの意とも解せられぬのである。さればイキホヒ（勢）は息延（イキホヒ）の義で、キホヒ（競）は其の省略である。これをキオイと書いては無意義となる。

かういふ研究は新井氏のみならず、主として國學の系統を引いた國學院大學系の學者によつて維持されてゐるやうですが、明治末期における官學系の上田萬年博士の學界、文部省制覇によつて、とかく世に顯れにくくなつてゐることは殘念です。これは何も超國家主義とは關係のないことでせう。私のやうな素人ですら、五十音圖各行にわたつて、それぞれの音と意味との內面的なつながりを卽座に指摘することが出來ます。和語ばかりではありません。漢語においてすら、私たちがそれを國語に採入れてゆく過程で、どういふ語を捨て、どういふ語に執著してきたかをよく調べてみれば、やはりその基準として音と意味との有縁關係を好む心理がおのづと働いてゐたのに相違ありません。單に字畫や頻度によつて漢字の難易を判斷し、それを制限したり、言ひかへを强ひたりする連中の病的合理主義は、救ひがたくもあり許しがたくもあるものです。表音主義者が言葉を觀念的な意味の抽象體としか見ないといふのも、隨分をかしな話ではありませんか。

なほ本章の補足として一言觸れておきたいのは子音の音價のことであります。前章で「さ行」「た行」音韻の變化について國語學の說明を紹介しておきました。それは事實かもしれませんが、ほとんど意味のないことです。「さ行」「た行」の子音がすべて〔ʃ〕〔t〕であつた時代があつたかもしれません。現在では「し」だけが〔ʃi〕であり、「ち」だけが〔tʃi〕であることも、まづ本當です。しかし、國語史の音韻變化の主體がはつきり解らず、また多少は解つたにしても時代によつてそれが異つてをり、のみならず、江戸までは關西人中心に、現代は關東人中心に考へてゐるのですから、さういふ知識はあまり役に立ちません。それに、さういふことを言ひだせば、同じ「は行」でも「は」「ひ」「ふ」では子音の音價が異ります。もつとも、一般はそれに氣づいてゐないから、音韻觀念としては同じだと言ふかもしれません。それなら、「し」「ち」でも同じです。ある程度の教育を前提とせねば、〔s〕と〔ʃ〕、〔t〕と〔tʃ〕の差は解りません。また今後も教育によつては「は」「ひ」「ふ」の相異なる子音音價を識別しうるやうにもなるでせう。

要するに、本章の冒頭に申しましたやうに、私たちの子音は甚だ弱く、單音分析に値しないものなのです。したがつて過去に濁音表記がないから、濁音が無かつたとは言へません。ことに連音においては、極く初期からそれが行はれてゐたのに相違ありません。「か行」「さ行」「た行」「は行」の子音は無聲で、その有聲音がそれぞれの濁音節だとするのは西洋流の考へです。今日でこそ、語彙がふえ、語頭にも濁音を用ゐねば用が足りなくなりましたが、ただそれだけの話に過ぎません。私たちは今でも清濁を〔k・s・t・h〕に對する〔g・z・d・b〕といふふうに別個の音韻とは考へてゐないのです。それに同一音韻の變種といふ副次的位置しか與へてをりません。ですから、「現代かなづかい」において、たとへば「つづく（續）」などを同音連呼とし、その場合は「つずく」と表音主義一點張りでゆかぬと言ひながら「五人づつ」のときは「五人ずつ」としなければならぬといふのは、國語音韻の特質を無視した考へ方です。さういふ點が全く首尾一貫してをりません。西洋流の表音主義の原理を採用するなら、たとへ一部は妥協せざるをえないにしても、とにかく最初に國語の音韻を、といふよりはその音素を、つまり音韻論などといふ曖昧なものによらず音聲學に基づいて綿密に検討し、そのうへでいかに妥協をし切捨てを行ふかの筋道をたててみることが必要です。そこまで詮じつめれば、おそらく歴史的かなづかひこそ、最も國語音韻に適した安定的な表音かなづかひであることに氣がつくはずです。

第六章　國語問題の背景

一　混亂の責任

昭和二十五年六月に文部省國語審議會は「国語白書」と銘うつて「国語問題要領」なるものを發表してをります。内容は、まず第一に國語審議會なるものの機構、任務、仕事について説明し、第二に私たち日本人の言語生活が現在いかに混亂し憂ふべき状態にあるかを、彼等一流の言語觀から分析してをり、第三にさういふ状態を如何《いか》にして克服すべきか、また彼等がそのためにいかなる努力を拂ひつつあるかについて述べてをります。ところで當面の問題はこの第二、第三の内容にあるのですが、いろいろと事こまかに論じてはをりますものの、要約すれば、私たちの言語生活の現状は混亂の極にあるといふこと、それから脱出するためには、國語を易しくするといふこと、單にそれだけのことに盡きるやうです。

だが、ここに注目すべきは、私たちの國語が混亂の極にあるといふ現状認識そのものであります。それは本當なのか。本當だとしても、それを救ふためには國語を易しくすればいいといふ、さういふ性質の混亂なのか。もつとはつきり言へば、先に混亂があつて、それがまづ最初に彼等の眼に映じたのか、それとも彼等には何か他に將來の目的があつて、その觀念に照して現状を眺めたとき、ことさらに混亂が、それもある一面の混亂が眼を蔽はんばかりに途方もないものに見えてきたため、それを國語全體の大混亂と早のみこみしてしまつたのではないか。いや、さう早のみこみしてしまつたはうが、自分の觀念にとつて好都合だと思つたのではないか。私にはどうもそのやうにしか思はれません。

たとへば、昭和三十三年十一月に國語審議會が文部大臣に建議した成案に基づいて、翌三十四年七月十一日附の官報に内閣訓令告示として「送りがなのつけ方」が發表されましたが、そのときの稲田（清助）文部次官の言葉に「現状の混亂は目に餘るものがある」といふ表現があります。實はこのやうに「目に餘るものがある」といふがごとき形式的な常套句《じやうたうく》をもつて誇大な表現をし、國民ををどらせて、「これは一大事」と思はせたりすることのうちに、憂ふべき國語混亂の因があるのです。

だが、送りがなのどこに「目に餘る」混亂があつたでせうか。もしあつたとすれば、それは文部省、國語審議會が好んで招いたものではなかつたか。たとへば「明るい」と「明かるい」、「終る」と「終わる」とどちらを書いていいか解らず、兩者ともに通用し、國語は混亂を極めて、國民は歸趨《きすう》に迷つてゐるといふ。だが、それこそ盗人たけだけしいといふものです。終戰前、すくなくとも戰後、文部省が「現代かなづかい」や「当用漢字」を初めとして積極的に國語國字改革運動を展開しはじめるまへ、それらの送りがなは少しも混亂してはゐませんでした。私たちは「明るい」「終る」と書いてゐたのです。それがどうして「明かるい」「終わる」のやうなくどい表現を生んだかといへば、文部省自身がそれを教へたからにほかなりません。文部省國語課の廣田榮太郎氏の著書に『用字用語辞典』といふのがありますから、それを本屋でのぞいてごらんなさい。その本には㊣㊥㊦といふ奇妙な印がついてをります。この三者の別は次のとほりであります。

㊣　公用文の表現法　國語審議會建議

㊥　(終戰前)文部省著作小學校中學校用國語教科書　教科書局　調査課案

㊦　文部省刊行物表記の基準　調査普及局　國語課案

右の下段は擔當責任者を示してをりますが、呆れかへつたことに、この三者の間に表記法の相違があるのです。それは單に送りがなだけのことではありませんが、ここでは送りがなについてのみ述べておきませう。たとへば、「聞える」「基く」「當る」以下二十二語において、㊣ではこのやうに最小限に送ることになつてゐるのですが、㊥では「聞こえる」「基づく」「當たる」と、活用しない部分まで送ることになつてをります。この場合、㊦は大體において㊣に同調してをります。さうかと思ふと「現れる」などは㊦がこのとほり「現れる」で、㊣㊥とも「現われる」となり、「少い」は㊣が「少い」

「少ない」いづれでも可とし、㊕㊓では「少ない」とせねばならぬことになつてゐる。

その結果どういふことが起つたか。全國の教科書はその教科のいづれを問はず、㊋㊕㊓の表記法を混用してゐたのであります。新聞雜誌もそれに準じてゐたし、單行本に至つてはなほさらのことです。さきに擧げた「終る」「明るい」などの場合はさらに始末が惡い。後者は㊓として「明（か）るい」と出てをりますが、この括弧の印は、卷頭の略語符號一覽表によると、教科書では送れといふ意味ださうです。また前者に㊋㊕㊓の表示がなく單に「終る」と記しておきながら、註として、最近では「わ」を送る傾向があるなどと書いてゐる。全く呆れるほかはない。㊋㊕㊓で表記を異にされたり、括弧をつけて教育用と實用とを分けられたりでは、不要の「わ」を送る傾向も出てきませう。

なほ、ついでに㊕は文部省の教科書局の方針であり、㊋㊓はその國語課の方針であるといふことに注意していただきたい。戰中から戰後にかけて文部省内の部署編成がしばしば變り、國語課に役割の變動、浮沈があつたため、小・中・高の教科書作成、檢定、教科指導をめぐつて、他の局課との間に繩張り爭ひが生じましたが、それが右に述べた混亂の原因であることは申すまでもありますまい。

もちろん、そのまへにも文部省の國語いぢりに絕え間はなく、ことに送りがなは明治末期以來、何度も變へられてきたのであつて、その「目に餘る」混亂は、他の誰のでもない、全く文部省の責任なのであります。もし文部省の聲明どほり、送りがな統一の要望が民間側から出たものとすれば、それこそ、わが民間人のいかに人のよいかを示したものと言はざるをえません。文部省が混亂の因を作つたのですから、その調整を文部省に賴みこむことはない。新聞などは、むしろその責任を追及し、不信を表明すべきです。もつとも、賴んだのではなく、罪の償ひを求めたのだと言ふかもしれませんが、決してそんな調子ではなかつた。どう見ても、甲斐性のない亭主が家庭裁判所に駈けこんだ形でしかなかつた。不信や問責の色は少しもなく、あのでたらめな成案をありがたく押しいただいて引きこんだではありませんか。あれがさらに混亂を倍增するものであることが解らぬとみえます。

二　混亂の效果

では、それによつて惹き起される現在以上の混亂とは何か。いや、それを當事者はなぜ待ち望んでゐるのか。例の「言語政策を話し合う会」でありますが、その會員は代議士といはゆる學識經驗者とから成り、日本の國字を易しくすることを目的とし、やがては漢字を廢することによつて完全な表音文字化を目ざすものであります。直接の動機は中國がローマ字を採用したことに刺戟されたことにあるのですが、これは毛澤東、周恩來の言葉を讀みそこなつたための勘ちがひだつた。もつともそれでは體裁が惡いものですから、その點うまくごまかし、日本も早く漢字を廢止しないと中國に追ひぬかれると宣傳してをります。彼等の勘ちがひは、松本如石氏、岩倉具實氏によつて詳細に指摘されてをりますが、要するに、中國におけるローマ字採用の目的は戰前の日本と同樣、漢字にふりがなをつけて讀みやすくするといふことにあり、ただ中國にはかな文字がないため仕方なくローマ字を使ふことにしたといふだけのことです。それにしても、いかに目的のためには手段を選ばぬとはいへ、文盲率二パーセントの日本を鞭《むち》うつため五十パーセントの中國をだしに使ふとは呆れた話ではありませんか。

ところで、この會の世話人であり、かつおそらくは最も熱心で代表的な人物と思はれるのは、中國文學者の倉石武四郎博士であります。博士は同時に國語審議會の副會長でもあります。ところで、この會は新案送りがな法が發表されて間もない昭和三十四年九月十日に「くらしとコトバの討論会」といふものを催してをりますが、その席上で倉石博士の述べた意見は、博士が審議會の責任者でもあるだけに、うつかり聞き流せないものがあります。「送りがなのつけ方」案について、あれは難しくて解らないがといふ質問にたいして、博士はかういふ意味のことを答へてをります。おつしやるとほり、あれは大層面倒なもので、容易に守りきれるものではない。この一事を見てもわかるではないか。ああいふ煩雜な心づかひは、漢字を止めてしまひさへすれば、一度に消えてなくなるものだ。さう言つてをります。

この博士の言葉によつて明らかでせう。「送りがなのつけ方」等にたいして當然責任をもたなければならない立場にある人物が、その煩雜さを認め、それが混亂を起す因になることを承知のうへで、むしろそれだからこそ、といふのは、その煩雜のために國民が漢字に愛想づかしをするであらうことを期待して、あへて混亂を招來せしめるやうに努力してゐるといふわけです。それればかりではありません。この「送りがなのつけ方」案のでたらめさはさすがに人〻の疑ひをよび起してをり、ことに來年度の教科書にはまだ適用しかねるほど未整理のものと知つて、それを押し頂いた新聞はやや困惑のていですが、ひどいのは、教科書が新聞、公文書、法律などと異る表記法をとることによつて生じる混亂を、「氣にするほどのことはない」と突放した文部省の態度です。混亂を救ふための「送りがなのつけ方」案であつたはずではありませんか。彼等もまた倉石博士と同様、混亂防止を口實に、さらに大きな混亂を待ち望んでゐるとしか思へません。このやうに官民を問はず、國語問題研究家といふものは、私はあへて國語屋と呼びますが、彼等のやりくちはすべて政策的であります。彼等の頭の中には、「國語の科學」もなければ「國語にたいする愛情」もありはしない。ただ政策あるのみです。「送りがなのつけ方」だけではない。「現代かなづかい」も「当用漢字」もすべて政策にすぎず、それらを通じて彼等が命がけで追求してゐる目的は何かと言へば、それは國字の徹底的な表音文字化であります。漢字を全廢して、かな文字かローマ字にしてしまはうといふことであります。そこに最終目標がある以上、「現代かなづかい」「当用漢字」「送りがなのつけ方」がいかに矛盾だらけであるかをいくら指摘されても、彼等は一向に痛痒を感じない。それらはいづれも暫定的處置に過ぎぬからです。彼等にとつて、そんなことはどうでもいいのです。

この「國語教室」の最初に、文筆業者の間には「現代かなづかい」や「当用漢字」の現状には不滿であり、改訂すべき餘地ありと思ひながら、その趣旨には贊成といふ人たちの多いことを問題にしましたが、さういふ考へかたは、國語屋がそれらを暫定的處置と見なしてゐるといふのとは全く異ります。なぜなら、一般の人々は「現代かなづかい」や「当用漢字」を、漢字まじりかな文を日本の半永久的な表記法として考へ、それゆえにもつと完全なものとしたいといふのでありますが、國語屋は最初から漢字全廢のローマ字やかな文字を目ざしてゐて、「現代かなづかい」「当用漢字」をそれ自身として完全なものにすることなど全く頭にないのですし、また多少は專門であるだけに、そんな中途半端なところでとどまることが不可能であることを充分に承知してゐるからです。

ここでもう一度念を押しておきませう。「現代かなづかい」も「当用漢字」も「送りがなのつけ方」も、やがては國字をローマ字にするための一段階としてでなければ、それ自體としては論理的に成りたたぬものなのです。許しがたいことは、それを充分に承知してゐながら、漢字まじりかな文を日本の半永久的な表記法と考へ、彼等の改革案の「趣旨には贊成」といふ人々の態度を利用するために、眞意をわざと隱してゐることであります。要するに、時期を見て、なしくづしに一つ一つ手を打つて行かうといふ算段なのであります。

國語審議會の前身に當るものに國語調査委員會（明治三十五年設置）といふのがあります。それは現在と同樣、全般的な國語調査を目的とするものでありますが、その調査方針として次の四條を規定してをります。

一　文字ハ音韻文字（フォノグラム）ヲ採用スルコトトシ假名羅馬字等ノ得失ヲ調査スルコト
二　文章ハ言文一致體ヲ採用スルコトトシ是ニ關スル調査ヲ爲スコト
三　國語ノ音韻ヲ調査スルコト
四　方言ヲ調査シテ標準語ヲ選定スルコト

國語國字改革運動家と稱するものの眞意はこれで明白でありませう。當時の國語調査委員會は現在の國語審議會と異り、その成員には國語國文學の權威が多く、委員の任命も官選でありました。それにもかかはらず、國語に對する客觀的な調査を名目としながら、その調査の事前に「文字ハ音韻文字ヲ採用スルコト」といふ前提を第一條に掲げてしまつたのです。殘るのはローマ字がいいか、かな文字がいいかといふ問題だけで、そのどちらかを採り漢字を廢止することは當然のこととなつてゐる。が、それは國語調査のあとに出てくる問題ではないでせうか。したがつて、この第一條は「文字ハ漢字カナ文字混用ニスルカ、完全ナ音韻文字ニスルカ、ソノ得失ヲ調査スルコト」とあるべきだつたと思ひます。

しかしながら、この國語調査會の基本方針は、のちにそれに代つた臨時國語調査會

（大正十年設置）においても、またその後の國語審議會（昭和九年設置）においても、さらにそれを改組した現在の國語審議會（昭和二十四年改組）においても、少しも變ることなく踏襲されてまゐりました。本章の初めに言及した「国語白書」にもそれは明瞭に出てをります。すなはち、私たちの言語生活が混亂してゐる原因は、第一に、漢語漢字を受け入れ、それを過度に尊重した過去の歴史にあり、第二に、日本語とは全く系統の異る歐米の言語や文字を取入れたことにあると述べ、その複雜化と混亂から脱する道として、とくにローマ字に關する事柄について調査審議するといふ目標をはつきり掲げてをります。

しかし、戰前までのこれらの調査機關は、たとへそのやうに表音文字化を目ざすといふ條項があつたにもせよ、その機構のうちにさういふ暴擧を阻止する勢力があつた。すなはち專門の國語學者、言語學者が委員として目附役、指導役の役割を果してゐたのです。そして當面の事務を扱ふ文部省の役人たちは、大抵それらの學者の教へ子で師の學問支持者であるか、さうではなくても師に刃向つて自分の地位を危くするやうなものはゐなかつたのです。が、現在は違ひます。現在の國語審議會はほとんど素人ばかりの有識者、すなはち單なる世間的有名人から成り、それに多少の國語國字改革運動家、すなはちローマ字論者、かな文字論者を混へてゐるに過ぎません。さきに見たやうに、昭和二十五年の「国語白書」のはうが明治三十五年の國語調査會の基本方針よりも、表音文字化、ローマ字化を表立て强調してはゐないのですが、實際の機構、成員のうへでは、逆にその傾向がはつきりしてきたと言へます。だからこそ、いたづらに國民を刺戟するやうな明確な主張を控へたのであり、その必要もなくなつたといふのが眞相でせう。

三　官民呼應作戰

さういふわけで、現在の國語審議會が答申建議した、「現代かなづかい」も、「当用漢字」も「送りがなのつけ方」も、すべて表音文字化を、もつとはつきり言へば、ローマ字化を目ざしたものと言つてさしつかへないのです。そのことに關して見のがせない事實が二つあります。一つは文部省と審議會との關係であり、もう一つは審議會と「言語政策を話し合う会」との關係であります。前者の場合は、昔からおたがひに持ちつ持たれつの關係にありました。審議會はただ月一回の例會だけで、事務機構も調査能力もない。それはすべて文部省がやつてをります。文部省側にすれば、實際は審議會など不要で、自分だけでやつて行けるし、そのはうがうるさくなくていいのですが、民主主義の手前、それでは役人だけで國語を料理するやうな印象を與へてまづい。看板だけでも民主的で、しかも學問的權威のあるやうな審議會といふものが、あつたはうがいいといふことになる。

が、その審議會のはうが段々看板だけでは氣がすまなくなり、國語課を引きずりまはすやうな形になつてきたのです。いま私は答申建議といふ言葉を用ゐましたが、それは

「現代かなづかい」「当用漢字」の場合が答申で、「送りがなのつけ方」の場合が建議だからであります。すなはち、審議會は昭和二十四年の改組までは、文部大臣からの相談を受けて始めてそれに答申する諮問機關だつたのですが、それ以後は自分のはうから自發的に要求を發しうる建議機關になつたのです。同時に、文部省の役人にはまだそこまで腹の決つてゐない國語表音文字化への傾斜を、はつきり見せはじめてきました。まづ會長の土岐善麿氏がローマ字論者であり、その他有力な委員は大抵ローマ字論者かかな文字論者で占められてをりました。昭和三十四年からは、副會長の金田一京助博士が退き、その代りにローマ字論者の倉石武四郎博士が就任してをります。時枝博士が再三指摘してゐるやうに、「明治以來の國語問題の混亂は、調査整理の任にとどまるべき國家の公の機關が改革運動の一翼を買つて出たところにある」のですが、今はそれどころか、改革運動の先頭を切つてゐるのであります。今日の審議會は文部省の手に負へぬものになつた。しかも、それは戰前とは異つた意味においてです。戰前の文部省は、國語學者である委員たちにたいして、どちらかといへば革新派であつたのに、現在のそれは、國語屋である委員たちにたいして、多分に保守的な立場に立たされてゐるからであります。

かういふ事態は「言語政策を話し合う会」の成立によつて、さらに強められました。この會は全くの民間團體ではありますが、倉石博士はじめ二十餘名が審議會の委員を兼ねてゐる點から見ても、それは審議會の院外團と稱すべきものになつてをります。したがつて、今や文部省に代つて國語政策の大綱を一手に握つた審議會は、かつて文部省が國語審議會に期待した防波堤の役割を今度は「言語政策を話し合う会」に期待してゐると申せませう。つまり、この院外團は審議會のやりたいことをやつてみる瀬ぶみ機關であり、審議會のやりたいことをやりよくするために輿論《よろん》をかきたて、政治家の尻をつく宣傳機關なのであります。審議會が手を出して失敗すると引きこみがつかなくなるので、かういふ院外團を分離して民間に置いておいたはうが好都合ですし、改革の火の手がそちらからあがつたといふはうが民主的に見えるでせう。

「言語政策を話し合う会」の「さしあたりの仕事」といふものを見れば、そのことはすぐに看取できます。それはABCDの四條に分けてありますが、Aは政府にたいする働きかけ、Bは國會にたいする働きかけ、Cは、ジャーナリズムをはじめ國民全體にたいする働きかけ、Dは海外勢力の導入、あるいは外國人の日本語にたいする注文の取りつけなどを政府に要求することであり、すべてが審議會の院外團的、ないしは下部組織的な性格を露骨に示してをります。ところで、その一例に政府督促のためのA條を擧げると、それは次の三項に分れてをります。

(1) 漢字制限、現代かなづかい、音訓整理、公文書横書き、ローマ字教育の徹底をはかること。
(2) 當用漢字でない地名、人名はカナガキにするよう働きかけること。
(3) ローマ字教育のいまの内容を引下げることなく、徹底させること。

　これを見れば、私の述べてきたことが決して杞憂《きいう》でないことが明らかになりませう。(2)はまさに違憲行爲と言ふべく、また(3)では既に(1)に盡されてゐることを、取りたててくりかへしてゐる點、國字のローマ字化こそ最終目標であることが、いよいよはつきりしてきたといふものです。しかも、それが「さしあたりの仕事」といふのですから、あとにどんなことが控へてゐるか解つたものではない。とにかく教育に關するかぎり、それはみごとに成果を收め、文部省は今まで副讀本を通じて教へてきたローマ字を、昭和三十六年度から小中學校の國語教科書のなかに取入れて教へることを決定することになりました。何をか言はんやであります。現在の小中學校では正規の國語表記のかなを平がなとしてそれを教へ、片かなは在學中に數時間かけて、ただ讀めればいい程度の教へ方しかしてをりません。だが、實際には周圍を見まはしてごらんなさい。新聞、雜誌、單行本には實に片かなが多い。外國の地名、人名あるいは外來語だけではありません。セン（栓）、ワク（枠）、バチ（罰）、スズメ（雀）、ヘイ（塀）、イス（椅子）等との國語まで片かな書きにしてゐるものが枚擧にいとまなく、ここに擧げた例はすべて、「当用漢字」外のものですが、「当用漢字表」にあるものでも、どんどん片かな書きにしてをります。漢字を制限されたため、平がなばかりでは讀みにくいからです。それほど有用な片かなを學校ではろくに教へぬくせに、新聞その他の日常所見の文章にはほとんど現れてこないローマ字を國語として教へようといふのです。これは明らかに現在のためではなく、將來に備へてゐることの證據ではありませんか。

しかも、國語國字改革運動家たちは、それだけの大變化を實に靜かに誰にもそれと解らぬやうに著ゝとして實踐してきてをります。たまに責めるものがゐても、齒牙《しが》にもかけない。そして平然とうそをつく。現在ローマ字を副讀本によつて教へてゐるその理由を問うてごらんなさい。彼等はまことしやかに答へるでせう。ローマ字教育は國語の音韻組織を理解せしめ、自分の發音を意識するのに便である、と。とにかくこのやうに彼等は國語ローマ字化をおくびにも出さぬやうに用心しながら、その方向と實踐においては過たず著實に進んできたし、今後も急速度にその道を辿つていろいろの手を打つて行くだらうことを豫言しておきます。

この次に來るものは、右の「言語政策を話し合う会」Aの第一項の要求、すなはち「当用漢字」と「現代かなづかい」の「徹底をはかること」でありませう。審議會は別働隊の、といふより一人二役の院外團をそそのかして出させたその要求を、もつともらしく澁い顔で取上げ、輿論はかくかくしかじかと文部大臣に建議するに相違ない。おそらく十年は經ちますまい。五年もしたらその機會はやつてくるでせう。漢字はまづ本來の漢語だけに整理され、和語はすべてかな書きにされるでせう。一方、「現代かなづかい」は助詞の「は」「へ」「を」等すべて「わ」「え」「お」にされてしまふでせう。したがつて、現在、「現代かなづかい」の不合理を追及する非難の聲を、審議會は困つたやうな顔をしながら、内心は大いに喜んでゐるのです。もちろん、歴史的かなづかひの正統性を主張されるのは困るが、「現代かなづかい」の發音に準じるといふ趣旨にさへ賛成なら、その現狀の不合理は突いてくれればくれるほどありがたい。つまり、それならもつと表音化を徹底してやらうといふわけです。

四　表音化の理由

さうなつたら私たちの國語は一體どうなるのか、それについて考へるまへに、漢字をやめてローマ字化せねばならぬといふ彼等の考へは、一體どこからやつてきたものでせうか。文字を發音に近づけて易しくしなければならないといふ考へには、一體いかなる根據があるのでせうか。もちろん、事は程度問題です。もし私たちがこれから國語國字をどれにするか新しく決めねばならぬとすれば、難しいのよりは易しいはうがいい。それはいちわうもつともです。しかし、それも「いちわう」の話であつて、あるいは難しいはうを採つたはうがいいといふこともありうる。言葉に關するかぎり、難易といふ習得の問題は第二義的で、まづ問題になるのは質であります。文字に關して言へば、問題の文字がその言葉に適してゐるかゐないかが第一義の問題で、習得の難易はやはり第二義に考へるべきものです。

といつて、私はローマ字が易しいことを認めるものではありません。それが難しいか易しいかの檢討はあとに廻すことにして、ただ論者の言ふごとく易しいものと假定しての話ですが、それが易しいといふことだけで、なぜ彼等はそれを禮讚するのか。なぜ、何よりもまづ文字生活を樂にせねばならぬと考へるのか。そこに彼等の文化觀の淺はかさが透けて見えるやうです。といふより、文化といふものが、彼等には全く解つてゐないのです。その證據に、彼等がそれをどう考へてゐるかを見てみませう。

例の「国語白書」においてもアメリカの教育使節團が提出した報告書を楯にとり、國語の表記法が複雜なため、文化の向上が妨げられてゐると述べてをります。言ふまでもなく、その複雜性は歴史的かなづかひと漢字から來るといふのです。これは「国語白書」ばかりではない。あらゆる國語國字改革論者の口にする決り文句で、誰が言ひだしたのか知りませんが、一人としてその眞僞を檢討するものがなく、私の狹い經驗でも、それを何度聞かされ讀まされたか知れません。彼等はかう言ひます。

(一) 日本の近代化が遲れたのは漢字が難しく、知的特權階級を除いて、一般大衆が讀み書きに習熟しえなかつたためである。

(二) 漢字は封建時代に支配階級が自分の權威を誇示し、大衆を政治から遠ざけるために利用されてきた。

(三) 言葉も文字も、人間の意思を傳達理解するための道具であるがゆゑに、專ら傳達と理解といふことを目やすに改良されねばならない。

(四) まづ考へなければならぬのは能率である。「すばらしい働きをする」事務機械、すなはちタイプライター、テレタイプ、電子計算機、穴あけカードなどによる事務のオートメイション的處理によらねば、「國際的な競爭」に勝てるものではない。それには表音文字の採用が必要である。

㈤ しかし、それは古典の破壞を意味しない。專門家や知識階級は文化の「頂點」に位するものであり、その「底邊」には一般大衆がゐる。目的はこの「底邊」を擴大することによつて、「頂點」を安定させることにある。古典の言葉および文字はそのまま「頂點」に置いて保存し、新聞や日常用語は「底邊」を這《は》はせて簡易化するのが理想である。

大體以上のやうなものであります。いづれも俗說です。といふのは、誰が聞いてももつともだと思ひこみやすく、俗耳に入りやすい言葉だといふことです。それ自身、「底邊」の言葉であり、「底邊」にしか達せず、「頂點」には適用できぬ言葉であります。それにしてもこれらの俗論が一見さう見えるほど、もつともであるかどうかを檢討してみなければなりません。もし、それらがいづれも事實に反するものであるならば、國字の表音化運動は全く無意味になり、明治以來それだけが國語政策であると思ひこんできた國語國字改革運動家たちはその存在理由を失ふばかりか、取返しのつかぬ罪を犯したことになりませう。

五　漢字の存在理由

まづ第一に、漢字は特權的支配階級がみづからの勢威を張るために好んで用ゐられたものだなどと言ひだされると、もはや事實を誣ひるのなんのと責める張りあひを失ふほどの、嘘を通り越した單なる冗談でしかなく、ただ彼等の頭腦の未發育をさらけだして見せてくれたものとしてのみ納得できると答へるほかはありません。

封建時代に武士の言葉や公文書に漢語漢字が多く用ゐられた理由の第一は、おそらく方言の克服といふことにあつたと思はれます。中世の西洋でラテン語が果した役割と同じでせう。言ふまでもないことですが、當時は標準語教育が全く行はれてゐなかつたし、また今日のやうに文化の中央化、劃一化がなく各藩ごとに獨自の文化と方言とが強く生きてをりました。參觀《さんきん》交代で江戸に集つた地方の武士が相互に通じる言葉を喋らうとすれば、漢語に頼るのが一番手取り早いといふことになりませう。また、東京遷都になるまでは、關西文化、關西語は關東や江戸のそれにたいして對等以上の自覺があり、今日のやうに東京語が標準的で自分のはうが方言だといふやうなことは考へられなかつた。つまり、標準語としての可能性をもつ方言が當時は二つあつたので、それにたいする各地方の方言の關係を考へれば、漢語が頼りにされた事情は充分に理解できるはずです。たとへば、標準語の「こまる（困）」が東條操氏の「方言辭典」によれば、今日でも二十八通りもの方言をもつてをります。

さういふ状態で、もし「こまる」といふ標準語がないとしたら、當時の武士ならずとも、また、威張る氣はなくても、「困ずる」「窮す」「困惑す」「困卻す」「困窮す」などの漢語漢字に頼るほかはありますまい。漢語のさういふ役割は決して江戸時代だけではなく、明治にはひつても當分のあひだ生きてをりました。その何よりの證據は、明治、大正を通じて東京語中心に成長して行つた標準語のなかに漢語を持ちこんだ人たちは、當の東京人ではなくて、主として地方出身者だつたのです。

漢語漢字の好まれる第二の理由は、その造語力、ことに名詞、抽象名詞を形づくる能力のためです。和語の場合は、「まち（町）」「なみ（竝）」から「まちなみ」と複合名詞を造る場合は別として、普通は「うつくしさ（美）」「あかみ（赤）」「おこなひ（行）」のごとく、形容詞に「さ」「み」を附けるか、動詞の連用形を用ゐるか、あるいは「（……である）こと」「（……する）こと」とやるか、そのいづれかになります。といつて、これをさう濫用するわけにはゆきません。それでは冗漫になりますし、和語、あるいは一般に日本民族の長所でもあるが、今日ではしばしば弱點となりがちな現實密著性ないしは卽物性から脱しにくくなるでせう。同じ抽象名詞でも「うつくしさ」と「美」、「おこなひ」と「行爲」では、その抽象度、普遍性が異るのです。

のみならず、漢語漢字は同一語から名詞、形容詞、副詞、動詞など自由に造れる能力をもつてをります。もちろん、私は一方では、「おこなひ」ですむところを「行爲」と言つたり、「早く」と言へばいいところを「早急に」と言つたり、またいたづらに「さ變」動詞を使つたりする傾向を出來るだけ卻けたいと思ひます。私たちの思考がいたづらに觀念的になり、それゆゑにまたあいまいになる恐れがあるからです。だからといつて、狂熱的に、强制的に漢語漢字の排擊制限をおこなへば、今日のやうに英語その他の歐米語の無意味な氾濫《はんらん》といふ、さらに好もしくない現象を導くやうになるのです。

第三に、漢語漢字はその語勢の强さと簡潔のゆゑに好まれます。第四に、讀む側から言へば、漢字は早く目に訴へる形態を有し、適度にかな文に混ぜて用ゐるときは變化を生じ、文章全體を讀みやすくします。以上で國語國字改革運動の根據をなす俗說の㈡が嘘であること、したがつてある程度までは漢語漢字が必要であることが解つていただけたと思ひます。「当用漢字」千八百五十字は無理です。むしろ、これを「教育漢字」として讀み書きに習熟せしめ、「常用漢字」を三千字前後に增して、このはうは讀めればいいといふくらゐの教育を義務教育期間に課すのが至當と思はれます。大體、人とは漢字の難しさといふことを誇大に宣傳しすぎます。漢字の數は何萬あるか知りませんが、それらの一語一語が無關係に無意味な線や形を寄せ集めて出來てゐるのではない。一と數へたことはありませんが、それらを構成する基本的な畫《くわく》はさう多くはないでせうし、その組合せも、おほよそ決つてゐて、さう意表に出るものはない。また、記憶の心理學から考へても、畫の複雜な難しい字はおぼえにくいといふ根據はどこにもありはしません。

それに關聯して、東京の新宿區立四谷第七小學校の石井勳教諭が主張し實践してゐる漢字の新教育法について紹介しておきたいと思ひます。原理は簡單なことで、第一に、漢字を使ふべき語は最初から漢字で教へてしまふこと、第二に、意義と構造とにおいて關係のある漢字はなるべく一緒に教へることです。その結果は實に驚くべきものがあります。「左・右・工・門…」等、大抵一二學年で教はる漢字の讀みについて調査したところ、東京都のある漢字指導實驗學校の五六年生と石井氏の教へてゐる一年生とが大體同等の能力を示してをります。また文部省の指導要領では一年生は漢字七十六字（一から十までの數字も含む）を習得するやうに仕組まれてをりますが、石井氏は右の方法により一年間に三百二十七字を提出指導し、その讀みの能力を試驗したところ、最優等生は三百五字、最劣等生は六十三字、全員四十五名の平均は二百三字といふ成績ををさめてをります。つまり、最優等生は文部省規定量の四倍、最劣等生で文部省規定とほぼ同樣です。しかも彼等が三年になつたときには、その作文や帳面から一般の六年生も及びえぬ書寫力がうかがはれたといふことです。論より證據で、文部省や國字改革論者は子供を見くびりすぎてゐると同時に、漢字は難しいものといふ先入觀に囚れすぎてゐると言へませう。

なほ、當然現在の「当用漢字」の字體はもう一度考へなほすべきでせう。畫數《くわくすう》の多寡と難易とが正比例するものと考へる子供なみの低級な頭腦では困ります。それに略し方に根據も統一も合理性もない。素人に毛の生えた人間が、たつた一人か二人で、漢學者と相談もせず、終戰後のどさくさに筋の通つた仕事がなしとげられるわけがありません。戰後の國字改革は、なるほど占領軍の强制ではないが、あたかも戰爭中に一部の「文化人」が軍の機嫌をとるために、あるいは同業者に自分の勢威を見せつけ、仲間を倒すために、軍部を利用し、軍部よりも極端なことを言つたりしたりしたのと同樣のやり口でした。しかし、それ以上に問題なのは、さういふつもりで提出した漢字體改革案がC・I・Eの擔當官ハルバン氏によつて、「傳統的な文字の變改は熟慮を要する」といつて一蹴されたはずであるのに、どうしてそれが行はれたかといふことです。

六　誤れる文化觀

が、それはそれとして、次に問題となるのは漢語漢字を嫌ふ根據として、それが日本の近代化を遲らせたとあることです。一體、日本の近代化はどう遲れてゐるといふのか。遲れてゐるとすれば、國語屋の頭の中くらゐのものでせう。ついでに、やつあたりで申しわけないが、國語國文學界の左顧右眄《さこうべん》的性癖と古めかしい對人關係とを一例に擧げておきませうか。そもそも近代化の遲速などといふものが比較考量できるものではない。後進國のすべてが同じ條件下に、そして同時に、近代化競爭の火蓋を切つたわけではありますまい。しかし、私の知つてゐるかぎり、明治以後の日本の近代化ほど、善かれ惡しかれ、迅速かつ見事な成果を擧げた例は、他に世界史のどこにも見當りません。インドのネール首相が理解に苦しむといつて讚歎したのも當然であります。それをローマ字論者やかな文字論者は遲れてゐると言ふ。眞意は、ただ遲れてゐるといふことにしておきたいだけのことでせう。遲れてゐる理由を漢語漢字の難しさに歸したいからでせう。「混亂は目に餘るものがある」といふ手口と全く同樣です。

しかし、實情は、日本の近代化のために、漢語漢字は大層重大な役割を演じてきたのです。この場合にも、私はそれに伴ふ弊害に目を蔽ふつもりはありません。漢語漢字が不必要にのさばりすぎた事實は認めなければならないが、それは日本の近代化に大役を務めさせられて、少ゝいい氣になりすぎたための派生的弊害であつて、日本の近代化を專ら阻止する役割を演じてきたのではありません。益と害とどちらが大きかつたかと言へば、比較にならぬほど益が多かつたのです。では、どういふ點で近代化に役だつたかと言へば、それは既に漢語漢字の多く用ゐられるに至つた必然性として列擧した特性、すなはち標準語、造語力などの觀點から理解できませうし、また歐米の思想、文物の消化力といふ點など、ことにその顯著なるものでありませう。したがつて、俗説の㈠もまた嘘であります。もし嘘でなく、本當にさう考へてゐるのだとしたら、それは日本の社會の近代化があまりに急激だつたため、それについてゆけない遲れた頭腦がひきおこした眩暈《げんうん》、あるいは目まひ、あるいは「めまい」のためと解すべきでせうか。

それにしても話にならないのは、近代化といふ複雜な社會問題を、言葉や文字といふ唯一つの鍵で說きさらうといふ愚かしさです。よく刑事にはあらゆる人間が泥棒に見えると言ひますが、國語屋の職業意識過剰はその比ではありません。日本が江戸時代三百餘年を封建制度のうちに太平を貪《むさぼ》りえたのも、またその半面、それから長く脱しえなかつたのも、その理由の大半は島國といふ地理的條件に歸せられませう。漢語漢字の難しさなどといふことは、たとへそれが事實としても、近代化阻害の理由の一割にもなりますまい。同時に、明治以後、それが近代化に役だつたといつても、他の要因にくらべれば、高が知れてゐるといふべく、やはり、いや、この益のはうは二三割になりませうか、急激な近代化の最大の原因は、近代化を遲らせてゐた原因と同じ島國といふことでせう。他國から恩惠を受けにくいかはりに、損害も受けにくいといふわけです。

だが、國語改革論者の最も度しがたい弱點は、俗説の㈤に端的に現れてゐるその文化觀であります。かつて私は金田一博士との論爭にさいして、「現代かなづかい」や「当用漢字」採用は古典と一般國民との間を堰《せ》くに至るだらうと言つた。これは私ばかりではない。國語國字改革に反對の人が誰でも言ふことです。それにたいする論者の返答は、これも必ず決つてゐて、歴史的かなづかひを用ゐてゐても、漢字を三千、五千と教へておいても、それだけで古典は理解できるものでもなし、またそれだからといつて誰もが古典を讀むわけでもないといふのです。さらに、古典をやりたい人は改めて特別に歴史的かなづかひと數多くの正式な漢字を勉强すればいいのだと言ひ、どの學問も同樣、一般大衆と專門家とでは違ふのだと、これまた俗耳に入りやすい理窟をふりまはすのが常でした。ですから、私はそれを豫想したうへで、金田一博士に向つて次にやうに書いた。

私は元來國民のほとんどすべてが誤りなく讀み書きできる國語といふ考へ方に疑問をもつてゐます。たとへ「現代かなづかい」と「当用漢字」の易きをもつてしても、その標準から脱落するものの數は現在より決して減りはしますまい。間違つた文字や文章を書いても、それで結構通じもするし、日ゝの用に事かかぬといふ、その程度の階級があり、またその程度の用途にとどまる文章もあつてよいはずです。

古典からの距離は個人個人によつて無數の違ひがある。その無數の段階の差によつて、文化といふものの健全な階層性が生じる。それを專門家と大衆、支配階級と被支配階級、といふふうに強ひて二大陣營に分けてしまひ、兩者間のはしごを取りはづさうとするのは、大げさに言へば文化的危險思想であります。

ところが、かういふ私の考へ方にたいして、國立國語研究所の永野賢氏は「文字の階級性を認める論」だと言ひ「漢字の金持ちでなくてもらくに生活してゆけるような社会を作りあげること」こそ「文字の民主化」の意味するものであると述べてをります。この「漢字の金持ち」以下はもう少し解說を要します。それは、漢字をたくさん知つてゐるからといつて、むやみに用ゐるのは「金持ちがあるに任せたぜいたくをするのと同じ社会悪だ」といふ金田一博士の比喩にたいして、私が漢字をたくさん知つてゐるからといつて、その習得に要した勉强の苦勞を一般大衆に負はせまいとするのは、金持が貧乏人に向つて金ゆゑの苦しみを說いて聽かせる僞善にひとしいと、同じ比喩をもつて應じたからであります。もう少しこの比喩的表現を樂しませてもらへるならば、漢字をたくさん知つてゐて、それをひとり書齋で樂しんでゐるのは、下著や裏地に絹を用ゐ、上は木綿で出步いたといふ天保改革時における金持の自慰や虛榮に似てゐると申しませうか。

　しかし、これは單に賣り言葉にたいする買ひ言葉ではありません。見えを切るやうですが、文化といふものにたいする私の確信から出た文句であります。一口に言へば、文化の優劣、といふよりその深淺は、量によつて計られるべきものではなくて、質によつて理解されるべきものだといふことです。しかし、國語國字改革論者は量によつてのみその優劣を計らうとする。松坂氏はかう言つてをります。「わたしは、文化というものを、国民ぜんたいの生活をゆたかにするためのものと考えている。哲学はそういうことに役だつような物の考え方を教えてくれるのだと承知している。」それは困る。氏がどう承知しようが、哲學はさういふものではありません。かな文字論者の氏がここでわざわざ「物」といふ漢字を用ゐた以上、それはタイプライターか計算機のやうな「物」のことを考へてゐるのでせうが、本來の哲學はむしろ「心」のもち方を教へてくれるものです。「国民ぜんたいの生活をゆたかにする」といふ言葉と考へ合せて、あまりにも唯物的と言ふほかはありません。專らタイプライター會社の廣告でかな文字宣傳雜誌の經營をまかなつてきたために養はれた性癖か、ある種の獨學力行の士の上に往々にして見られる立身出世主義の結果か知りませんが、文化や哲學を論じる資格はまづなしと見てさしつかへありますまい。

さて、漢字の習得を蓄財にたとへた金田一氏の考への根本には、拔くべからざる文字崇拜の念がひそんでをります。博士は讀み書き出來ぬものは下らぬといふ近代主義的、主知主義的、教養主義的な考へ方にとらはれてゐるのです。これは博士一人に限らない。國語國字改革運動家すべてに共通な考へ方であり、その運動の出發點でもあります。ひよつとすると、それは大部分の知識階級の弱點であるかもしれません。

しばらくまへ、私は「英語亡國論」(福田恆存全集第五巻所收「天邪鬼」參照)といふ戲文を書きました。そのなかで、知識階級が知つたかぶりに英語を好んで口にする程度のことは放つておけばいい。が、この頃のやうに、むしろ彼等より大衆のはうが英語を好み、日常會話に用ゐる傾向はよくない。さういふことを言ひましたところ、最近、これも國語國字改革論者の一人である石黑修氏がむきになつて食つてかかつてきて、「学者、評論家、インテリは使ってもいいが、大衆が使うのは気に食わぬというのは、一つの特権意識ではないだろうか」といふことをくどくどと述べてゐる。笑止といふほかはない。不必要に多くの英語を會話にまじへることを、私は笑ふべきことであるといふ前提からものを言つてゐるので、それが特權になるはずがない。健全な大衆は、さういふ笑ふべき非文化的な輕薄を本能的に嫌ふはずなのにといふ私の文化觀から出發してゐるのです。

しかし、石黑氏は、外國語を知つてゐるはうが文化的であり、知識のあるはうが文化的であり、讀み書きが出來るはうが文化的であるといふ、知識階級にありがちな特權意識にとらはれ、それを肯定してかかつてゐるのです。たしかに讀み書きは大切です、出來ないよりは出來たはうがいい。が、その結果として、それが出來るもののはうが、教育のあるもののはうが、より文化的で、より教養があるといふ考へ方をもつやうになるくらゐなら、私はむしろ讀み書きなど出來ないはうが氣がきいてゐると思ひます。封建時代の支配階級が文字を「權力のバリケード」にしたといふのなら、その文字を易しくすることよりもまへに、そんなものは「バリケード」にならぬといふ文化意識を國民に植ゑつけたはうがいいではありませんか。それぞれの生き方、人柄、性格、才能、さういふものを知識や讀み書きより重んじ信じることから、文化の深みといふものが生じるのです。さういふ考へ方から、私は古典とのかかはりや文字生活を人間生活の一部に位置づけて、その厚薄、距離に「無數の段階の差」を許すべきだと言つたのであり、ここにまた一つの比喩を持ち出すことが許されるなら、それはスペクトル的色彩系列を示すことが望ましく、專門家と大衆、古典用語と事務用語といふやうな兩極端の明暗に分裂させてしまふことは文化の破壞を招くであらうと言つたのです。

口語には「現代かなづかい」を、文語には歴史的かなづかひを、また實用にはかな文字かローマ字を、古典には漢字をといふやりかたは、はなはだものわかりがいいやうで、實は政策的なずるい考へから出たものなのです。それは專門家と一般大衆と、文學と實用と、それぞれに飴《あめ》をしやぶらせておくことにより、兩者のつながりを分斷し、一つづつかたづけて行かうといふ兩面作戰にすぎません。少くとも結果としてはさうなる。

しかし「現代かなづかい」と歴史的かなづかひとの差は難易にあるのではない。言語觀、文字觀の相違であり、原理の相違であります。「当用漢字」あるいは漢字廢止の場合も同樣です。したがつて、論者のよく用ゐる比喩、電車を利用するものはかならずしも電氣學や物理學に通じてゐる必要はないとか、同じ計度でもセンチまでで用が足りる世界もあれば、百分の一ミリ、千分の一ミリまで出さねばならぬ世界もあるとか、さういつたことはこの場合は通用しないのです。電氣學を知らぬものが乘つても專門家が乘つても電車が動く電氣の原理に變りはないはずですし、たとへ一センチでも千分の一ミリでも同一基準の計度法から割出されたものではありませんか。

しかし、そんな理窟はどうでもいい。文字に關して專門家だけの世界を與へて、それで一體どうなるといふのでせう。それで古典が「文化遺產」として繼承されたつもりなのでせうか。專門家だけが昔のかなづかひに習熟し、漢字をたくさん勉强して、書齋のなかで古典を樂しんでゐたからといつて、一體そんなことが日本の文化とどういふ關係があるのでせうか。よその國の學者と同樣、なんの關係もありますまい。一番大事なことは、專門家も一般大衆も同じ言語組織、同じ文字組織のなかに生きてゐるといふことです。同一の言語感覺、同一の文字感覺をもつてゐるといふことです。古典には限りません。江戸時代の無學な百姓町人が難しい漢語の續出してくる近松や馬琴を充分に樂しめたといふのも、そのためではありませんか。大衆が古典を讀むか讀まないかは第二義的なことで、古典をひたしてゐる言語文字と同じもの、同じ感覺に、彼等もまたひたされてゐることが大切なので、それによつて彼等は古典とのつながりを最小限度に保つてゐるのです。

七　誤れる教育観

昭和二十三年に、あらゆる階層を含む十五歳から五十四歳までの一萬六千名について讀み書き調査を行つたところ、かなさへ讀めぬ文盲はわづか一・六パーセントだつたと言ひます。これは他の表音文字を用ゐてゐる先進國にくらべても、決して恥しくない成績です。もつとも、「当用漢字」の讀み書きが出來ぬものは九十五・六パーセントもゐたさうです。しかし、これは新聞を見ても讀めない字があつたり、讀めても意味が解らない言葉があるといふ程度ださうですから、なにも心配は要りますまい。たとへ表音文字にしたところで、讀めさへすれば意味が解るといふものではない。その點、漢字は初見で讀みが不確かでも意味だけは解るといふことがある。いづれにせよ、發音できるといふことと意味が解るといふこととは、全く別の次元に屬する事柄です。その點、國立國語研究所の柴田武氏が三十年前國字をローマ字に切りかへたトルコを訪れ、「小学校二年生が新聞の一面の記事をすらすらと讀み、理解するのを見てびつくりした」と言つてゐるのは爲にする嘘で、一時、表音文字化運動に肩を入れ、しばしば「言語政策を話し合う会」の片棒をかついだことのある朝日新聞學藝部がその嘘を無批判的に飲みこみ、國字表音化促進の材料に用ゐてゐるのを見て、今度は私がびつくりしました。小學校二年生が理解できるトルコの政治情勢は、家庭における兩親の喧嘩よりも單純で解りやすいものと見えます。

國語國字改革論者はその通弊として、文盲を氣にしすぎます。文盲はどこにもゐる。表音文字にしたところで同樣です。ウィーン生れのアメリカの哲學者でルドルフ・フレッシュといふ人が「なぜジョニーは本が讀めないか」といふ本を書いてをりますが、この標題からも察せられるとほり、アメリカでも讀み書きの滿足に出來ない連中はたくさんゐるのです。日本の表音主義者のメッカともいふべきイタリアでも、文盲率は日本の五倍も多い。しかし、イタリアのはうが日本より近代化が遲れてゐるわけでもありますまい。フレッシュ氏は日本の國語屋と違つて「文盲恐怖症」になつてはならぬと說いてをります。どこの國にも文盲がゐると言ふのです。それで思ひだすのは、昭和二十九年八月の「國語學」の第十七輯に時枝誠記・服部嘉香・釘本久春・松坂忠則の四氏を講師とする「漢字制限の問題點」といふ討論會が載つてをりますが、その席上、質問者側に廻つた大西雅雄博士の言葉です。

博士の調査によれば、「当用漢字」などといふものを顧慮することなしに私たちが平生もちゐてゐる漢字の數が大體三千字、すなはち三千語ださうですが、アメリカのカーネギー財團で調査した基本語彙が、英語、フランス語、スペイン語、いづれも三千語で、これは偶然一致してをります。また戰前と戰後とを問はず、日本の小學校で行つた讀み書き共に出來る漢字は五百字、五百語ですが、アメリカでも小學校を卒業したもので綴字を間違はずに書ける語といふのはやはり五百語で、これも不思議に同じだといふことであります。いや、偶然といふより、文字が表音的と表意的とにかかはらず、主要語彙は三千、派生語を含めて七千といふのが、比較言語學上、大體相場の決つた數だささうです。

これで見ますと、漢字制限などしなくとも、また歴史的かなづかひのままでも、日本語の表記が特に難しいとは言へなくなる。第一、外國語としてなら別の話、母國語としてどの國語が一番むづかしいかなどといふ議論は愚かな話で、それはあたかも男に生れたはうが得か、女に生れたはうが得かといふ議論と同じで、兩方を經驗できぬかぎり、その比較は不可能なはずです。この大西博士の言葉の傍證として、フレッシュ氏の本に出てゐる次の表を見ていただきたい。それはニュー・ヨーク州の教育當局が作つたもので、小學生ではないカレッジの學生がよく綴字を間違へる語を系統的に集めたものです。といふのは、これらの語だけではなく、同類が他にいくらもあつて、その代表といふ意味です。英語教育を受けた日本の中學生なら、そんな間違ひはしまいと思はれる綴字がたくさんあるではありませんか。

言ふまでもないことですが、近代化といふ點では世界最高の國であるアメリカ、また文化の深さといふ點では有數の國であるイギリス、その兩者の用ゐてゐる英語の表記法の難しさは歴史的かなづかひの「不合理性」どころの騷ぎではありません。その音韻は大まかに考へても、子音で二十五音、それを表す文字が十八字、その他にc・q・xが無駄に重複してをります。母音のはうは十九音、それを五文字で表してをります。少し嚴密に勘定するとO・E・Dでは母音は單母音だけで三十四音、二重母音が二十音、それをたつたa・e・i・o・uの五文字の組合せでかたづけてゐることになり、子音は十八文字で二十五ないし二十七音を表してゐるといふことになつてをります。

　フレッシュ氏の調べたところによると、英語の發音と表記との關係が大體規則的と認められるものは、全體の八十七パーセントで、あとの十三パーセントが不規則だといふことです。その不規則の綴字の規則のはづれ方がまた日本語の表記の比ではない。が、日本の知識階級は、かなづかひの不規則性には、不勉强のくせにひどく神經質ですが、

誤	正
accerate	accurate
Britian	Britain
buisness	business
calvary	cavalry
considable	considerable
dafinate	definite
differnt	different
dispite	despite
docter	doctor
Febuary	February
fourty	forty
grammer	grammar
irrevelant	irrelevant
libary	library
medecine	medicine
miricle	miracle
ocassion	occasion
preperation	preparation
privalege	privilege
proffessor	professor
reconize	recognize
seperate	separate
similiar	similar
suceed	succeed
suprise	surprise
tendancy	tendency
tradegy	tragedy
villiage	village
visable	visible
writting	writing

英語となると、それに氣づかず、ひたすら憶えようとしてゐるし、また事實よく憶えてゐる。不思議な話です。要するにその氣もちさへあれば、なんでもないといふことでせう。フレッシュ氏はかう言つてをります。完全に表音的な表記法などといふユートピアを夢みてはいけない。なるほど、われらの英語の綴字の慘狀は世界に冠たるものがあるが、それがわれらの國語なのだ。そして、英國民を學べと言つて、英國の國語教育、學校教育を賞《ほ》めてゐるのです。すなはち、英國民の考へ方はかうだ。われらの表記法は難しい。が、それが宿命とあらば、よろしい、それなら學校教育を一年はやく始めよう。といふわけで、英國は滿五歳から學校教育を始めてゐるといふのです。これは學ぶべきことです。といふのは、その宿命論ではなく、教育觀をです。言葉や文字が教育のためにあるのではなく、教育が言葉や文字のためにあるのだといふ健全な考へ方です。子供の學習に樂なやうに文字を考へるまへに、文字に應じてその教育法を考へるべきです。

そして、フレッシュ氏は人とがルソーの「エミール」を誤解してゐることを指摘し、早期教育の可なること、のみならず、子供がその氣になるまで待たう式の自由主義的教育思想の誤れることを强調してをります。子供をその氣にさせることが教育だと言ひ、また英國の教師の言葉を引いて、學習の機械的强制の必要を說いてゐるのです。すなはち、心理的に柔軟性を缺いた大人の氣もちをそのまま子供に假託して、自分が辛いから子供も辛いだらうと考へる現代の實驗心理學、教育心理學は間違つてゐるといふのです。言葉と文字の負擔を除いてやつて、他の大事なことに時間を割くやうにしてやらうといふ新教育理論家や國語國字改革論者にとつては頂門の一針と言ふべきでせう。さらに彼等の頭上にもう一針を、かつての國語審議會の委員だつた服部四郎博士に加へてもらひませう。少し長いが、さきに觸れた「漢字制限の問題點」といふ討論會における博士の言葉を引用することにします。

私は丁度「当用漢字」で國語審議會の末席を汚してをりましたものでございまして、「当用漢字」には部會には關係してをりませんでしたけれども、責任を感じてをります。それでいろいろ非常に心配いたしてをりますが、自分の意見につきましては書いたものもございますので、ここで繰返しては申しません。ただ一言申上げさして頂きたいことがございます。と申しますのは或る點で私は誤謬ををかしてをつたといふことでございます。それは實はアメリカへ行きまして氣がついたのでございますが、それまで私はただ、字が易しくなれば、つまりそれだけ學習の負擔が輕くなつて、ほかの學科に時間を振向けることが出來る、さう簡單に考へてをりましたが、實は人間は字が易しくなると怠けるものだといふことに氣がついたわけであります。

これは「私の國語教室」の初めのはうで既に申したことですが、言葉は客體であつて、同時に主體であります。時枝博士が二度三度にわたつて述べてゐるやうに、言葉や文字を正しく用ゐようといふ主體的意思が缺けてゐる、そのための混亂であるのに、さういふ態度の非を棚にあげて、ただ國語國字を客觀的に調査研究し、それに責めを歸し、言語文字そのものの側に合理性、一貫性を要求するやうな改革では、結局、混亂と破壞しかありえぬでせう。言葉は文化のための道具ではなく、文化そのものであり、私たちの主體そのものなのです。それはそれとして事務用語をなどといふことは考へられるはずのものではありません。むしろ二重國語を考へたはうが、より合理的と言へませう。

俗說の㈣にあるタイプライターのためなどとは愚論です。なるほど過渡的には商用文にかな文字やローマ字を用ゐることもいいでせう。が、月までロケットが屆く時代です。軍擴競爭が少し下火になれば、今日の漢字かな文でも充分に消化しうる機械が發明されないとは限りません。現に、當用漢字を上廻る二千字の漢字が操れる機械が出來てゐるさうです。鐵道線路に狹軌を採用して失敗したのと同樣で、慌てて現在の道具に合せて國語國字を改造する手はないのです。時枝博士ではないが、「文字を使ふといふことは、機械に制限されて使ふのではなくて、機械がもし必要ならば、その文字の實情に應じて、新しい機械を發明するといふことが必要であります。」さう言ひたくなります。松坂さん、氣を確かにもつてください。タイプライターのための文字か、文字のためのタイプライターか、ついでに教育のための文字か、文字のための教育か、ひとつ小學生を相手に輿論調査をしてみることです。

八　文字言語と音聲言語

右に述べたやうに言葉を文化の道具と考へて、文化そのものとは考へないといふことのうちに、國語國字改革論者の最も根本的な間違ひがある。すなはち、それは彼等の文化觀の淺薄と切り離せないのですが、それも結局は素朴な唯物思想といふことですべて說明がつくやうです。そのことをもう少し言語觀そのもの、文字觀そのものに則して分析してみようと思ひます。例の俗說の㈢に現れてゐる考へ、要するに、文字は表音的であらねばならぬといふ考へ、表音文字のはうが優秀だといふ考へ、それがどこから來たか、どういふ根據があるのか、また日本語の場合、果してさう言へるかについて檢討し、いづれも否といふ答へを出さうといふわけです。大讓步して、それは半面の眞理に過ぎぬといふこと、半面の眞理のためにとすれば、失ふものが多すぎるといふことを理解していただければいいのです。

かつて英國の言語學者にヘンリー・ブラッドレーといふ人がをりました。この人はO・E・Dの編輯主任として重要な地位にあり、オックスフォード大學の評議員、アカデミーの會員だつた人ですから、私の獨斷よりは多少信用して聽いていただけると思ふので、その著『話し言葉と書き言葉との關係について』を紹介することにしませう。これは英國において表音化運動が盛んだつた一九一九年にオックスフォード大學出版部から發行されたものです。ブラッドレー氏は決して難しい専門的な新說を出してゐるのではなく、ごく平凡な常識を述べてゐるに過ぎません。

まづ第一に、氏は文字言語と音聲言語とは全く次元を異にしたそれぞれの世界と組織とを有するといふ大前提から出發し、結論もそれに歸著してをります。耳は時間にしたがつて一音一音を順に聽きとるし、喋るときもさうしてゐる。が、眼は一度に多くの文字（レター）を見る。音讀の場合には、幾つかの文字の集團としての語（ワード）を見ておいて、改めて一音一音を順に發するといふ操作をとる。さう言つてをります。當りまへのことですが、そこに擧げられてゐる幾つかの實例が面白い。

ある日の新聞の死亡廣告欄に「謹んで友人諸君に御通知申上げます」といふのがあり、その「友人」のｆｒｉｅｎｄが「惡魔」のｆｉｅｎｄになつてゐたが、その後やつてきた三四の客にそれを讀ませたところ、一人もそれに氣づくものがなかつた。文字を一つ一つ讀まず、その集團を一度に見るからだといふのです。書物の誤植がその實數ほど氣づかれないのも、またその書物の著者や理解者ほどそれに氣づかないのも、そのためでせう。また文字の集團としての語を一望のもとに見るだけでなく、私たちは文章さへ、これは一望のもとにとは言へないが、少くとも語と語との關聯において見る。一語一語を理解しながら讀み進むのではなく、つねにその前後に氣を配りながら見て行く。話すごとに消えさり、次の語がまだ聞えてこない音聲言語とは違ふのです。

ついでブラッドレー氏は、同じ發音でありながら綴字を異にし、意味を異にする語について述べてをります。これは英佛語に大層多く、たとへば英語では son と sun, hair と hare, hole と whole, night と knight, rode と rowed, soled と sold, sight と site, このやうに切りがありません。そしてこれらをそのまま存置しておくのは、ローマ字が表音文字でありながら、その表意性を志向するからだと、ブラッドレー氏は言つてをります。そして氏によれば、表音文字は、あるいは表音文字すら、思想の「シンボル」として、より適切な表意性を所有したいといふ傾向をもち、實際にさういふ狀態にもなつてゐるのです。右に擧げた同音異義語もさうですし、文頭や固有名詞の、ドイツ語では名詞の大文字、また引用符、句讀點、および省略や單數所有のsの前、複數所有のsのあとのアポストロフィなども同樣だと申してをります。

次に文字言語と音聲言語とでは、前者のはうがずつと語彙が豐富であり、またそれが當然だとブラッドレー氏は言つてをります。同音異義語の場合でも、その一つは文字言語にしか用ゐられないものが多く、また知識階級しか用ゐず、大衆は專ら易しいはうだけを用ゐるものがある。とくに、英語はラテン語やギリシア語から派生した語が多く、ドイツ語のやうに生活語の組合せによつて派生語を造つてきた言語とは異るからです。さういふ言葉を表音式にしたのでは、同音異義どころか、それがまた同形になり、目に訴へる力を失つて讀みにくいのみか、語源的聯關を失ひ、語意識を喪失すると述べてをります。英語におけるラテン語ギリシア語は日本語における漢語に相當しませうから、さしあたり「銷夏」（夏をしのぐ）を今日のやうに「消夏」（夏をけす）となほす類の非をさしたものと言へませう。

なほ、氏は Bacon と Baconian ; Canada と Canadian ; critic と criticize ; rhetorical と rhetorician などの例をあげ、○印を附した文字がそれぞれ二語の間で發音を異にするにもかかはらず、語形本位に同一文字を殘してゐることに注意を促してをりますが、これは語に隨ふといふ歷史的かなづかひの原則と全く同じです。これはどんなに表音的な文字を使つてゐる國にもあることで、英佛語はもとより、ドイツ語であらうとイタリア語であらうと例外ではありません。さらにブラッドレー氏が私と同意見なのは、國字改革と國語改革とは異るといふ考へ方の間違ひを突いてゐることです。英語は文字言語、すなはち表記形式の產物といふ面が多いから、表記法を變へることは、國語そのものを變へることだとブラッドレー氏は言つてをります。なほ氏は英語學の大家イェスペルセンの「英語は非民主主義的な言語だ」といふ言葉を引き、ラテン、ギリシア語の移入のため大衆に解らぬ言葉が多いと歎きながら、それでも大衆に解らせるために國語國字を變へようなどといふ考へを否定してゐるのです。民主主義の本家の國語が「非民主主義的」といふのも面白い話ですが、もしさうならば、文字だけを民主的にしてもはじまらぬし、その不適合が混亂の因になること、日本の國字改革に徵してみても明らかなことです。もつとも英語が非民主主義的だと言つたイェスペルセンは一方で漢字が世界で一番發達した文字であること、なぜなら完全な表意文字だから、とどこかで述べてゐたことも忘れてはなりますまい。

九　誤れる言語觀

要するに、文字言語は音聲言語と全く役割と次元を異にしてゐるといふことです。ところが、表音主義者は、前者は後者の寫生ないしは模寫だと考へる。耳で聞いて解る言葉を書けと言ふ。なんの根據も必要もなしにさう言ふのです。彼等の根據とするところは單純です。音聲言語のはうが先にあつたからで、文字はそれを表記するために生じたといふことです。これはドイツの青年文法學派（ユンク・グラマティケル）と呼ばれる十九世紀末に活躍した一派の考へをそのまま今日まで後生大事にかかへてゐるに過ぎません。なるほど彼等の功績は今日でも否定しさることは出來ない。しかし、彼等が言語研究において現代語の考察を重視したのは、それまでの言語學が文獻主義的だつたことにたいする反動としてであり、その前提、すなはち過去の研究の方法と業績があつて、それを受けつぎながらアンティテーゼを出したからこそ意味があるのです。

日本では言語學、國語學ばかりでなく、すべての社會科學が同樣の語謬を犯してをります。西洋の思想や學問の受入れ時代がたまたま向うの反動期に相當してゐたためですが、その前提ぬきで、いきなりアンティテーゼの中にのめりこんで行く。觀念論の歴史をもたずに唯物論の中に立てこもり、尻馬にのつて、いや、それを成りたたせるために、逆に日本の歴史にはありもしなかつた觀念論をなんとかしてこしらへあげて攻擊する。

ですから、その唯物論はただ攻撃的、破壊的であり、觀念論よりも觀念的、非生產的なものになつてしまふのです。私はここでなにも日本の學問を論じようといふのではない。ただ青年文法學派が、唯物論的とは言はぬまでも、やはり十九世紀末の自然主義的思想を背景にして出てきたものであり、したがつて、どうしてもその限界から脫け出られぬ歷史的存在であることを强調したいのです。

また共時言語學を强調し、言語の歷史性よりは同時代性、現代性を重んじて、史的文法を否定したフェルディナン・ド・ソシュールの學說についても、それとほとんど同樣のことが言へませう。日本の言語學者や國語學者、ことに國語國字改革論者は、この二つの學風に强く影響された、といふよりは、その影響しか受けず、それをまた自分たちに都合のよい日本流の唯物的性格に變形してしまつたのです。國語國字改革論者のみならず、最近の日本では言語學の通俗書が度〻ベスト・セラーになつたのを見ても推測できるでせうが、それらはおよそ精神といふもののない行商人的な言葉あさり、よく言つて言葉の考現學でしかないものに墮してをります。

彼等の言語觀が青年文法學派やソシュール學派から受けた最大の害惡は、あるいは彼等の單純と怠惰のゆゑにその二つの學風に見出した最大の利用點は、文字はその時代時代の言葉の模寫であるといふことの前に、言語模寫說と規範否定とでありませう。この二つはたがひに因果をなすもので、結局は一つことと言へます。言語觀のうちでこの模寫說ほど單純なものはない。要するに言葉が事物の記號であり、一方的に事物が言葉を規制するとしか考へないのです。言葉が事物を規制するといふことには思ひおよばない。それについてここで議論してゐる暇はないから止めにしますが、文字觀についてだけは言つておかねばなりません。音聲が文字を規制し、文字は音聲を寫すだけでなく、一度出來あがつた文字は音聲を規制することがあるし、少くとも音聲から離れて別個に行動するものであり、それを許さねば文化も文明もありえないのです。第一、發生的に考へても、まづ音聲が存在し、それを寫すために文字が出來たといふのはどうでせうか。それは表音文字について言へるだけの話で、さらに發生的に考へれば、文字は音聲とは無關係に、かつ音聲を伴はずに、まづ繪文字として出現したのであります。

次に規範否定といふことですが、このやうに文字を音聲の模寫と考へることが既に、文字それ自身の規範性を無視してゐることです。寫眞には規範性も自立性もない。ただ寫眞であるに過ぎません。文字は音聲の模寫ではなく、それ自身に規範性をもつてゐるばかりではありません。文字はまた流動しやすい音聲にたいして規範の作用をもつものなのであります。音聲が自分以外の規範を文字に認めないといふことは、とりもなほさず、現代以外の規範を歴史に認めないといふことであります。少ゝ哲學的になりますが、自己が自己の外に、自己に對立する規範を認めないといふのは、大變なわがままです。が、これは子供のわがままで、自我の強さとは逆のものです。自己の現實に密著して離れることが出來ず、無自覺であるといふこと、自己を客觀視する抽象力がないといふことです。

そのことは言語そのものについてもその文法についても同様に言へます。そこに歴史を通じて不變の規範を求め、出來るだけそれに近いものを作りあげようとすること、それによつて現代を、現代語を鍛へようとすること、それが國語問題の最も重要な點ではありませんか。方言がつねに標準語をもたうとする傾向を認めるなら、一つの方言である現代語が歴史的標準語、あるいは標準文字、標準文法をもたうとする傾向も認めねばなりますまい。現代を基準とし、「現代かなづかい」や「当用漢字」のやうに現代語音を基準とするといふ考へは、原理的に成りたたぬのであります。

表音主義者は、表音主義が文法を破壞するといふのに答へて、文法のために言葉があるのではなく、言葉が先で文法はあとからついてくればいいと申しますが、あまりいい氣にならないでいただきたい。それはある程度までの話で、あまり極端になると、制度のために個人があるのではない、個人が先で、それがしたいことをして成りたつ制度を考へればいいといふのと同様、少し黴《かび》くさい思想になりはしませんか。たしかに文法のために言葉があるのではない。が、文法は破壞したくない。それが本當でせう。その意味において、文語の保存、教育はどうしても必要ですし、文語と口語とのあまりの隔りは避けねばならないし、その役割が文字言語に背負はされてゐることを忘れてはなりません。話すやうに書くなどといふことは、とんでもない間違ひです。

明治以來の言文一致はその動機において正しかつたが、結果的には大變な誤りを犯したと、私は考へてをります。なによりの證據は私たちの文學が詩を失つてしまつたことです。といふことは、私たちが文學を失つたといふことです。これは漢學者の松本如石氏に伺つた話ですが、坪内逍遙は早くも明治三十五六年頃に、言文一致の主張が間違つてゐたと、氏に向つて述懐してゐたさうです。おそらく、それは間違つてゐた。なぜなら言文一致といふことにおいて、音聲言語の文語による鍛錬と格あげを考へることなしに、一方的に文字言語の口語による破壞と格さげだけしか考へなかつたからです。

日本では文語と口語とが隔りすぎるとよく言はれる。そして漢語漢字の使用の場合と同樣に、それは專ら支配階級の權力誇示のせゐにされます。つまり、兩者の隔りの原因はひとへに文語の側にあると考へられてゐるのです。が、果してさうとばかり言へるか。漢語漢字と同樣、歷史的にも同時代的にも、文語は標準語としての役割を果してゐはしなかつたでせうか。のみならず、次の事實も考へてみなければなりません。といふのは、いづれの國語においても文語のはうであへて口語から離れて頑固に形式を守らうとする傾向があり、日本語の場合もその例外ではありませんが、それ以上に、日本の口語は各時代を通じて、自分のはうから文語を離れて身を持ち崩して行く傾向がありはしなかつたでせうか。いはば言葉の「甘たれ化」とでも言ふべき現象がひどくなつてゐないでせうか。

早い話が現代の私たちの言葉を反省してごらんなさい。その崩れ方は止め度ない感じを與へます。それがまた文字言語にまで反映してをります。言文一致から言へば、それを反映させるのが望ましいことなのでせう。「……してゐる」「……してゐます」は

「……してる」「……してます」になり、同様に「……してしまつた」は「しちやつた」です。文章にもさう書く人が多くなりました。たとへば、「イチャイッチャッタッテッテチョーダイ」と言はれて、話し言葉ならそれでも通じませうが、書き言葉をすべてこの調子でやられたら、一體どうなるか、正しく書けば「いち（人名）は行つてしまつたと言つて頂戴」です。書き言葉はこの程度で食ひとめるべきではないでせうか。いくら文法はあとから追ひかけろと言つても、かうなつては追ひつきやうがありますまい。

それよりも困ることは、そのたびに各時代が表音式に表記して行けば、國語の歴史性が失はれてしまふことです。いや、事實、私たちの國語表記は鎌倉期以後とかくさういふ傾向を辿りがちであつた。すなはち、言語、文字、文法が音聲にたいして規範としての力を發揮しうるほどの自覺と能力とをもたずに時代を經てきたのです。それが江戸期の國學者や明治の歴史的かなづかひの成立によつて、やうやくその可能性をもちはじめてきたのに、その出端《ではな》を挫《くじ》くやうに戰後の國字改革がおこなはれたと言へませう。が、やはり語や文法が國語表記を規制する必要がありませう。表音主義者たちは各時代が表音式にやつたはうが、後世から見て、その時代の發音がわかつていいと言ふ。それこそ冗談ではない。言葉も文字も後世の言語學者のために存在するのではありません。

十　不可能な表音文字化

さて、最後にもう一度、ローマ字論にもどりませう。ローマ字論者もかな文字論者もまことに氣輕に分ち書きを主張します。が、私は日本語は膠著語《かうちやくご》であるがゆゑに分ち書きは不可能だと考へます。その證據が右の例の「イチャイッチャッタッテッテチョーダイ」です。これは三つにしか切れない。「イチャ」と「イッチャッタッテッテ」と「チョーダイ」ですが、これでは語の分離が出來ません。土岐氏、倉石氏、ことに松坂氏にその解決法を伺ひたいものです。松坂式分ち書き法ではどうなるのか。また實藤氏はしばらくまへ、この「國語教室」への反駁《はんばく》をかな文字を主とした分ち書きで書いて「週刊讀書人」の編輯部に手を燒かせ、かつ原稿料を不當にかせいでをりましたが、あれは文章語ですし、最初から分ち書きしやすいやうな生硬な文章しか書けない人だから、どうやらうまく書けはしてゐるものの、國語が十年もたつて「イッチャッタッテッテ」式が當りまへになつたら、そしてさう書くのが原文一致と表音主義の原則から正しいのですから、そのときはどうしますか。私の杞憂ではない。「たり」が「た」になつたやうに「と言つて」が熟して「てつて」になる可能性は充分ありうるのです。それら膠著化の場合すべてを通じて、分ち書きの法則をたて、分たれた一との語を一定の語形として定著させる目算があるのでせうか。

が、その前に、たとへ現在でも松坂式、實藤式、いづれの分ち書きも、語の本質に根據を置かず、思ひつきと便宜主義でやつてゐるので、合理性も統一もなく、これを誰もがどの文章でも誤りなく書くことは不可能でせう。送りがなの場合と同樣、私たちにはもう一つ譯の解らぬ負擔がふえるだけのことです。そして、分ち書きの場合、語の本質に根據を求めるとすれば、分ち書きは成りたたぬでせう。分ち書きが成りたたねば、ローマ字化もかな文字化も、そのほか考へうるかぎりの表音文字採用は不可能だといふことです。ですから、ローマ字論者やかな文字論者はかなづかひの表音化や漢字制限を實行するまへに、まづ分ち書きの決定的な成案を作つて、それを世間に提示しておくべきです。それをしない彼等は、勝つ見こみなしで戰爭を始めた軍部同樣、戰犯ならぬ「語犯」に問はれねばならぬでせう。

彼等の「語犯」の第二は、同音異義語をどう處理するか、その成案がないことです。彼等は同音異義語といへば、すべて漢語に罪をなすりつけてゐますが、和語のはうがむしろ多く、だからこそ、懸詞《かけことば》や洒落《しやれ》がはやつたのでせう。彼等は同音異義語を使ふな、耳で聞いて解る言葉を書けと、じつに氣樂に言ひますが、大抵の同音異義語は耳で聞いてゐるかぎり、その場の條件やアクセントで充分聞き分けられるのです。そのために大變な混亂が起るやうに言ふのも彼等の戰術の一つに過ぎません。耳でなら解る。が、目では必ずしもさうはいかない。つまり、同音異義語より同字異義語のはうが遙かに始末にわるいといふことです。が、漢字を廢止し、かなづかひを表音化してしまつたなら、今までそれと氣づかなかつた和語にも、同音あるいは類音の同字異義語が續出して、全く慘澹たる有樣を呈するでせう。だからといつて、それを整理してしまへと言ふのは、それこそもはや國字改造ではなく國語改造、あるいは國語破壞となるではありませんか。

「言語政策を話し合う会」は文部省を鞭うつて、和語のかな書きを唱導してをりますが、とんでもないことです。ほんの思ひつくままを左に書きつらねてみますが、龜形括弧つまり〔　〕の中は漢語の同音異義語で、なるべくそれがない語を選んだからよいやうなものの、さもなければ、さらにひどいことになります。

○アキ＝秋・倦き・空き　○オモイ（ニ）＝重い（荷）・思ひ（に）　○カイ＝貝・櫂・甲斐・買ひ・飼ひ・支ひ・〔下意・下位〕　○カエル（ト）＝歸る（と）・變へる（と）・買へる（と）・反る（戸）・蛙（と）　○カリ（ニ・テ　タ・タテ）＝雁（に）・假（に）・借り（に・手　た・たて）・刈り（に・手　田・たて）・驅り（に　立て）・狩り（に・手　立て）　○キ（テワ）＝木（は）・著（は　て・手）・來（は　て・手）・際　○キッテ＝切つて・切手　○クイ（テ）＝杭・食ひ（手）・悔い（て）　○クライ（シ）＝位（し）・暗い（し）・食らひ・倉石　○コイ（シ）＝鯉・戀ひ（し）・濃い（し）・來い・小石・〔故意〕　○コウシ＝斯うし・小牛・格子　○コシ（カケ　カタ）＝腰（かけ）・輿・越し（かけ　かた）・漉し（かけ　かた）・來し方　○サク＝柵・咲く・裂く〔昨・策〕　○シイ＝椎・强ひ・〔恣意〕　○スミ（カ　エ）＝炭（か）・隅（へ）・墨（か　繪）・澄み・住み（家）・濟み

が、それより何より、たとへ同音異義語でなくとも、日本語は母音が五つに子音が十四しかなく、その五つの母音が代る代るほとんど一つおきに子音と交替して現れるといふ單純な形態で、かな文字ならとにかく、ローマ字ではますます目に訴へる力がなく、語形の特徴をもちえません。視覺型の日本人にはことに我慢できぬことです。さうなつたら、類型異義語の羅列になり、歴史的かなづかひのはうがまだしもといふことになりませう。これらの問題をあらかじめ解決しておかずに、みだりに表音文字化など唱へるべきではないのです。分ち書き論者は膠著語たる日本語の性格を無視して、「それは」「それも」「それしきの」等を「それ」の語尾變化と見なすと言ひますが、語尾變化である以上、根幹が一目でそれと解る「ゲシュタルト」を形成しなければ意味がありません。彼等の考へかたからすれば、「こすい」「こする」も「こす（越）」の語尾變化になりかねない。「きて（著）」「きた（北）」「きたない（穢）」の語幹は「き」と見なされはしないか。「かつて（買）」「かつた」「かつたゐ（癩）」「カット」などといふ活用形が考へられはしないか。「おも（面）」の活用は「おもて（表）」「おもと（萬年靑）」「おもな（主）」「おもねる（阿）」「おもゆ（重湯）」「おもしろい（面白）」だと思はれはしないか。

文字言語が音を思ひださせるものではなく、專ら目に訴へて讀ませるためのものである以上、どの面から考へても、ローマ字化、かな文字化に利點はなく、したがつて、それに到達するための措置である「現代かなづかい」と「当用漢字」は、しばらく現状のままでよろしいから、國語學者、文學者、教育家および新聞人、出版人が一緒になつて、まじめに、虛心に考へなほしていただきたいと思ひます。場合によつては一度舊に復し、再出發することも考へられませう。十年の既成事實があるから、これを舊に復したら大變だといふ人が多い。しかし、明治三十三年に字音かなづかひを表音式にし、しかも長音を棒引にして「公吏」「公理」「行李」を「こーり」と書かせ、一方和語の「氷」は「こほり」と正しく書くことを實施したことがあり、學校教育もさうなつて、やはり十年間それが續いたあとで元にもどしたといふ、それこそ既成事實があります。

ついでに言つておきますが、歴史的かなづかひの難しさを、表音主義者はかなづかひそのものの罪にしてをりますが、この事實からも明らかなやうに、それが徹底的に行はれるやうになつてから、さう長くはないのです。歴史的といふから千年來おこなはれてきたやうに思ふかもしれませんが、それを正しく書く教育らしきものが行はれたのは、そしてその資格らしきもののある教師が出來たのは、やうやく大正期になつてからであり、それでも東北出身の先生などは「金槌」を「カナヅツ」と板書して平氣だつたのです。

のみならず、私たちの學校教育を顧みても、かなづかひをやかましく言はれた記憶はほとんどなく、それに苦勞した憶えもない。書取といへば、漢字に決つてゐたのです。漢字が難しいからといふこともありましたが、それ以上に、漢字が本字だといふ觀念があり、かなはその「つなぎ」に過ぎないと考へてゐたからです。その證據に江戸期、明治期の小説を讀んでごらんなさい。漢字は正しく使はうとしてゐるくせに、かなづかひときては全く無關心であります。信用できるのは鷗外、露伴くらゐのものでした。今日でも「当用漢字」は無視する人が多いのに「現代かなづかい」のはうは無批判的に隨つてをりますが、やはりそれだけかなが輕視されてゐる證據と言へます。また、そのやうに漢字を重視し、和語にも無意味に漢字を當てて用ゐたため、本來の國語にたいする私たちの語意識が鈍くなつてしまひ、かなづかひを變へられることなど平氣になつてしまつたのではないか。たとへば「なれる」と「ならはし」と「ならふ」などおそらく同一語源かと思はれますが、それを漢字を用ゐて「馴れる」「慣らはし」「習ふ」と書き分け、あるいは「見え」を「虚榮」と書き分けてきたため、語意識を充分に養ふことが出來なかつたのではないでせうか。

しかし、私を漢字憎惡症患者と思つては困ります。問題は漢語、漢字の國語における役割が正しく理解されてゐないことにある。ですから、人爲的な音訓整理などを思ひつくのです。訓は一つも許さないといふのなら、それはそれなりに筋が通つてゐます。しかし、一つでもそれを許すとするなら、あとは幾つと數を限ることは文字どほり言語道斷なのです。なぜなら、訓とは讀みであるまへに意味なのであつて、たとへば「適任」の「適」は「かなふ」の意味だと知らないで「適任」といふ言葉は操れないでせうし、それを知りさへすれば、その意味がそのまま訓としておのづと「かなふ」に讀めるといふ仕掛けになつてゐるのですから、さう讀むな、さう讀めるやうになるなと命じるにひとしい音訓表は、まさに暴力と言ふほかはない。「はやる」「すぐれる」の意味を知らさぬやうに氣をつけて「逸する」「逸材」を教へたり、「よる」の意味を隱して「據點」をおぼえさせたりするといふのは、一體どういふつもりなのか。

送りがなを一定しようといふ愚かな暴擧も、それと同じく、國語における漢字の役割が解つてゐないところから、あるいはそれを解らせないで、やがては漢字を追放してしまはうといふ考へから生れたものでせう。「逸する」の場合は「逸」はたしかに「イツ」ですが、「逸る」「逸れる」の場合は、「逸」は「ハヤ」「スグ」と讀むのではない。一字で「ハヤル」「スグレル」であつて、それがさう讀める便宜のために適當に送りがなをつけるのです。が、これは送りがな發生時の解釋であり、用法であつて、その段階では、どうつけようと讀めさへすればよいといふことになります。當然、次の段階では、語としての固定化に向ひます。さうなれば語法としての意義と論理が問題になり、たとへば動詞は活用語尾のみを最小限に送るといふことでなければ筋が通りません。その線をいたづらに崩し、多く送りはじめると、結局は解りさへすればどう送つてもよいといふところへ逆もどりしてしまふか、あるいはこれくらゐなら漢字など要らぬといふ結論に到達するか、どちらかでせう。

以上のことからも、正しく書かうといふ言語主體の態度が國語問題の重點であつて、客體としての言語の難易は二の次だといふことが解るでせう。また、あらゆる文獻の誤用文字を見なれて育つた私たちが學校で習つた正しい用法を忘れ、すつかり混亂に陷つてしまつた事情も諒解できるでせう。が、このことはまた裏から考へなほしてみることが出來ます。といふのは「現代かなづかい」「当用漢字」「音訓表」「新送りがな」等、すべて國語を易しくしようといふ運動は、かならずタイプライターと同時に學校教育といふことを口實にしてをります。が、これもタイプライターと同様の本末轉倒であります。教育のために言語があるのではなく、言語のために教育があるのです。のみならず、彼等が見そこなつてゐる重要な事實があります。それは教育は學校教育だけで完成しないし、またその必要もないといふことです。たとへ國語國字でも、いや、國語國字こそ、學校を出たあと生涯つづけて自己教育してゆくべきものであり、また事實、私たちはおのづと、といふことは勞せずして、さうしてゐるし、さうしてきたのです。その點、どこの國でも同じでせう。

フレッシュ氏ではないが、もうそろそろ私たちは子供を甘やかす教育觀から足を洗つたはうがいい。言葉と文字において子供を甘やかすことは、言葉そのもの、文字そのものを甘やかし、「イッチャッタッテッテ」式に崩してしまふことになるのです。國語國字改革運動は國語國字を易しくしようとして、それも國民全體に國語國字を正しく使はせようといふ完璧《くわんぺき》主義あるいは病的合理主義が動機であつたのに、かへつてそのために、混亂をひきおこし、結果としては難しい國語、不合理な國字を生むことになつてしまつた。それより困ることは、國民全體に言葉や文字などどうでもいいのだといふ觀念を植ゑつけてしまつたことです。それが戰後の國語屋がもたらしたおそらく唯一最大の効果でありませう。

追記

以上、第五章以外を「聲」に連載した後、私にとつては正に「靑天の霹靂《へきれき》」にもひとしい驚くべき大發見をしました。連載が終つたあと、やはり「聲」の第六號で國語審議會の土岐善麿・倉石武四郎・原富男の三氏、國立國語研究所から岩淵悅太郎氏、文部省國語課から白石大二・廣田榮太郎の二氏に出ていただき、學習院大學の大野晋氏を客として、國語國字改革の經緯や目標を問ひただす座談會を催したことがあります。主催は文藝家協會であり、その國語調査委員の山本健吉・龜井勝一郎・澤野久雄・中村光夫・加藤周一の五氏、及び私が出席したのですが、そこで私が初めて知つた事實は、最初、當事者たちが表音主義といふものにたいして、素人同然の單純な考へを懷いてゐたといふこと、つまり、それが譯なく出來ることだと考へてゐたといふことです。ところが、實際にそれをやつてみると、矛盾だらけでどうにもならない。世間の非難にあひ、その辯解に窮して、どう說明していいか解らなくなつてゐたとき、「正書法という考え方」をもつてくれば、なんとか說明できると思ひついたのだと、これは戰後の改革がいかに杜撰《づさん》なものかを證する土岐氏自身の失言ですが、さらに驚くべきことに、土岐氏はそれが失言であることにも、それを指摘した私の皮肉にも氣づかず、改革案の正しさを證明しうるものとして倦《う》むことなく再三さう力說してをりました。

このことは是非ともここに書きとどめておかねばなりません。相手の非に追打ちをかけるためではなく、私の非を訂正するために、讀者の注意を促しておきたいのです。第一章二の「表音主義と音韻」の後半、及び第六章三の最後で、私自身、たがひに矛盾することを書いてしまつたのです。前者では、「現代かなづかい」の矛盾を突き、もつと表音的にしろといふ聲は、表音主義の限界を知つてゐる當事者にはありがた迷惑なのだと書き、後者では、表向き困つたやうな顏をしながら、實はひそかに喜びつつ時機到來を待つてゐるのだと書きました。これは私の不注意です。一口に國語改革派といつても、色〻種類があります。それは知つてゐるつもりで、つい筆がすべつたのです。前者では専ら金田一博士のことを考へてをりました。後者では土岐氏を始め審議會内部の無智なローマ字論者やかな文字論者を考へてゐたのです。例の土岐氏の失言によつてそれが解り、また失言を失言と氣づいてゐないことから、それは單に私たち表音主義反對者にたいする辯解にすぎないのであつて、表音化徹底を要求する連中には決して言ふはずのない言葉だといふことが解つたわけです。以上、補足を兼ね、お詫びいたします。

附錄　福田恆存全集覺書四

全集第三卷の覺書に書いたやうに、『私の國語教室』は新潮社から刊行されたのだが、その帶には私の二中時代の恩師、時枝誠記博士が次のやうに推薦の辭を寄せてくれた。

本來、國民の文化運動として解決されなければならない國語問題を、官廳の一片の通告で左右しようとしたのが戰後の國語政策である。それを實施することによつて、どのやうな混亂をもたらすかの理論的實驗を行ふこともなく强行されたことは、かへすがへすも殘念なことであつた。殘念といふよりは、かりそめの人體實驗をやる以上の暴擧であつた。福田恆存氏は、英文學者として、飜譯家としてまた評論家として、國語に對して血のにじむやうな愛護と苦勞を重ねて來た人であつて、戰後今日に至るまで一貫した立場を持してゐる。私のやうなただ學究として國語のあるべき姿を考へてゐる者にとつて、その所說には傾聽に値する多くの示唆を含んでゐる。

時枝先生は「現代かなづかい」が制定された昭和二十一年九月の第十一回國語審議會で、主査委員二十名のうち、その制定に反對した少數派の一人であり、これを最後に委員のうちに先生の名を見出すことはない。二十名を左に掲げておく。

安藤正次　有光次郎　時枝誠記　山本有三　神保　格　金田一京助　清水彌太郎　河合　勇　井手成三　藤村　作　小幡重一　東條　操　松坂忠則　佐伯功介　長沼直兄　石黑　修　岩淵悅太郎　西尾　實　服部四郎　宮川菊芳

戰爭中、私が日本語教育振興會から中國に出張を命ぜられた時、當時の京城（ソウル）に立寄つて、たまたま京城帝國大學の教授であつた時枝先生に會ひ、その地の博物館に案内され、初めて李朝白磁の美しさを教へられたことが想出される。先生は、その後、橋本進吉博士の退官の後を受け、昭和十八年に東大國語科の教授になつてゐる。

右表のうち藤村作博士にも北京でお目にかかつてゐる。博士はそのころ中華民國國立北京師範大學の名譽教授として渡支してをり、一夕支那料理を御馳走になつた。中學、高校時代の友人上甲幹一がやはり日本語教師として北京に在り、かつて東大で教はつた藤村博士の下で働いてゐたからである。なぜそんなことまで書くかといふと、右表の人名簿中、學者として「現代かなづかい」に反對だつた時枝先生と行を共にした人といへば、藤村博士一人くらゐしか思ひ浮かばないからである。博士も上甲も今はこの世にない、いや、時枝先生も既に昭和四十二年に亡つてゐる。その後繼者たるべき大野晋氏は學習院大學に去り、築島裕氏が代つて師の後を繼いだ。氏は最近、中公新書の一つとして「歴史的仮名遣い―その成立と特徴」といふ本を「現代かなづかい」で出してゐるが、その冒頭に師の時枝先生を懐しみ、先生はその歴史的かなづかひしか用ゐず、自分もまたその例に倣つてゐるといふ、その人が「現代かなづかい」を用ゐ、「歴史的假名遣」について一體何が書きたかつたのだらう。

時枝先生は昭和二十二年の「國語と國文學」に「國語審議會答申の〈現代かなづかい〉について」を發表し、表音主義の表記上の不合理を指摘したのち「云はば、表音主義は表記の不斷の創作とならざるを得ないのである。これは、古典假名遣の困難を救はうとして、更に表記の不安定といふ別個の問題をひき起すことになるのである」と述べ、なほかう續けてゐる。

更に傳統は、單に無意味な文字の固定を、ただ傳統なるが故に守らうとするやうなものではない。本來表音的文字として使用せられた假名は、時代と共に、表音文字以上の價値を持つものとして意識せられて來る。それは觀念の象徴として、例へば、助詞の「を」「は」「へ」の如きはその最も著しいものであつて、ここに於いて文字發達史の通念である表意文字より表音文字への歴史的過程とは全く相反する現象が認められるのである。（傍點　福田）

まことにその通りである。本來、表音文字たるかなも、成長すれば「音」とは違つた

「意味」を持つやうになるのだ。その簡單な理窟を解つてもらふために、私は三百頁に近い「私の國語教室」を書いた。だが、この解り切つたことが未だに解つてもらへぬまま、私がそれを書いてから既に三十年近い歳月が經つ。「現代かなづかい」が制定されてからは尤《ゆう》に四十年を數へ、今や「立派」な大人に成長してゐる。もう一度言はせてもらはう、何も三百頁を必要とはしない、ただ第六章の「國語問題の背景」のうち、その(八)の「文字言語と音聲言語」だけを、つまり三百頁のうちの三頁だけを讀んでもらへばいいのだ。

私が第六章末尾に附けた「追記」の中で「土岐氏自身の失言」と呼んだのは次のやうな經緯からである。諄《くど》くなるが、「聲」第六號の座談會の記事を讀んでもらはう。

土岐　これは、あるいは僕が御說明をしておいた方がいいかと思ひます。そしてなほ私の足らないところは、それぞれの方から補足していただくとして……。(中略)當用漢字なりかなづかひなりに對するいろいろな批判がありますが、そこにはいろんな誤解もあるので、その制定の基本的な考へ方といふものは、結局正書法の決定といふことにあると思ひますが、あれを制定したときには、その點がはつきりしてゐなかつた。現實的にはさういふことになるやうだけれども、正書法といふ基本的な考へ方ははつきりとは出てゐなかつたと私は判斷したわけです。たとへば、「ジヂ」「ズヅ」の問題です。これは必ずしも表音的ではない。その矛盾が非難の對象になるわけです。一口に表音的といつても、その同じ表音的といふものの中にも幅がある。その音の上では同じなのに、書く場合、別とになつてゐる。どうしてさうなつてゐるかが問題ですが、それはかなづかひに語意識といふ考へを加へてゆけば、現代かなづかひは表音的ではないではないかといふ形の非難なり批判に答へられる。語意識といふものが加はれば説明がつくだらう、といふ工合に私は考へたわけです。そこで正書法といふことをいひ出した。つまりかなづかひの語意識の問題を考へて、正書法といふものへ導いてゆけるだらうといふ工合に私は考へたわけです。

——（中略）

土岐　正書法としてきまれば、大體その線のところでみんながやつていけば、まちまちであるよりも便利だらう。便宜主義的にばかりはいかないけれども、現實的に處理するにはさういふことが必要だらう、かういふことだつたんです。必ずしもそれをもつて全部が解決しないかもしれませんけれども、一應さういふことでもつて説明がつくと私は考へたのです。

——（中略）

山本　國語審議會で語意識が問題になつたのは、昭和三十一年に「正書法について」といふのを發表された場合、あのときがはじめてですか。

白石　はじめてかどうか……まあはじめてでせうね。

山本　その場合に、「遠い」は「とおい」で「冬期」は「とうき」だとか「言う」は「いう」で「結う」は「ゆう」だとか、さういふ決め方は當然文法・語法との關聯が考へられてをりませうから、その場合にも語意識といふ言葉は使はれてゐるわけですね。

岩淵　やつぱり廣い意味では語意識と言つてもいいわけですね。

白石　語意識と考へていいわけです。

岩淵　しかし、最初のきめたときのころには、語の表記だか、音の表記だとかいふことがはつきりしてゐなかつたでせうね。土岐さんが、あらためて取り上げられたときに語意識といふのが問題になり、表面に出てきたんぢやないでせうか。

山本　語意識だけぢやなくて、正書法すらもまだ考へてゐなかつたらしいといふことをいはれましたからね。

土岐　正書法的な意識がはつきりしてゐなかつたといふことはいへますね。社會的にも單純に表音的に書けばいいといふ程度の受取られかただつた。しかし、私が責任を負つたやうな形でもつて仕事にかかつたときには、事はすでに決つてゐた。その決つたのをどういふふうな工合に考へればいいか、といふことを考へる立場になつてきた、かういふことです。表音といつてゐながら、さつきの「ジ」「ズ」のほかにも、たとへば、「は」とか「を」とか「へ」とか表音的ではありませんが、それも正書法といふ概念をもつてくれば、いま使はれてゐる「は」とか「へ」とか

「を」とかいふのを、一概に表音的にしなくてはいけないんだ、といふ工合に考へないでもすむ。これは不徹底だといへば不徹底ですけれども、分ち書きが行はれてゐないときに徹底的な表音化をやつたんでは、新聞なんかもついてゆかれないといふことになるから、不徹底なものでも暫定的に一應認める。認める理由は、それが正書法といふことにすれば、それで説明がつく。かういふふうに考へたわけです。

つまり、日本の國語の問題を解決するのに、いろいろな條件を考へて、妥協のやうな形をとらざるをえないんだが、その妥協の形を合理化しなければならない……さうしていくらかでも合理化されるといふことは、説明がつくといふことだつたんです。

この長廣舌は土岐氏が自分の「失言」を「失言」とは氣づいてゐない何よりの證據であらう。そのため「語意識といふものが加はれば説明がつくだらう」、「かなづかひの語意識の問題を考へて、正書法といふものへ導いてゆけるだらう」、「一應さういふことでもつて説明がつく」、「正書法といふことにすれば、それで説明がつく」、「さうしていくらかでも合理化されるといふことは、説明がつくといふことだつたんです」といふやうな、すべてが説明のつかぬことにあへて説明をつけようとする後智慧から生れた同語反覆に終始してゐる。つひに大野氏が痺れを切らせて、かう言つた。

いまのお話で、私非常に大事だと思ふ點が一つあるので、その點について發言させていただきたいと思ひます。土岐先生のお話ですと、戰後の表記法改革に關して、はじめは正書法の意識はなかつた。それが出てきたのは、土岐先生が會長になつてからであるといふことなんですけれども、これは何を意味してゐるかといふと、私にはかういふことのやうにとれるのです。

といふのは、かなづかひの問題といふやうなことは、正書法の問題なのだといふことは、すでにもう戰爭前から、國語學者の間では、たとへば橋本進吉先生が、いろいろお書きになつてゐるやうなものなどからもわかることなので、それは岩淵さんのおつしやつたとほりです。（中略）つまり從來は契沖のかなづかひといふものが正式なものであつた、正しいものであつた、その正しさの基準は現代の發音ではなく、語を書き表すかなづかひといふことにあつたわけですが、それをさうではなくて、現代の發音ふうに書くのが正しいのだとして、表記の正しさの基準を戰後に變へてしまつたといふところに問題があるわけなんです。さうだとすれば、（中略）その前はどういふ状態だつたかといふことが問題になる。それは、現代かなづかひ制定にともなつて發表された文章の書き方からおして解りますけれども、つまり發音かなづかひにするのだといふ考へ方が、とにかく支配的だつた。言葉は發音ふうに書けるものだと思つていらつしやつた方があるかもしれないし、それから發音ふうに書かなければいけないので、さうすればやつぱり書けるんだと思つていらつし

やつた方もあるんぢやないかと思ふんです。（中略）

本來ならば、現代かなづかひといふものは、契沖のかなづかひがとにかく一通りきまつたわけですから、それをどのやうに變へるか、その變へる……もし變へるものならば變へる方向として、現代の發音に近づけるといふ方向をとるべきであつて、かなづかひの基準そのものを變へてしまふべきではなかつた。（中略）發音といふことだけでもつて、なにか「いける」といふふうにお考へになつてゐたところに問題があるんぢやないかと思ふ。

私の目には、「現代かなづかい」「当用漢字」「音訓表」などの枠を著せられた國民は、まだ肩あげの降りてゐない四つ身の衣裳を著た大人としか見えないが、それが竝みの日本人だとすれば、やはり原富男氏が先の座談會で次のやうに言つたことにも一理ある。

政府でやつたから從はなければならんといふ被治者根性がいけないんです。これは國語問題だけぢやなくてね。私は道德が專門ですがね、道德の問題でもさうなんですからね。とにかく文部省できめてくれればその通りにやりたいといふのが、大體の傾向なんです。だからもう百年もたてばどうか知りませんがね、まだ德川の庶民根性といふものは續いてゐるわけですよ。その庶民根性から直して、たたき直していかなければならないといふことになりますな。

だが、その被治者根性も一種の小心から出てゐる。かなにせよ、漢字にせよ、もし自分が間違つた文字を書いたら大變だといふ、これも「ひよわな」被治者にありがちの反省過剰癖にほかならず、要するに「僞善」よりは「僞惡」を畏れるといふ德川時代に植ゑつけられた「庶民根性」が禍ひをしてゐるのであらう。いささか唐突であるが、鷗外もその「假名遣意見」のなかでかう言つてゐる。

口語の廣く用ゐられて來るやうなものを見ては之れをぽつ〳〵引上げて假名遣に入れる。さう云ふやうに楫を取つて行くのが一番好い手段ではあるまいかと思ふのであります。私は正則と云ふこと、正しいと云ふことを認めて置きたいのでありま す。

ところが古い假名遣は頗る輕ぜられて、一體に Authorities たる契沖以下を輕視すると云ふやうな傾向がございますが、少數者がして居ることは詰らぬと云ひますと云うとどうでせう。一體倫理などでも忠孝節義などを本當に行つて居るものは何時も少數者である、それが模範になつてそれを廣く推及ぼして國民の共有にするのであります。少數者のして居ることにもう少し重きを措くのが宜しいかと思ふ。

話が「高級」になりすぎた、再び「庶民」的な事柄に戻さう。私のところへ來る書簡も、返事の要るものには、いづれも差出人が「氣を利かせて」返信用葉書を附し、それには「諾否」の左横に、「ご住所」「ご姓名」と竝記してある。いくら音訓表といふものが陰で睨んでゐるとはいへ、敬意を示す「御」をすべてかなで混ぜ書きに表記することはない。その位なら、寧ろ「住所」「姓名」と率直に表記したらよい、さうしてくれれば、こちらとしてはわざわざその上に斜線を引く手間が省ける。さう思つてゐたところ、最近はこの「御」を漢字で書いたものが屢〻目につくやうになつた、たとへば「觀劇御希望日」「御住所」「御電話」「御名前」とあり、「御電話」「御名前」に至つては、全く音訓表を無視し「オ」と讀んでくれと言つてゐるに等しい、「御」の字に關する限り、その種の表記が目立つて多くなつてゐる。一方、本文には「御來臨」、「御案内」と書いてありながら、末尾に左のやうな注意が二行ばかり別書きしてあるものもある。

　＊お手數ですが、折返し同封のはがきで御出缺をお知らせください。
　＊ご來場の際は、本狀封筒を受付にお示しください。

　これなどは、やはり「当用漢字」が「常用漢字」となり、「音訓表」などは單なる「目安」になつたのだと安心して、「被治者根性」から離れようとした、さらに重症の「被治者根性」を丸出しにしたものと言へようか。

　ところが、實際はさうではなかつた。たまたま知人の駒井鐵平氏に會ふ機會があり、このをかしな話をしたところ、氏は歸つてから早速「公用文作成の要領」の寫しを送つて來てくれた。さて、その「公用文作成の要領」だが、これは最初、昭和二十七年に當時の官房長官の名義で各省廳に送られたものである、その後、中味は「当用漢字表」を「常用漢字表」と書直し、その患部を一部剔抉してはあるものの、その他は今日もなほ生きてゐるのである。その中の「接頭語・接尾語」の書き方のところに（「お」は、かなで書くが、「ご」は漢字でもかなでもよい。たとえば、「お願い」「御調査」「ご調査」）とある。これで解つた、「お」はかなで書き、「ご」は「御」とも「ご」とも書くのは、倦くまでこの「公用文作成の要領」を死守しようとしてゐるのだ。それにも拘らず、「御電話」「御名前」と書いてくるのは、尊敬・丁寧の接頭語「お・ご・おん」すべては「御」であるといふ語意識が、私達被治者の心のうちで、最後の抵抗を試みてゐるからではないか、それをわざわざ「ご精神」「ご在位」「ご氣性」「ご丁寧」などと混ぜ書きを強ひる必要はない。

もう一つ、山田孝雄博士のことを言つておきたい。博士と橋本進吉博士とは大正、昭和兩期に亙る國語學界の双璧である。橋本博士は東大を出て上田萬年博士の下にあり、昭和三年に助教授、同四年には教授になつてゐる。それに反して山田博士は九年の年長であるが、中學中途退學後、小中學校教員檢定試驗に合格、幾つかの中學を歷任、大正十三年に東北大講師、教授、昭和十五年には神宮皇學館大學學長になり、昭和二十年七月には國史編修院長になり、間もなく終戰、橋本博士はこの年に亡つてゐるが、山田博士はなほ長壽を保ち、昭和三十三年に八十六歲で死去した。

その多くの著書のうちに『假名遣の歴史』（昭和四年）があるが、それは左の本文六章と附錄二章から成つてゐる。
第一章　假名遣の起源
第二章　定家假名遣
第三章　復古假名遣
第四章　字音假名遣
第五章　明治時代以來の假名遣
第六章　回顧
附　錄
一　文部省の假名遣改訂案を論ず
二　右の意見發表前後の事情
その附錄の（一）は、大正十三年十二月二十四日に、文部省の臨時國語調査會（國語審議會の前身）が文部大臣以下出席の下に、滿場一致をもつて、いはば今日の「現代かなづかい」「当用漢字」に類したものを可決したのに對し、博士が翌年二月、十五章に亙つて、その非を論難したものである。それを受けて芥川龍之介、藤村作、美濃部達吉、松尾捨治郎、高田保馬、本間久雄、木下杢太郎などの反對論が發表され、帝國議會においても問題となり、つひに文部省の「假名遣改定案」は、單に「案」としてとどまり、實施されるに至らなかつた。

それに先立つ明治四十一年五月、文部省が臨時假名遣調査委員會を設け、改定案を通さうとした時も、森鷗外は伊澤修二と共に委員に選ばれ、「假名遣意見」を草し、同じく反對論を述べてゐるが、山田博士はその間の事情を知つてゐるので、「森林太郎博士苦心の事」と題して、附錄(二)に左のごとく附言を載せてゐる。

余はこの機會を利用して故森林太郎博士が國語問題に如何に心を勞せられしかについて余の知れる限りの事を世人に告げおかむと欲す。同博士の假名遣問題に對する意見は明治四十一年に設けられたる臨時假名遣調査委員會に委員として開陳せられたる意見にて明かなり。この意見は明治四十二年に文部省が發行せし同會の議事速記錄に記載せられ、一昨年の「明星」にこれを載せ、鷗外全集第二巻にもまたこれを載せたり。その論中正穩健にして同じ委員伊澤修二氏の熱烈なる議論と相表裏し以て文部省をして議案を撤回せしむるの止《やむ》を得ざるに到らしめしものなり。かくてその後その會も廢止せられたるなり。大正十年今の國語調査會の設けらるるに當り、同氏會長の任を受けられしが、常に余等に語りて國語問題の愼重に論議すべきことを以てせられたり。しかるに大正十一年六月上旬に至り、濱野知三郎氏が面謁せられし時、同問題の將來をいたく憂慮し、慷慨淋漓たるものあり、終に旨を濱野氏に含めて不肖に傳へらるる所ありきといふ。この時同博士既に前途を覺悟してあられしが如くに見え、その後、會長の職を辭せむとして辭表を提出せられたりといふ。

この前後に際し、余は近親の不幸にあたり、その生前よりの遺囑を果さむ爲に寧日なくして同博士に面謁するを得ず、濱野氏再三余が居を訪はれしかども常に不在なるが爲に、これ亦面會の機を得ざりしが、七月八日の夜、濱野氏の來訪あり。この時はじめて森博士の重態を聞きて大いに驚きしが、それと同時に同博士の命を承くるを得たり。濱野氏は同博士の生前にこれを余に傳へおかむと焦慮せられしが、幸にして目的を達したりといひて、夜半に歸られぬ。その翌九日は實に同博士薨去の日なり。余これが旨を受けてよりは、國民としての自己の責任と共に森博士の誠意を思へば、常にこの國語問題に重大なる責任を感ずるものなり。今たま〳〵「明星」の諸君が森博士の遺志を體して、國語の爲に誠意を披瀝せられむことを企てられ、不肖にも亦一言を寄せよと求めらるるにより、この文を草せり。余が上述の言論はもとより余一己の私見にして毫末も森博士の名を汚すべき關係無し。森博士また、その生前にも余に向ひて命令がましき事を言はれたる無きを以て、余が言論を以て森博士の指囑に出づるものとなすなかれ。ただ要は國語問題の正路を失はむことを憂慮せられたるにあるのみ。余もとより不敏なりといへども、森博士の名にかりて私見を逞くせむの卑劣なる考あらむや。ただ同博士の生死の際に國語問題に非常なる憂慮を費されしその誠意は後進たる余が責務として何の時かこれを世に公に傳へおかざるべからざる責任を深く感ずるによりて、ここに同博士に緣故深き「明星」誌上を通じてこれを世に告げむと欲するなり。而してここにかく公にするはその旨を傳へし濱野氏の認諾を經たるものなり。（大正十四年一月十六日正午稿了）

その濱野先生に、やはり二中時代、漢文を教へてもらつた。漢和辭典を著し、國書刊行會を作るのに力を竭《つく》した濱野先生としては當然のことであらうが、「漢字音が解るのは、まあ、わしぐらゐのもんぢやろな」と言つて、にこにこ笑つてゐた顏が、つい昨日のことのやうに想出される。

かうして幾多の先學の血の滲むやうな苦心努力によつて守られて來た正統表記が、戰後倉皇の間、人〻の關心が衣食のことにかかづらひ、他を顧みる余裕のない隙に乘じて、慌しく覆されてしまつた、まことに取返しのつかぬ痛恨事である。しかも一方では相も變らず傳統だの文化だのといふお題目を竝べ立てる、その依つて立つべき「言葉」を蔑ろにしておきながら、何が傳統、何が文化であらう。なるほど、戰に敗れるといふのはかういふことだつたのか。

解説

市川　浩

敗戰後一年半にも滿たない昭和二十一年十一月十六日、「現代かなづかい」と「當用漢字」（以下、新かな・新字と略記）が内閣告示として制定された。此の日は日本國憲法の公布から十三日目に當り、時を同じうして憲法と國語といふ、國と民族の根幹に重大な改變が、加へられたのである。此の結果、日本は、それまでとは全く異る國家、種族へと變容した。此の半世紀の閒、變容は成功したかに見えた。しかし同胞の努力で實現した繁榮もバブルの崩潰と共に束の閒に消え去つた今、あの變容の中には聯合軍の企圖した「日本弱體化」も組込まれてゐたのではなかつたか、其の原點の再吟味と辨別が、民族の再生のために要請されてゐる。

此の時の「國語改革」の内容は先づ漢字の廢止をはつきりと視野に入れて、使用の制限をこれまでになく嚴しくする一方、假名遣もこれに呼應して表音化を推進めるものであつた。漢字制限と假名遣改定は、文部省が戰前何度も試みたにも拘らず、其の都度識者の反對で廢案となつてゐる。特に「現代かなづかい」の雛型となつた大正十三年の假名遣改定案は、山田孝雄、芥川龍之介など多くの學者、文學者によつて完膚無きまでに批判され日の目を見なかつたものである。

かうした經緯を振返ると、文部省の悲願ともいふべき漢字制限と假名遣改定がいとも簡單に實現してしまつたのは、いくら敗戰後の混亂に乘じたとはいへ、戰後史の大きな謎である。更に不可解なことに、以前あれほど改定を批判した國語學者、文學者、或いはジャーナリストといつた謂はば文化の守護神を以て任ずる人達の抵抗は洵《まこと》に微々たるものであつた。さうした中で、行政側は著々と既成事實を積上げ、その當然の歸結として、今や國民の大多數は、歷史的假名遣や正漢字（以下、正假名・正字と略記）を目にすることもなく、自國の傳統固有文化から隔絶せられて、これを後代に傳へる術《すべ》を失ひつつある。

此の趨勢を深く憂へて敢然と立上つたのが、本書の著者、福田恆存氏であつた。著者は先づ戰後の國語改革の矛楯を鋭く指摘した「國語改良論に再考を促す」を昭和三十年、雜誌「知性」（十月號）に發表した。それまで國語改革に對する批判には一切默殺を以て對處してきた國語審議會であつたが、此の時は金田一京助博士が反論を買つて出た。其の論爭は翌年にまで及んだが、結果は著者の完勝と言へるものであつた。著者は更に同三十三年十月から翌三十四年十月まで雜誌「聲」創刊號から第五號にかけて、本書の第五章を除く各章を「私の國語教室」として連載發表した。そしてその最終回が發表された直後の同年十一月四日、著者は「國語問題協議會」を小汀利得（初代會長）、岩下保（初代事務局長）、新井寛（現・常任理事事務局長）氏等と共に設立し、自らも常任理事に就任して、斯《こ》に正統國語復活への組織的な鬪ひを開始したのである。同協議會は今日も健鬪を續けてゐる。

著者は續いて昭和三十五年、「聲」連載の「私の國語教室」に第五章を加へて同名の表題で本書を新潮社から刊行し、これは同年度の第十二回讀賣文學賞（批評部門）を受賞した。本書はその後新潮文庫、中公文庫に收められたが、品切れとなり、今回文春文庫に復活するといふ數奇の運命を辿ることになる。本書で著者は詰將棋のやうに水も漏さぬ論理で「現代かなづかい」の致命的な不合理性を焙り出すと共に、國語改革派がかうした矛楯をすり替へて、「内容に於て若干の問題はあるが趣旨は良かつた」と國民に思はせてゐると斷じた。

これだけでも國語改革論を論破するに十分であつたが、著者は更に、新たに書き加へた第五章「國語音韻の特質」によつて、表音主義者の本丸を直擊した。卽ち、表音主義者のいふ「音韻論」は西洋人がヨーロッパ語に就いて考察した「音韻論」を、前提の吟味もせずに、音韻構造の全く異る日本語に當てはめただけの粗雜な謬論であると批判したのである。

戰鬪で言へば、敵の重砲陣地は悉《ことごと》く爆破され、あとは地上軍が進擊するだけで勝利は目前の筈であつた。昭和三十六年には國語審議會の改組を求めて、謂はゆる五委員の脫退事件があり、漸く國語問題が世人の關心を惹くに至つた。國語問題協議會も同三十九年、「國語問題に關する國民運動」を提唱し、各界の指導的人士一千三百名の贊同を得た。しかし國語改革を批判できなかつた國語學者、文藝家、それにジャーナリストの多くはこの好機にも戰列に加はらうとしなかつたのである。

それでも著者は引續き國語問題協議會常任理事として粘り強く鬪ひを進めた。同會主催の講演會では第一回以來二十年間に亙り計七回講師を務め、その演題は國字問題の他に、外來語や、町名・地番の改正など、廣い範圍に及んだが、常に「まともに國語や言葉、文化や歴史に附合ふ態度」の重要性を說き續けた。この態度こそは終生著者の全活動を貫く大きな柱であつた。昭和五十年には同協議會監修刊行の『崩れゆく日本語』（福田恆存・宇野精一・土屋道雄他・編、英潮社）で編著者の一人として國語の危機を訴へた。また、夙《つと》に幼兒の高い漢字習得力を實證した同協議會の石井勳（現・副會長）氏と著者とがテレビに出演、漢字も假名遣も學び易い實態などを語り合つた對談が放映された（同五十二年）。

一方、同協議會の他の役員も、木内信胤（第三代會長）、吉田富三（副會長）、市原豐太（副會長）、鹽田良平（常任理事）、宇野精一（現・第四代會長）、林巨樹（現・副會長）の諸氏が文部省の國語審議會委員として善戰、その結果、昭和四十一年第八期國語審議會の冒頭に當時の中村梅吉文相から、「當然のことながら、國語の表記は、漢字假名交り文によることを前提と」するとの言明がなされた。その上で「當用漢字」、「現代かなづかい」の見直しが行はれ、先づ同五十六年、「常用漢字表」が告示され、その前書には（算用數字は告示に示されてゐる項目番號）

1　この表は（中略）漢字使用の目安を示すものである
2　この表は、科學、技術、藝術その他の各種專門分野や個々人の表記にまで及ぼさうとするものではない
3　この表は、固有名詞を對象とするものではない
4　この表は、過去の著作や文書における漢字使用を否定するものではない

の文言が入り、當用漢字の制限的色彩が排除され、漢字廢止の方向に齒止めが掛つただけでなく、略字に對する康熙字典體が、括弧内ではあるが、正式に掲出された。

一方、同六十一年告示の「現代假名遣」の前書では

2　この假名遣は（中略）假名遣のよりどころを示すものである
3　この假名遣は、科學、技術、藝術その他の各種專門分野や個々人の表記にまで及ぼさうとするものではない
4　この假名遣は、主として現代文のうち口語體のものに適用する（後略）
8　歴史的假名遣は、明治以降、「現代かなづかい」（昭和二十一年内閣告示第三號）の行はれる以前には、社會一般の基準として行はれてゐたものであり、（中略）我が國の歴史や文化に深いかかはりをもつものとして、尊重されるべきことは言ふまでもない（後略）

と明記され、歴史的假名遣は附表にその用例が對照して示された。實に「國語改良論に再考を促す」から三十年後のことであつた。

著者等の闘ひはかうして、難攻不落と思はれた國語審議會の表音化政策を挫折せしめたのである。ここへきて漸く言論界にも國語改革批判の氣運が高まり、昭和五十八年には中央公論社の「日本語の世界」シリーズ第十六巻に『國語改革を批判する』(丸谷才一・編)が刊行された。しかし、識者の多くは口で國語改革を批判しても、自ら正假名・正字を實践すること寡《すくな》く、大勢は遂に動かなかつた。著者は『福田恆存全集』第四巻の「覺書 四」で、

本來、表音文字たるかなも、成長すれば「音」とは違つた「意味」を持つやうになるのだ。其の簡單な理窟を解つてもらふために、私は三百頁に近い「私の國語教室」を書いた。だが、この解り切つたことが未だに解つてもらへぬまま、私がそれを書いてから既に三十年近い歳月が經つ。(全文は本書に收載)

と、悲痛な言葉を遺してゐる。

平成六年、假名遣は一向に改善されぬまま、著者は國語問題を憂へつつ幽明境を異にした。本書の刊行から三十四年、國語審議會が歴史的假名遣尊重を明言してから八年が過ぎてゐた。

事態は思はぬ展開を見せ始めてゐた。英語圏ではタイプライターがワードプロセッサーに進化し、一旦打鍵した文字列が記憶されて、自由に誤打を訂正したり、語順を變更

したりできるやうになつた。此のワードプロセッサーを日本語に應用する場合、最初は當然、假名文字の文章に限られ、「日本語はタイプライターに適應できない」といふ國語改革派の論法がここでも罷り通るかに見えた。しかし昭和五十三年、情報交換用漢字符號系として約六三〇〇の漢字が日本工業規格（以下、ＪＩＳと略記）に規格化され、その同じ年の秋、東芝が假名又はローマ字のキーで打鍵した假名文字列を漢字假名交り文に變換する「假名漢字變換システム」を開發發表し、謂はゆる日本語ワープロが登場した。これは個人使用のコンピューター（パソコン）にも直ちに移植され、急速に普及し始めたのである。

唯、ワープロが國語にとつて、漢文訓讀や假名の發明にも比肩せられる、大きな飛躍であるといふ文化史的意義が當時それほど意識された譯ではなかつた。最初は業務用として用ゐられたから、漢字の問題も專ら地名・人名用の漢字や異體字が求められる程度に過ぎなかつた。文筆家も多くはなほ原稿の手書きを好んだ。

しかし早くも此の段階で、ワープロが戰後の國語改革を無意味にしてしまふ可能性に危機感を抱いたのは、他ならぬ國語改革派の方であつた。特に漢字の制限・廢止を唱へる人々は發展途上のワープロの缺點を盛に攻擊し、また「機械で漢字が自由に使へるからと言つて、戰後の國語簡素化の實績を否定することは許されない」といつた抑止的な言動を見せて、ワープロの普及を暗に牽制した。特に昭和五十八年のＪＩＳ改正を機會に、其の前前年告示の常用漢字表への對應を理由として、第一水準掲出の表外字字形を當用漢字風に變更し、更に正字體と略體のコード番號を一部入替へてしまつた。意圖的であつたか如何《どう》かは別としても、結果としてワープロでは新かな・新字以外の文章作成が、非常に困難といふより、事實上殆ど不可能となつたのである。これを主導したのが有力な國語改革論者の野村雅昭氏であつたことはよく知られてゐる。

しかし、一般文書は勿論、學術的な論文等にもワープロが用ゐられるにつれて、漢字の不足が顯在化した。また字體に就いても「森鷗外」の「鷗」が正字で出ないとか、「屢」を「屎」の下に「女」と書くやうな擴張新字體、謂はゆる「朝日文字」に對する批判も高まった。平成十二年、第二十二期國語審議會は一〇二二字の「表外漢字字體表」(試案)を發表、その字體變更は原則として行はない方針を明らかにした。ここでは謂はゆる康熙字典體が「印刷標準字體」となり、例外的に認められた變更字體は「簡易慣用字體」として表示された。常用漢字表では略字が「標準字體」であるから、「標準字體」の趣旨が兩者で正反對なのである。國語審議會はこのやうな矛楯を殘した儘、同年末、行政改革により廢止された。

ワープロでの正假名・正字への對應は當初全く檢討の對象ですらなかつた。解說者は平成四年に先づ組版機械に於て自動的に正字體の印刷版下を作成するソフト「宣長」を開發し、次いで同五年、パソコン用に歴史的假名遣の入力を通常と同樣の打鍵で行ふソフト「契冲」を開發した。但し、この場合、正漢字はJISにその字形のあるものに限られ、「狀」、「步」、「歷」等の正字形を得るには依然組版機械に賴らざるを得なかつた。

一方、古家時雄氏は凡《あら》ゆる漢字をパソコンで扱ふことを目指し、フォントと檢索システムとから成る漢字ソフト「今昔文字鏡」（平成十三年末現在十萬字）を十數年かけて獨力で開發した。同十二年、解說者は此のフォントを頂き、其の中から正漢字フォントを輯錄、「文字鏡契冲」として完成、「契冲」と連動させることで、遂にパソコン上で正假名・正字の入出力を實現した。

抑《そもそも》、正假名・正字は語の歴史を背負ひ、日本語の基本原理を表現してをり、そのゆゑにこそ、其の歴史と原理の下で言語生活を營む日本人にとつて扱ひ易く、延《ひ》いては人間の腦を模型化したコンピューターでも容易に扱へるのである。外國人に日本語を教授する際、歴史的假名遣で說明すると、語幹不變の原則や、動詞語尾の一行活用など五十音圖との美しい整合性がよく理解されるといふ事例もこれを傍證すると同時に、此の整合性がコンピューターの論理によく適合し、「契冲」の開發をも容易にしたのである。漢字も部首と部材との組み合せに整合性のある正字體が、これを破壞した新字體よりコンピューターとの相性が良いのは當然で、幼兒が畫數が多くても正字體の方を容易《たやす》く覺えるのともよく符合してゐる。

過去の文獻は、先人の學問的校訂を經て、正假名・正字に統一されて記錄されてゐる。今やこれらをそのままの表記でパソコンに入力し、電子情報として利用するのに何の障《しやう》礙《がい》もない。それならば今後の文獻も正假名・正字で入力すれば好い筈である。書法が統一されてゐれば、民族の遺産が誰でも自由に活用できるのは勿論、情報處理、特に檢索や分類にどれ程恩恵を齎《もたら》すか量り知れない。かうした構造的長所を喪失した現代假名遣によるシステムは煩瑣な例外處理で辛うじて實用に堪へてゐるに過ぎず、將來の情報解析の足枷《あしかせ》とならう。

著者と舊制浦和高校時代の同級生であつた金田一春彦博士は、著者の死の翌年、「THIS IS 讀賣」平成七年十二月號に「福田恆存君を偲ぶ」の一文を寄せ、その中で、

福田君の言つたことで私が今「參つた」と頭を下げざるを得ないことが一つある。それは彼がかう言つたことである。「文部省の役人たちは、漢字はタイプライターなどへかからないから惡い、減らさうと言ふ。それは人が機械に使はれてゐるんだ。機械は人が使ふものだ」私は文學者といふものは妙な理屈を言ふものだ、と心の中で笑つてゐた。（中略）が、戰後三十餘年たつてみると、驚いた。ワープロといふ機械が發明され、普及し、机の上でチョコチョコと指を動かすと、活字の三千や四千は簡單に打ち出してくれる。さうした普及につれて値段も安くなり、性能がよくなつた。新聞ぐらゐは、机の上のワープロ一つで簡單に印刷できる。これなら當用漢字の制限はしなくてもよかつたし、字體でも假名遣ひでも昔のままでよかつたのだ。

とワープロの歴史的意義を的確に指摘し、率直に敗北を認めた。京助・春彦父子二代の國語改革論者は嘗《かつ》ての著者の論敵であつたが、此の眞摯な態度を著者は泉下で諒とした

であらう。

それから更に六年が經つ。新かな・新字はもはや内閣告示以外、根據を失つたにも拘らず、あらうことか、告示でも適用除外の文語文にまで浸蝕を廣げてゐる。冒頭に述べた十三日間の差で、奇蹟的に正假名・正字を保持してきた憲法原文も來るべき改正と同時に新かな・新字に書換へとなる可能性が懸念される。しかし、その一方で、パソコンを使つて正假名・正字の文章を綴る若い人がインターネットやミニコミ誌に登場し始めてゐる。その中には新かな・新字の戰後教育を受けながらも、本書『私の國語教室』を讀んで正統國語への囘歸意識に目覺めた人達が多い。著者が本書の讀者として規定した「一、作家・評論家・學者、その他の文筆家。一、新聞人、雜誌・單行本の編輯者。一、國語の教師」の殆どは著者の期待を裏切つたが、その最後に擧げられた「右三者を志す若い人たち」がその思想を地下水脈として傳へ續けてゐたのである。この唯一殘つた「希望」を擔ふ若い人たちのために本書が、『福田恆存全集』出版にも縁のある文藝春秋から文庫として、再刊されたのは洵に意義深いことである。

（引用文の表記は正假名・正字表記に統一）

平成十四年新春

參考

渡部晉太郎・著『國語國字の根本問題』（平成七年）

國語問題協議會・編　『國語問題協議會十五年史』（昭和五十年）

國語問題協議會・編　『國語問題協議會の栞』（平成十年）

（コンピューター・ソフト「契冲」「宣長」開發者）

文春文庫

私《わたくし》の國《こく》語《ご》教室《きようしつ》

定価はカバーに
表示してあります

2002年3月10日 第1刷
2021年6月5日 第7刷

著者 福《ふく》田《だ》恆《つね》存《あり》
発行者 花田朋子
発行所 株式会社 文藝春秋

東京都千代田区紀尾井町3-23 〒102-8008
TEL 03・3265・1211㈹
文藝春秋ホームページ http://www.bunshun.co.jp

落丁、乱丁本は、お手数ですが小社製作部宛お送り下さい。送料小社負担でお取替致します。

印刷製本・凸版印刷

Printed in Japan
ISBN978-4-16-725806-1

（　）内は解説者。品切の節はご容赦下さい。

赤瀬川原平
新解さんの謎
辞書の中から突然立ち現われた一人の男。それが魚が好きで金欠で女に厳しい「新解さん」だ。三省堂新明解国語辞典をダシにして抱腹絶倒、でもちょっと真面目な言葉のジャングル探検記。
あ-36-1

井上ひさし
本の運命
本のお蔭で戦争を生き延び、本読みたさに闇屋となり、本の重みで家を潰した著者が語る、楽しく役に立つ読書の極意。氏の十三万冊の蔵書で、故郷に図書館ができるまで。（出久根達郎）
い-3-20

池波正太郎　編
鬼平犯科帳の世界
著者自身が責任編集して話題を呼んだオール讀物臨時増刊号「鬼平犯科帳の世界」を再編集して文庫化した、決定版〝鬼平事典〟……。これ一冊で鬼平に関するすべてがわかる。
い-4-43

石川忠久
漢詩への招待
中国四千年の詩を「漢詩」と呼んで日本人も永く愛誦してきた。古代の詩経から李白、杜甫、白楽天、近代の魯迅まで、名詩百四十首に、こなれた訳と行き届いた解説を附した格好の入門書。
い-60-1

池上　彰
この社会で戦う君に「知の世界地図」をあげよう
池上彰教授の東工大講義　世界篇
東工大教授でもある池上さんが、「悪い会社、優れた経営者の見分け方」から「お金と幸福の関係」まで、理系学生こそ知るべき「世間」のしくみを徹底講義。社会人も必読！
い-81-3

池上　彰
この日本で生きる君が知っておくべき「戦後史の学び方」
池上彰教授の東工大講義　日本篇
格差、反日、デフレ、原発と復興、沖縄と安全保障——自信喪失した日本はいかに敗戦から蘇ったか。「ほんとうの戦後史」を学びたい人への一冊。大好評、東工大講義シリーズ第二弾。
い-81-4

池上　彰
学校では教えない「社会人のための現代史」
池上彰教授の東工大講義　国際篇
ＥＵの挫折、イスラム国の登場、エネルギー戦争、反日問題——すべて東西冷戦後の15年に原点があります。ビジネスにも投資にも現代史は必須です！　わかりやすい講義の実況中継。
い-81-5

（　）内は解説者。品切の節はご容赦下さい。

池上　彰
池上彰のこれが「世界のルール」だ！
平和は終わった！　イスラム国、ピケティ「資本」、池上さんが「渦中の人」となった朝日新聞問題、トランプ大統領の登場……大困難の時代に必要な50の知識があなたを守り鍛える！
い-81-7

内田　樹
街場の文体論
教師生活最後の講義で「どうしても伝えたかったこと」。他者に「届く言葉」はどこから生まれるのか——など、「言語と文体」について熱く語りつくす集大成。（青山ゆみこ）
う-19-21

円満字二郎
漢和辞典的に申しますと。
「ピラフ」を漢字で表すと？　エロチックな妄想をかき立てる「嬲《なぶ》る」をたびたび用いたあの文豪とは？　漢和辞典編集者の〝職業病〟から生まれた、漢字に関する面白コラム百六十本。
え-16-1

大森洋平
考証要集　秘伝！ＮＨＫ時代考証資料
ＮＨＫ番組の時代考証を手がける著者が、制作現場のエピソードをひきながら、史実の勘違い、思い込み、単なる誤解を一刀両断。あなたの歴史力がぐーんとアップします。
お-64-1

大森洋平
考証要集2　蔵出しＮＨＫ時代考証資料
ＮＨＫ現役ディレクターが積み重ねてきた知識をまたも大公開。時代考証とは、ドラマにリアリティという命を吹き込む魔法である。大河ドラマも朝ドラも、考証を知ればぐーんと面白い！
お-64-2

川上弘美
大好きな本　川上弘美書評集
知って、好きになって、とてもいいと思うから、書評したくなるのだ。純文学からマンガまで、著者が心からお勧めする百四十四冊。あなたの好きな本もきっと見つかります。（豊﨑由美）
か-21-7

川口則弘
芥川賞物語
芥川賞の第一回から第一五五回までの全歴史とエピソードがこれ一冊に。市井の愛好家が、愛と外からの冷静な目で著した日本文学振興会〝非公認〟本。資料的価値と面白さ抜群。
か-73-1

（　）内は解説者。品切の節はご容赦下さい。

川口則弘
直木賞物語
日本文学振興会非公認！　人気サイト「直木賞のすべて」を運営する著者が、その「直木賞オタク」ぶりを遺憾なく発揮した、エピソードで読む直木賞通史。文学賞は小説より奇なり!?

か-73-2

佐藤　優
悪魔の勉強術　年収一千万稼ぐ大人になるために
「平日3時間の勉強時間を確保せよ」『語学習得の最強メソッドとは？』。就活に、スキルアップに欠かせない勉強術には、近道があるのだ。その奥義を明かした極秘ゼミを紙上再現する。

さ-52-7

文藝春秋　編
司馬遼太郎全仕事
生誕九十年、「竜馬がゆく」連載開始五十年の節目に、国民的作家の作品世界へ誘う全作品ガイド。作品解説、読みどころ、特別企画を付した、親しみやすく面白い、日本人必携本！

し-1-250

田辺聖子
上機嫌な言葉366日
人生を愉しむ達人・お聖さんのチャーミングな言葉366。白黒つけない曖昧な部分にこそ宿るオトナの智恵が、硬い頭と心を解きほぐしてくれる。人生で一番すてきなものは、上機嫌！

た-3-58

俵　万智
あなたと読む恋の歌百首
満ち足りた恋、過ぎ去った恋、胸が焼かれるほど狂おしい恋。百人の歌人による百首の恋の歌に、俵万智流の解釈と鑑賞が添えられた、ユニークな短歌鑑賞かつ恋愛手引きの書。（野田秀樹）
た-31-5

俵　万智
愛する源氏物語
源氏物語に登場する七百九十五首の和歌は、登場人物の心の結晶。ときに恋のゆくえを左右する——千年の時を越え、「万智訳」で甦る愛の物語。第十四回紫式部文学賞受賞作。（東　直子）
た-31-7

俵　万智
オレがマリオ
東日本大震災から五日後、西へ向かいそのまま石垣島に住むことになる親子。豊かな自然、地域の人との触れ合いは、様々な変化をもたらした。新しい光に満ちた第五歌集。（松村由利子）
た-31-9

（　）内は解説者。品切の節はご容赦下さい。

竹本住大夫
人間、やっぱり情でんなぁ
「死ぬまで稽古、死んでも稽古せなあきまへんなぁ」。人形浄瑠璃「文楽」の大夫として、日本人の義理人情を語りつづけて68年。平成30年に逝去した〝文楽の鬼〟の最後の言葉は。
た-70-2

筒井康隆
現代語裏辞典
驚天動地の1万2000項目！「愛」から「ワンルームマンション」まで。笑いと毒で、日本語を翻弄し、蹂躙しまくる。作家という悪魔が降臨する、日本文学史上もっとも危険な一冊。
つ-1-17

中川李枝子　絵・山脇百合子
本・子ども・絵本
「本は子どもに人生への希望と自信を与える」と信じる著者が絵本や児童書を紹介し、子どもへの向き合い方等アドヴァイスを綴る。『ぐりとぐら』の作者が贈る名エッセイ。（小川洋子）
な-80-1

西　加奈子・せきしろ
ダイオウイカは知らないでしょう
気鋭の作家二人が短歌に初挑戦！　個性的なゲスト達が出すお題に、溢れる想像力を心の赴くまま、三十一文字にグッと込めます。自分も思わず一首詠みたくなる、楽しい短歌本。
に-22-3

能町みね子
言葉尻とらえ隊
ニュースや芸能人ブログなどで見聞きして、妙にひっかかった言葉の数々。その言葉から漂う〝モヤモヤとした違和感〟の正体を、能町みね子が明らかに！「週刊文春」人気コラム。
の-16-4

能町みね子
お話はよく伺っております
電車で、喫茶店で、道端で偶然に出会った、知らない誰かの知らないドラマを能町みね子が（勝手に）リポート！〈実録＆妄想〉人間観察エッセイ。単行本未掲載のエッセイ15本も収録。
の-16-7

林　真理子
林真理子の名作読本
文学少女だった著者が、「放浪記」「斜陽」「嵐が丘」など、今までに感動した世界の名作五十四冊を解説した読書案内。また簡潔平明な内容で反響を呼んだ「林真理子の文章読本」を併録。
は-3-27

（　）内は解説者。品切の節はご容赦下さい。

藤沢周平のすべて
文藝春秋 編

惜しんであまりあるこの作家。その生涯と作品、魅力のすべてを語り尽くす愛読者必携の藤沢周平文芸読本。弔辞から全作品リスト、年譜、未公開写真までを収録した完全編集版。

ふ-1-94

私《わたくし》の國語教室
福田恆存

「現代かなづかい」の不合理を具体例を挙げて論証し、歴史的かなづかひの原理を語意識に沿つて解説しながら、国語問題の本質を論じて学界、論壇、文壇に衝撃を与へた不朽の名著の復刊。

ふ-9-3

名著講義
藤原正彦

時に人生相談、時に激論、時に脱線し爆笑しつつ、名著（「武士道」「忘れられた日本人」等）を読み解く。感涙&白熱の「文藝春秋読者賞」受賞の藤原読書ゼミ・師弟問答を全公開！　（岸本葉子）

ふ-26-3

思考のレッスン
丸谷才一

いい考えはどうすれば浮かぶのか？　「ひいきの学者を作れ」「文章は最後のマルまで考えて書け」……。究極の読書法、文章の極意、発想のコツを伝授する画期的講義。　（鹿島　茂）

ま-2-16

本気になればすべてが変わる
生きる技術をみがく70のヒント
松岡修造

「自分の人生を、自分らしく生きる」方法を松岡修造が伝授。「自分の取扱説明書を書く」、「決断力養成トレーニング」など、70の具体的な実践例を紹介し、より輝く生き方へと導きます。

ま-27-1

『罪と罰』を読まない
岸本佐知子・三浦しをん・吉田篤弘・吉田浩美

ドストエフスキーの『罪と罰』を読んだことのない四人が挑んだ「読まない」座談会。前半では読まずに作品の中味を推理しあい、読後の後半では溢れる〝ドスト〟愛を語り合う。　（矢部太郎）

み-36-50

向田邦子ふたたび
文藝春秋 編

飛行機事故で急逝した向田邦子の死を惜しみ、文壇関係者らが寄せた追悼文、弔辞、回想からその素顔に迫る。若き日のポートレートなど百余点の秘蔵写真も収録、全魅力が蘇る一冊。

む-1-24

（　）内は解説者。品切の節はご容赦下さい。

村上春樹
若い読者のための短編小説案内
戦後日本の代表的な六短編を、村上春樹さんが全く新しい視点から読み解く。自らの創作の秘訣も明かしながら論じる刺激いっぱいの読書案内。「小説って、こんなに面白く読めるんだ！」
む-5-7

メガミックス　編
人生を教えてくれた 傑作！　広告コピー516
「おいしい生活。」「一緒なら、きっと、うまく行くさ。」「恋は、遠い日の花火ではない。」……糸井重里、仲畑貴志、眞木準らが活躍した、あの時代の傑作コピー516本を一挙掲載！　（穂村　弘）
め-2-1

山本夏彦
完本　文語文
祖国とは国語である。日本人は文語文を捨てて何を失ったか。明治以来欧米の文物は、混乱と活気と迷惑をもたらした。樋口一葉、佐藤春夫たちの名文を引き、現代口語文の欠点を衝く。
や-11-16

米原万里
打ちのめされるようなすごい本
最期の力をふり絞って執筆した壮絶ながん闘病記を収録した、著者唯一の書評集。『私の読書日記』と一九九五年から二〇〇五年まで十年間の全書評を一冊に。　（丸谷才一・井上ひさし）
よ-21-4

文藝春秋　編
教科書でおぼえた名詩
僕の前に道はない…春眠暁を覚えず…戦後の日本の中学、高校の国語教科書千五百余冊から精選した詩、短歌・和歌、俳句二百五十篇の国民的愛唱詩歌集。うろおぼえ索引、作者・題名索引付。
編-4-3

ピーター・J・マクミラン
英語で読む百人一首
日本人なら誰もが親しんできた百人一首。あの和歌たちを美しい英語の詩に翻訳、見慣れた百首の歌が新鮮によみがえる。英語を知りたい人にも日本の美をもっと知りたい人にも最適。
編-4-5

文春文庫　最新刊

泥濘　黒川博行
今度の標的は警察OBや！「疫病神」シリーズ最新作

梅花下駄　照降町四季（三）　佐伯泰英
大火で町が焼けた。佳乃は吉原の花魁とある計画を練る

神様の罠　辻村深月　乾くるみ　米澤穂信　芦沢央　大山誠一郎　有栖川有栖
人気作家が贈る罠、罠、罠。豪華ミステリーアンソロジー

江戸彩り見立て帖　色にいでにけり　坂井希久子
鋭い色彩感覚を持つお彩。謎の京男と〝色〟の難題に挑む

あなたのためなら　藍千堂菓子噺　田牧大和
絶望した人を和菓子で笑顔にしたい。垂涎の甘味時代小説

特急ゆふいんの森殺人事件〈新装版〉十津川警部クラシックス　西村京太郎
殺人容疑者の探偵。記憶を失くした空白の一日に何が？

へぼ侍　坂上泉
錬一郎はお家再興のため西南戦争へ。松本清張賞受賞作

立ち上がれ、何度でも　行成薫
真の強さを求めて二人はリングに上がる。傑作青春小説

悪人　吉田修一
本当の悪人は—。交差する想いが心揺さぶる不朽の名作

ヒヨコの猫またぎ〈新装版〉　群ようこ
地味なのに、なぜか火の車の毎日を描く爆笑エッセイ集

美しく、狂おしく　岩下志麻の女優道　春日太一
医者志望の高校生から「極道の妻」に。名女優の年代記

堤清二　罪と業　最後の「告白」　児玉博
死の間際に明かした堤一族の栄華と崩壊。大宅賞受賞作

小林秀雄　美しい花　若松英輔
詩のような批評をうみだした稀代の文学者の精神的評伝

合成生物学の衝撃　須田桃子
DNAを設計し人工生命体を作る。最先端科学の光と影

沢村さん家のこんな毎日　久しぶりの旅行と日々ごはん篇　益田ミリ
ヒトミさん、初ひとり旅へ。「週刊文春」連載を文庫化

世界を変えた14の密約　ジャック・ペレッティ　関美和訳
金融、食品、政治…十四の切り口から世界を描く衝撃作

父・福田恆存〈学藝ライブラリー〉　福田逸
劇作家の父と、同じ道を歩んだ子。親愛と葛藤の追想録